非洲教育开发与国际合作

——政策研究与实地调查的结合

[日]泽村信英 著

李 沛 译

浙江工商大学出版社 | 杭州
ZHEJIANG GONGSHANG UNIVERSITY PRESS

图字:11-2019-88号

图书在版编目(CIP)数据

非洲教育开发与国际合作:政策研究与实地调查的结合 /(日)泽村信英著;李沛译. —杭州:浙江工商大学出版社,2019.10(2021.8重印)

(日本对非研究译丛 / 徐微洁,刘鸿武主编)

ISBN 978-7-5178-3518-9

Ⅰ.①非… Ⅱ.①泽… ②李… Ⅲ.①教育—国际合作—研究—日本、非洲 Ⅳ.①G531.33②G540.3

中国版本图书馆 CIP 数据核字(2019)第221309号

Educational Development and International Cooperation in Africa:

Integrating Fieldwork with Policy Studies

Copyright © 2007 Nobuhide Sawamura

All rights reserved.

Originally published in Japan in 2007 by AKASHI SHOTEN CO., LTD.

Chinese (in simplified characters only) translation rights arranged with

AKASHI SHOTEN CO., LTD. through Toppan Leefung Printing Limited.

非洲教育开发与国际合作 ——政策研究与实地调查的结合
FEIZHOU JIAOYU KAIFA YU GUOJI HEZUO——ZHENGCE YANJIU YU SHIDI DIAOCHA DE JIEHE

[日]泽村信英 著 李 沛 译

策划编辑	姚 媛	
责任编辑	鲁燕青 王 英	
封面设计	王妤驰	
责任印制	包建辉	
出版发行	浙江工商大学出版社	
	(杭州市教工路198号 邮政编码310012)	
	(E-mail:zjgsupress@163.com)	
	(网址:http://www.zjgsupress.com)	
	电话:0571-88904980,88831806(传真)	
排 版	杭州朝曦图文设计有限公司	
印 刷	广东虎彩云印刷有限公司绍兴分公司	
开 本	710mm×1000mm 1/16	
印 张	14.5	
字 数	250千	
版 印 次	2019年10月第1版 2021年8月第2次印刷	
书 号	ISBN 978-7-5178-3518-9	
定 价	49.00元	

总　序

作为发展中国家最多的大陆，非洲辽阔的土地、丰富的资源、多元而悠久的历史文化，以及贫穷与欠发达的社会、经济状态，使其拥有和中国同样巨大且更为持久的发展需求。自2013年习近平总书记提出"一带一路"倡议以来，国际社会积极响应，非洲也成为"21世纪海上丝绸之路"中重要的一环，中非合作潜力巨大。中非发展合作是中非双方的一个特殊机会，一个双方实现长远发展的外部舞台，对中非双方都有重大意义和深远影响。

目前，中非关系已超出双边关系的范畴而对世界产生了多方面的影响，成为撬动中国与外部世界关系的一个支点。我国努力与"一带一路"沿线国家一起，打造政治互信、经济融合、文化包容的利益共同体、命运共同体和责任共同体。在此大背景下，中国社会产生了认知非洲之广泛需求，需要对非洲国家的各个方面及快速发展的中非关系展开深入、系统的研究。面对这种互通互融的需要，我们一方面应力促中国文化"走进非洲"，另一方面也应组织力量，通过媒体出版、品牌建设、院校合作等多种渠道，使非洲文化"走进中国"。而日本对非研究的丰硕成果则是我们了解非洲的一个重要媒介。了解日本对非研究的具体情况，有助于我国更快、更好地开展对非援助以及中非合作交流，谋求互惠共赢。

对外援助是日本外交的重要组成部分，也是日本外交的特色和重要政策，而非洲则是日本对外援助的重点地区。日本对非洲的外交政策，在经历过几番起伏后，近年来掀起了新一轮高潮：从最初单纯的"资源外交"或"新重商主义"政策，转向"大国外交"，开展与非洲在政治、经济等方面的全方位合作。

日本的对非研究长期以来基于田野调查，产生了架构宏观的历史/政治结构与微观的社会/文化世界的独特的跨学科研究。日本的对非研究成果,特别是在对非援助政策、非洲的政治经济、非洲的社会文化、非洲的开发与共生的研究方面可以为我们提供极好的借鉴和启示。然而,国内学界在有关日本对非政策的研究、日本对非研究的译介等方面还存在不少问题与不足。比如,虽然有不少研究日本对非援助、日本对非政策方面的论文,但关于日本对非政策的研究尚未形成一整套理论体系。这些研究散见于国内期刊上的学术论文,虽数量可观,但并无系统研究日本对非政策的专著,仅在部分专著的若干章节中有所提及,缺乏系统和深层次的分析。与日本如火如荼的对非援助相比,我国对相关研究成果译介和传播的程度显然不尽如人意。

翻译是文化交流的桥梁,是文化"走出去"和"引进来"的重要途径,我们在进一步加大对外译介的力度的同时,更不能忽略对内译介的重要性。只有如此,才能消除"输入导向"与"需求期待"之间存在的隔膜。

有鉴于此,浙江师范大学非洲研究院、浙江师范大学外国语学院与浙江工商大学出版社在深入沟通、多次调研的基础上,共同策划了本套"日本对非研究译丛",意在与非洲大陆的人文交流,为我国民间团体、社会组织与政府了解非洲提供一个窗口。

我们将分批次推出《非洲问题——开发与援助的世界史》(平野克己著,徐微洁译)、《非洲的人类开发——实践与文化人类学》(松园万龟雄、绳田浩志等著,金稀玉译)、《非洲教育开发与国际合作——政策研究与实地调查的结合》(泽村信英著,李沛译)、《经济大陆非洲——从资源、粮食到开发政策》(平野克己著,于海鹏译)、《非洲的开发与教育——以保障人类安全为目的的国际教育》(泽村信英编著,樊晓萍等译)、《国际援助体系和非洲——关于后冷战时代"减贫机制"的思考》(吉川光明著,张赫译)、《开发和国家——非洲政治经济论序说》(高桥基树著,陶魏青译)、《文化的地平线——现代非洲人的故乡》(栗本英世著,包央译)、《援助国与被援助国——为了非洲的发展》(服部正也著,金玉英译)等日本对非研究方面的系列译著。

本译丛为国内首批大型日本对非研究译丛,也是浙江师范大学非洲研究院"非洲文库"国家智库丛书的重要组成部分。丛书选自日本对非研究经典著作,作品有代表性,有知名度,能作为我国深入了解非洲经济、非洲教育、非洲文化、非洲社会及日本对非政策的基础丛书,是不可多得的"他山之石",是深入贯彻习近平总书记提出的"一带一路"倡议的丛书。通过对丛书的译介和研究,有望形成一支高效实干的学术团队,培养一批非洲人文领域的译介与研究人才,挖掘非洲研究的中国特色与价值,推进中国对外援助事业的发展、中非合作的快速发展和中非文化的交流互鉴。

刘鸿武

教育部长江学者特聘教授、浙江省特级专家

浙江师范大学非洲研究院创始院长

2018年6月16日

目　录

序　章

0　非洲教育开发与国际合作
　　——问题之所在　003

　0.1　本书的目的　003

　0.2　非洲教育开发经验　008

　0.3　对非国际教育合作与日本　010

　0.4　穷人对学校的期待与失望　012

　0.5　国际教育合作的界限与课题　014

第 I 部　日本的国际教育合作与援助非洲

1　国际教育合作的日本特征
　　——复杂性与优越性　019

　1.1　引言　019

　1.2　20世纪90年代的国际教育合作动向与日本　019

1.3　对日本开发援助的国际批判　021

1.4　日本国际教育合作的特点　022

1.5　发生变化的日本教育合作项目　026

1.6　脱离追随欧美的援助模式　027

2　日本开发援助的非欧美特征

　　　　——对自助努力的支援　029

2.1　引言　029

2.2　日本的开发援助哲学　030

2.3　以支援自助努力为中心的援助理念的起源　031

2.4　日本的"自助努力"与欧美的"主体性"　033

2.5　日本对ODA的自信　035

2.6　非洲自助努力的有效性　036

2.7　结语　039

3　对非洲教育援助的展开

　　　　——日本的作用与可能性　041

3.1　引言　041

3.2　非洲教育开发的现状　042

3.3　非洲的开发与国际援助　044

3.4　日本教育援助政策的特征　049

3.5　日本对非教育援助的展望　052

3.6　日本特有的贡献　056

第II部　非洲国家的教育开发问题

4　加纳

　　　　——职业教育改革的展望　061

4.1　引言　061

4.2　教育政策与技术教育的定位　062

4.3　职业技术学院的建立与现状　065

4.4　职业技术学院改革的方向　066

4.5　围绕职业教育的社会环境　068

4.6　职业技术学院的未来展望　070

4.7　结语　071

5　埃塞俄比亚

——初等教育量的扩大与质的改善　072

5.1　引言　072

5.2　UPE政策及教育质量　073

5.3　初等教育的现状与课题　076

5.4　教育领域发展计划　079

5.5　地方分权化政策与教育质量　081

5.6　量的扩大和质的改善的此消彼长　083

5.7　结语　084

6　肯尼亚

——考试中心主义的初等教育　085

6.1　引言　085

6.2　肯尼亚初等教育毕业考试概要　086

6.3　以应试教育为中心的校园生活　090

6.4　KCPE成绩显示出的教育差距　092

6.5　学校间差距的实际情况　096

6.6　结语　099

7　赞比亚

——国际教育合作与主体性　101

7.1　引言　101

7.2　初中等教育的现状与展望　102

7.3　国际教育援助的方向　104

7.4 日本的教育援助方式　107

7.5 主体性与文化考量　108

7.6 结语　110

第Ⅲ部　肯尼亚的初等教育与学校调查
——新研究手法的尝试

8　肯尼亚的初等教育开发与国际合作
——从失去的20年中复兴　115

8.1 引言　115

8.2 东非三国的比较　115

8.3 初中等教育概观　119

8.4 教育费用与教师工资　124

8.5 教育改革的动向　127

8.6 国际合作的状况　129

8.7 结语　132

9　肯尼亚全面普及初等教育的尝试
——免费初等教育的现状与问题点　134

9.1 引言　134

9.2 非洲国家的教育发展　135

9.3 初等教育的现状与教育改革　137

9.4 20世纪90年代的问题分析与免费初等教育　139

9.5 免费初等教育制度的妥当性与其影响　141

9.6 免费初等教育制度的独立的可持续发展性　144

9.7 结语　146

10　肯尼亚小学的留级与辍学情况
——以对学生的追踪调查为依据　147

10.1 引言　147

10.2　初等教育的现状与课题　148

10.3　关于留级与辍学的论点　149

10.4　考察学校的现状　152

10.5　调查方法　153

10.6　留级与辍学的实际情况　154

10.7　结语　158

11　从肯尼亚小学教师的生活史中学习

　　——教育开发的新的知识建构　160

11.1　引言　160

11.2　教育发展研究中的个人生活史调查法　161

11.3　小学教师的个人生活史　163

11.4　从个人生活史中了解到的新视点　167

11.5　结语　168

终　章

12　新的国际教育合作的展开

　　——研究的意义与价值　173

12.1　引言　173

12.2　日本新的国际教育合作的展开　174

12.3　非洲各国为教育开发所做的尝试　175

12.4　在肯尼亚的实地调查　177

12.5　结语　180

撒哈拉以南非洲各国基础数据　182

后　记　185

各章节出处一览　185

参考文献　188

术语表　207

作者简介　218

序
章

0　非洲教育开发与国际合作

——问题之所在

0.1　本书的目的

撒哈拉以南非洲(以下简称非洲)现有48个国家。除了埃塞俄比亚和南非,其余46个国家都是在20世纪60年代初脱离英国、法国、葡萄牙等殖民国而独立的。这些国家在独立初期,受益于良好的国际经济运行环境,发展十分顺利。但在20世纪70年代石油危机及初级产品国际价格下降的影响下,到了20世纪80年代,这些国家的国民收入有所减少。这些国家中的大多数是最不发达国家[①]或最贫困国家,与取得了飞速发展的东亚诸国形成了鲜明对比。

非洲诸国自独立以来,便将教育作为立国之本。1961年,由联合国教科文组织主持召开的非洲各国发展教育会议制定了"亚的斯亚贝巴计划",计划要求在1980年之前这些国家要完全普及初等教育。但是,由于受到上述世界经济形势恶化的影响,普及教育的计划并没有如期完成。而且,绝大多数国家在20世纪80年代出现了入学率下降、教育质量恶化的现象。

经过了教育发展停滞的20世纪80年代,1990年,"世界全民教育大会"(The World Conference on Education for All)在泰国召开。这次会议,再次确认了基础教育的重要性,对之后的教育援助政策产生了重大影响(参照第1章)。但是,大会提出的在2000年之前实现"全民教育"(Education For All,EFA)的行动纲领并没有实现。2000年3月在塞内加尔召开的"世界教育论坛"(The World Education Forum)对近10年来全民教育的改善给予了肯定,但认为全民教育的实现依旧任重道远,今后仍需要各国政府、组织的参与。该论坛制定的《达喀尔行动纲领》(*Dakar Framework for Action*)的六大目标之一就是在2015年之前,保证

---

① 据OECD(经济合作与发展组织)发展援助委员会(Development Assistance Committee,DAC)的分类标准,50个国家(2005年)被认定为最不发达国家(Least Developed Countries,LDC),其中33个为非洲国家。

所有儿童都能接受高质量的初等教育。

"联合国千年发展目标"(Millennium Development Goals,MDGs)将"全民教育"定位为国际社会全体的发展目标。"联合国千年发展目标"统合了2000年9月联合国千年首脑会议(纽约)上通过的《联合国千年宣言》,以及20世纪90年代国际会议上制定的发展目标——将"在2015年之前全面普及初等教育"(Universal Primary Education,UPE)作为八大目标中的第二项。为了实现这一目标,对非洲诸国的国际援助当然必不可少。

随着东西方冷战的结束,从20世纪90年代前半期开始,国际性的政府开发援助(Official Development Assistance,ODA)力度出现了缩小化倾向。在这种国际形势下,日本政府却扩大了援助额度,表明要援助在国际社会中被日益边缘化的非洲,并于1993年在东京召开了首届"东京非洲发展国际会议"(Tokyo International Conference on African Development,TICAD)①。尽管日本如此热心于非洲援助事业,但是时任首相(森喜朗)访问非洲是在21世纪大幕已经开启的2001年1月才实现的。

在2002年接连召开的国际会议上,发展中国家的发展问题成为主要议题。其背景之一是因美国"9·11"恐怖袭击事件(2001年9月)而引发的国际社会对世界贫困的关注。首先,联合国筹资发展问题国际会议(2002年3月)通过了"蒙特雷共识",肯定了通过贸易、ODA、债务救济等手段确保发展资金的必要性。其次,在G8卡尔加里峰会(2002年6月)上,援助非洲发展成为主要议题,G8教育特别工作组在峰会上提交了名为《全民教育新焦点》的报告书。日本政府发表了《为了成长的基础教育倡议》(Basic Education for Growth Initiative,BEGIN),表明了积极参与基础教育援助的态度。另外,在可持续发展世界首脑会议(2002年9月)②上,时任首相小泉纯一郎强调了教育作为发展基础的重要性,并提请联合国发表《可持续发展教育十年》(Education for Sustainable Development,ESD)的宣言,并承诺未来5年内将提供2500亿日元以上的教育援助。

在G8峰会上,非洲贫困及发展屡次成为议题。在格伦伊格尔斯峰会(2005年7月)上,日本政府承诺未来3年内将把对非洲的援助金额翻倍,并将在未来5

---

① 东京非洲发展国际会议是以非洲发展为目标,由日本政府、全球非洲联盟(Global Coalition for Africa)、联合国非洲和最不发达国家高级代表办事处(United Nations Office of the Special Coordinator for Africa and the Least Developed Countries,UN/OSCAL)、联合国开发计划署(UNDP)共同倡议举办的,2000年世界银行也加入进来。

② 此次会议又被称为WSSD(World Summit on Sustainable Development)、地球环境发展峰会、约翰内斯堡峰会。

年内增加100亿美元的援助金额。在海利根达姆峰会(2007年6月)上,对非援助也是主要议题之一,吸引着全世界的关注。①日本对非洲发展究竟会发挥怎样的作用? 2008年5月召开的第四届非洲发展国际会议(TICAD IV)及7月召开的G8北海道洞爷湖峰会成了重要的里程碑。②

在这样的大环境下,20世纪90年代,还经常能够听到国际社会批评日本对非援助偏重于资金方面,而在人力(知识)方面贡献太少的声音。但是,2000年之后,这样的批评声渐渐消失了。这主要归功于日本对本国援助人才的培养、援助方式由工程项目援助转变为发展计划援助及财政援助、参与援助的非日本人人数减少等举措。

日本国内关于国际发展、国际合作的研究成果发表及专业书籍的出版数量正加速增长。就教育发展领域来说,以往西方研究者所著的书占绝大多数,但现在日本研究者的著作也多起来了。③即便如此,如果只局限于非洲的话,关于教育发展及援助政策的社会科学方面的研究成果数量,日本仍然比欧美少得多,日本国内关于非洲教育的研究非常薄弱。而且,关于这方面的研究,多以政策分析和计量分析为中心,教育质量调查也鲜有反映儿童真实的生活状况及学校实际困境的。

本书收录了一系列研究成果,其目的在于用新的视点和方法综合分析非洲教育开发与国际合作,为国际教育合作的研究与实践做出贡献。为了实现这个目标,本书将尝试从以下3个视点多角度研究教育开发与国际合作:关于非洲教育发展与日本教育合作的比较研究(第Ⅰ部)、关于非洲4国教育问题的事例研究(第Ⅱ部)、关于肯尼亚学校的教育发展研究(第Ⅲ部)。本书的核心是以长期进行的学校调查为手段,阐明国际教育合作考察中的不足之处。另外,本书也期待找到解决非洲地区严峻的教育问题的突破口,为思考其他国家教育发展的方式提供重要启示。

一直以来,关于日本国际合作的研究,多是分析其制约或界限,而本书是对

---

① 在海利根达姆峰会上,主要议题是世界经济、气候变化及非洲问题,但日本媒体主要报道了气候变化(减少温室效应气体排放等),对非洲相关的报道很少。

② 日本首相、官房长官、外务大臣、财务大臣及经济产业大臣参加的第八届海外经济合作会议(2007年4月)表明:"如何解决非洲问题已经成为全世界的重要课题,明年我国将召开第四届东京非洲发展国际会议及G8峰会,在此前提下,我们已经对如何开展对非海外经济合作进行了讨论。""对于教育、传染病对策、放心水的供应等社会发展领域的问题及当地和平的维持,从保障人类安全的立场出发,通过日本国际协力事业团(现日本国际协力机构,Japan International Cooperation Agency,JICA)在当地的工作,以及与国际组织合作等方式继续给予支援。"(首相官邸,2007)

③ 具体书名及其系谱,广里(2005)中有详细记录。

日本相对优势的再讨论,重点探讨日本的潜力开发。进入21世纪后,日本的国际合作以教育领域为核心,不断发生急剧变化。日本参与国际合作的可能性,特别是与欧美国家相比较,是应该得到正当评价的。但事实并非如此。一方面这与日本研究者的努力不足有关;另一方面,日本是主要援助国中为数不多的非欧美国家,对发展、国际合作及教育方式的思考都与欧美国家不同,但是,日本有意不向国际社会宣传自己的主张,这也是日本参与国际合作的可能性没有得到正当评价的一个原因。

迄今为止,日本几乎还没有做出具有国际影响力的非洲教育发展研究,这仅仅是因为缺乏这方面的研究者,还是另有原因?概观全球的非洲教育研究,我们会发现,其研究资金大多是由援助组织提供的。因此,自由的学术研究较少,研究领域及研究方法也有所偏重,缺少将一个事例深入挖掘的研究,多以政策分析、计量分析为中心,实地调查不足。特别是在非洲这样的多样化社会背景下,只靠以统计方法处理的平均化数值来把握教育整体的状况及问题点是不全面的。一旦被数字蒙蔽了视野,研究者们就很难再去努力探索事情的本质。

0.1.1　存在的问题

教育是人类最基本的社会活动,国家的发展离不开教育。在以人为中心的社会发展受到重视之后,教育成为发展问题中最优先的课题之一。的确,在发展方面,教育是不可或缺的要素,但是并非教育普及了发展就会自然跟上。其实教育与经济发展的因果关系并不明显。学校教育中蕴含着变革社会的潜在可能性,社会不发展教育也无法顺利推进。另外,只给教育投资并不能消除贫困,这在很多发展中国家都得到过印证。迄今为止,非洲教育开发的资金几乎依靠国际援助,而援助政策的制定通常将经济效率作为最优先考量的要素。这样做是将国家的经济增长放在首位,而轻视了教育发展对于接受教育的个体的意义和价值。

教育的实施方式,如果不考虑它所依存的社会文化要素,是很难理解的。日本的教育是无法脱离日本文化、日本人的国民性和价值观,以及无时无刻不在发展变化的社会形势的。同样,某一时代在某一地区所施行的教育,即使是在学校教授的具有高度普遍性的知识,也只有在与社会的密切关联中才能发挥作用。这一点大家都清楚,但是一旦通过国际合作这种机制,援助供应国或发达国家的教育制度、组织便会成为绝对标准,他们的教育经验很容易被作为新知识转嫁给发展中国家。即使在十分重视发展中国家的主体性、将援助组织称作"伙伴"而不是"供应者"的今天,依然存在这种问题。如何进行国际合作,尤其是与非洲在历史关系上交集甚少的日本,要发挥怎样的作用或者比较优势是什么,这些都是值得深思的。

在全球化时代,不应该把非洲国家的困境归于是他们自己的责任。国民间经济差距增大,普通民众的自身努力也是有限的。作为发展中国家教育发展的参与者,要了解当地人每天在与怎样的困难抗争,与当地人共有这种问题意识是基本要求。迄今为止,在教育领域有这样一种倾向,即不考虑社会生活,只把学校教育单独抽离出来,并以局外者决定的既定框架来进行分析。而现在的学校应该做的是考虑、把握孩子们所生活的现实社会中的各种情况。

上述问题意识的背景有两点:一是在非洲教育发展中,作为直接受益者的学龄期儿童被置于危险境地;二是从正面切入对包括教育在内的社会复杂问题的研究非常少,尤其是几乎没有长期的实地调查成果可供国际合作使用。历经半个多世纪的国际合作,并没有为非洲人民教育机会的扩大及教育质量的改善做出实质性贡献。

0.1.2　本书的构成

本书除序章与终章外,本论部分由三部分构成。在第Ⅰ部分中,笔者将日本国际教育合作的援助思潮、政策的特征及政策制定的复杂性与欧美各国进行比较,在阐明日本特征的同时,探索日本的相对优势。这并不是自以为是的日本优势论,而是基于细致的文献评论、笔者的经验和对相关者的访谈,从多角度进行的分析。在第Ⅱ部分中,笔者概观非洲教育发展过程,按照国别对复杂的教育发展现状进行分析,阐明必须解决的教育课题,从其他角度重新审视初等教育的急剧发展。在第Ⅲ部分中,笔者通过在肯尼亚长达5年多的实地调查,在对教育政策等制度方面进行解析的同时,在小学实行长期的定点调查,找到了解学校实际情况的微观研究的切入点。

如上所述,本论部分将以国际视点对日本的国际教育合作进行定位(第Ⅰ部分),批判性讨论包含具体事例在内的非洲教育开发与国际合作的实际情况(第Ⅱ部分),依据在肯尼亚进行的长期调查进行宏观与微观相结合的教育发展研究(第Ⅲ部分),综合阐述迄今为止不甚明朗的非洲教育开发与国际合作的各种情况。终章将阐述本研究的综合意义与价值,以及今后的课题。

0.2　非洲教育开发经验

　　在考察如何开展国际合作时,非洲诸国为我们提供了宝贵的经验。但是,非常遗憾的是,这些都是苦涩的经验。20世纪90年代初,东西方冷战结束。在此之前,美国和苏联带有政治目的的援助大战在非洲大地愈演愈烈。这些地区的大部分国家元首不是民主选举产生的,国家无法正常运转,内战、难民、贪污等问题屡见不鲜。非洲发展没有预期设想的那样顺利,其本身固有的问题(如上述问题)当然是一个重要原因,但国际援助也难辞其咎,再没有一个像非洲这样,被因时因势的国际援助玩弄于股掌间的地区了。

　　非洲开发出现问题,其根本原因是"非洲经济不发展"。"因为经济不发展,所以非洲经济一味下滑,于是非洲的贫困化也逐年越发严重起来。"(平野,2002:6)[1]另外,使得非洲教育开发更加复杂的是,它走的不是一条常规发展路线。常规发展路线即农业生产效率提高,工业发展,家庭出现经济余力,从而水到渠成地促进学校教育发展[2],但在非洲并不是这样。非洲经济不发展,非洲儿童上学不是为了满足社会的需求,而是为了迎合国际社会的要求。

　　非洲教育自20世纪80年代起,在长达20多年的时间里基本没有发展。其教育质量不是一直维持在较低水准,而是越发下降了。2002年版的《全民教育全球监测报告》预测,《达喀尔行动纲领》中的目标,一个也实现不了的国家将有28个,其中20个国家在非洲(UNESCO,2002:97)。比较不同地区的初等教育净入学率[3]及未入学儿童人数,会发现非洲地区的未入学儿童人数占全世界总数的50%,而且这个比例还在逐年增加(见表0-1)[4]。也就是说,其他地区的未入学儿童人数在不断减少,而非洲在这方面却进展缓慢。另外,平均1名教师所对应的学生数

---

① 20世纪90年代,非洲平均经济增长率为2.4%,2000—2004年上升至4%,与此同时,宏观经济指标有所改善的国家有很多(World Bank,2006:1)。

② 非洲国家并非都很贫困,例如博茨瓦纳、毛里求斯等收入较高的国家也是有的,但大部分国家仍属于最不发达国家。

③ 净入学率是以学龄人口除以全体入学生中符合正规学龄的人数得到的数值。与之相对,毛入学率不考虑入学生的年龄,其数值是以全体入学学生人数除以法令规定的学龄人口得到的。因此,毛入学率有时会超过100%,净入学率在理论上是不会超过100%的。实际上,很多国家没有关于净入学率的数据。另外,这些数值是否可信也是个问题。

④ 东亚、大洋洲、西亚、南亚也有很多未入学儿童,但这些地区的未入学儿童大部分居住在印度等国,而非洲的特征是整个非洲地区的未入学儿童人数都很多。

量之多也是非洲国家的一个特征。[1]

表0-1　不同地区初等教育净入学率和未入学儿童人数（2004年）

地区	初等教育净入学率(%)			未入学儿童人数（千人）	比例(%)
	全体	男	女		
阿拉伯国家	81	85	78	6585	8.6
中欧/东欧	91	92	90	2014	2.6
中亚	92	92	91	364	0.5
东亚/大洋洲	94	94	94	9671	12.6
拉丁美洲/加勒比海	95	96	94	2698	3.5
北美/西欧	96	97	95	1845	2.4
南亚/西亚	86	89	82	15644	20.3
撒哈拉以南非洲	65	67	63	38020	49.5
全世界	86	88	84	76841	100.0

资料来源：联合国教科文组织（2006：269）。

　　为了使就学人数增加，许多国家全面普及初等教育，也有一些国家施行了免费教育制度。[2]马拉维（1994年10月）、乌干达（1997年1月）、坦桑尼亚（2001年10月）、赞比亚（2002年2月）、肯尼亚（2003年1月）等国家先后颁布了免费初等教育制度，但这些国家既没有财政保证也没有施行计划，这就需要援助组织提供新的援助。免费教育制度的实施，虽然促进了入学率快速增长，但教育质量越发低下，很多儿童连最低限的学习标准也达不到。量的快速增长招致质的低下的事例很多。例如，以马拉维和肯尼亚的六年级学生为对象所做的调查结果表明，两国分别仅有0.6%和2.3%的学生的读解能力能够达到期望值。[3]

　　正如2005版的《全民教育全球监测报告》的副标题"提高质量势在必行"所宣告的那样，教育质量是再也不可忽视的一个问题了（UNESCO，2004）。任何一个国家的政策文件中都必定会涉及关于教育质量重要性的内容。但是事实上，数

---

[1] 平均1名教师所对应的学生人数在45人以上的国家有24个，其中21个是非洲国家（UNESCO，2004：113）。

[2] 引入免费教育多带有强烈的政治色彩，很多是作为总统选举的承诺被抛出的。

[3] 数据来源于南非教育质量监测联盟（The Southern Africa Consortium for Monitoring Educational Quality，SACMEQ）的调查结果。南非教育质量监测联盟是由南部非洲地区的教育部组织的联盟，依靠联合国教科文组织国际教育计划研究所（IIEP）提供的援助，开展关于教育质量的政策研究。国别报告书公布在网上，马拉维和赞比亚的数据分别引自Grace et al.（2001：61）及Nkamba & Kanyika（1998：65）的报告书。

量的增加,即入学情况的改善被作为最优先考虑的对象,而定义多样化且计量困难的教育质量有被牺牲的倾向(参照第5章)。联合国教科文组织一方面承认"在确保教育质量的同时快速扩充学校体系也许是很困难的"(UNESCO,2004:126),另一方面提醒不要让质和量形成此消彼长的关系。

非洲有很多国家将国家财政的30%—40%用于教育。但是,留级、辍学、教师能力不足和道德低下、教材不足等存在于发展中国家的众多教育问题都在非洲地区显著存在。另外,艾滋病的蔓延也给教师的培养带来了严重影响。例如,有815名赞比亚小学教师死于艾滋病,这一数字占新教师人数的45%(UNESCO,2004:114)。在肯尼亚艾滋病患病率高的地区,每年都有5%的小学教师死于艾滋病,按照这样的速度,5年之内肯尼亚就会失去1/4的教师(UNESCO,2004:112)。

为了解决这些存在于非洲的教育问题,援助组织至今都做了些什么呢? 他们将庞大的资金投入调查研究中,但只是徒然增加了关于非洲国家教育现状及课题的信息而已。[①]这些研究成果虽然在一定程度上分析了非洲儿童所接受的教育的现状,但并没有为其改善做出贡献。EFA是为了谁? 为了什么? 现实中考虑了多少对于儿童的意义和价值? 究竟迄今为止的国际合作有多少效果呢?

0.3　对非国际教育合作与日本

经济发展落后于亚洲的非洲,平均每人得到的国际援助是亚洲的6—8倍(World Bank,2005a:352),因此,绝不能说援助没有面向非洲。就绝对额来说也是如此,31%(2001—2005年的平均值)的国际援助分配给了非洲(DAC,2007:197)。问题是这些援助是否得到了有效使用,怎样援助才好,其方法也是变化多样的(横关,2003)。对非洲的援助,其效率比其他任何地区都要低(Van de Walle & Johnston,1996)。其原因一方面在于非洲国家行政机关的脆弱性,另一方面是与亚洲相比,非洲人口密度低,援助能够有效施用于个人是很困难的。另外,债务问题也是阻碍非洲发展的枷锁。对于非洲债务,以往国际上普遍采用的是债务重组的方式,现在债务免除成为主流。由国际货币基金(International Monetary Fund,IMF)、世界银行认定的40个(2007年4月)重债穷国(Heavily Indebted Poor Countries,HIPCs)中,非洲国家占了33个。

---

① 本章经常引用的《全民教育全球监测报告》是联合国教科文组织几乎每年都会刊发的报告,从中可以很方便地得到关于实现EFA的最新信息。

在教育领域,约30%(1999—2003年的平均值)的国际援助是提供给非洲的(UNESCO,2005:113),这一比例与上述援助总额的比例基本相同。[1]双边及国际组织的教育援助额(1999—2003年的平均承诺额)分别为42.2亿美元(其中基础教育9.1亿美元)和13.1亿美元(其中基础教育5.9亿美元)(UNESCO,2005:118)。[2]调查一下近年来教育援助总额的增减我们会发现,1999—2001年的教育援助总额没有大的变化,但2002—2004年的3年间,每年都激增2成左右(见表0-2)。如果只比较基础教育援助的话,其增加比例更加明显,2004年的基础教育占教育援助整体的比例达到了44%。特别是,对最不发达国家的基础教育援助的比例,从2000年的36%上升到了2004年的近62%(UNESCO,2005:88)。

表0-2　对不同对象国的教育及基础教育援助额

单位:亿美元

领域	对象国家	1999年	2000年	2001年	2002年	2003年	2004年
教育	普通发展中国家	50	46	48	59	70	85
	最不发达国家	12	14	15	18	20	26
基础教育	普通发展中国家	13	14	15	16	21	33
	最不发达国家	5	5	7	7	8	16

资料来源:联合国教科文组织(2006:88-89)。

对基础教育援助的增加,是实现EFA目标不可或缺的环节。但不可否认的是,这样做会增强非洲国家对援助的依赖性,阻碍其独立发展。[3]例如,曾有一段时期,乌干达的初等教育普通预算有54%是依赖外部援助的(UNESCO,2004:208)。乌干达作为普及初等教育的成功案例广受好评,政府参与度也很高,因此很容易得到援助资金。厄立特里亚、赞比亚也同样,用于基础教育的国家支出,20%以上是依赖援助的(UNESCO,2006:95)。

---

[1] 2007年版的《全民教育全球监测报告》取消了对不同地区教育援助比例的统计,将发展中国家分为低收入国家和最不发达国家,监测是否将基础教育援助优先分配给了有需求的国家(UNESCO,2006)。

[2] 国际组织实施的教育援助的5成来自世界银行。但是,这一金额是承诺额,有时与实际的支出额相比会有很大差距。另外,英国等国家重视一般财政援助,使用于教育领域的资金比例难以确定,因此对各援助国的准确的贡献度进行比较是很困难的。

[3] 世界银行报告书(World Bank,2000)中虽然提出了摆脱援助依存的重要性,但事实上,UPE成为国际发展目标,世界银行自身也有促进援助依存的一面。

日本是双边教育援助的主要援助国之一,占援助国家整体的19.1%(见表0-3)。但是,在基础教育方面,其援助比例不到7%。法国、日本、德国重视高等教育及职业培训,与之相对,英国、美国重视基础教育。日本在2002年发布的《为了成长的基础教育倡议》中曾宣称要扩大在基础教育领域的援助,但是,从表0-3中的数值来看,日本并没有实现这一目标。

表0-3　双边教育援助主要国家的负担比例(2003—2004年平均)

单位:%

援助国	教育	基础教育
法国	20.3	3.3
日本	19.1	6.7
德国	16.9	5.4
英国	8.6	26.0
美国	7.3	21.0
DAC(发展援助委员会)全体成员国	100	100

注:如果一般财政援助较多,会较难计算教育援助所占比例。

资料来源:联合国教科文组织(2006:90)。

但是,在非洲教育合作的实际过程中,正发生着从上述数据中观察不到的一些变化。日本对非洲的基础教育合作方式,到20世纪90年代前半期为止主要是无偿提供资金援建小学或由青年海外协力队组织活动。但是,自1998年在肯尼亚实施"中等数理科教育强化项目"以来,一些教育领域的特设项目在加纳、尼日尔、埃塞俄比亚、坦桑尼亚、马拉维、南非等多国得以实施,应用于初等教育和中等教育的援助。日本在非洲的教育援助正发生着巨大的变化(参照第3章)。

0.4　穷人对学校的期待与失望

对于非洲儿童来说,学校能够把他们从家庭劳动中解放出来,让他们和朋友在一起,即使老师很严格或是老师经常请假,学校基本上也是令人愉快的地方。曾经在非洲,也有将学龄儿童强行送去上学的做法,但现在,学校从儿童们不愿意去的地方变成了他们主动想去的地方。

那么,小学毕业的孩子,与完全没上过学的孩子相比,真的能脱离贫困,过上更加幸福的生活吗? 如果只是小学毕业的话,还是很难找到能得到现金收入的工作。只有极少数儿童及家长抱着"只要小学毕业就好"的想法,除此之外多数人还是希望能上中学。只有小学文凭,在学历社会是没有价值的。初等教育是免费的,但中学需要负担学费,因此即使上了小学,许多贫困家庭也无法保障孩子能够继续上中学。于是,很多孩子体会到了因为经济原因上不了中学的挫败感。

现在就是这样一个时代,即使从亲戚或教会那里得到了经济支援,交得起学费上中学并顺利毕业,但凭着一般成绩并不一定就能找到工作。即使大学毕业,为了维持生活也只能在路边摆摊做生意。有很多青年人,虽然想方设法筹到学费坚持到中学毕业,但既无法在现代工业部门就职,也没有再回头从事农业、畜牧业的能力,每天只有碌碌无为地混日子。①

关于学校教育究竟应该是怎样的,不同的社会有不同的情况。既有被赋予很高评价的,也有与穷人生活无关的。教育确实很重要,但并非在任何社会都重要:有人因为上了学,反而没能掌握生活的基本技能;也有人虽然辍学了,但因为数年学校生活所培养的能力,从而步入新的人生阶段。学校这个地方,既可以满足孩子的期待,也会使孩子失望。

20世纪90年代,有50个国家实施了"参与式贫困评估",其中"穷人的声音"这一项目,取得了细致的具有实质性的调查成果。②以下事例作为对非洲教育的批判被报道了出来,这些事例告诉我们,学校教育并非对任何人都是有价值的。

"在农村,尤其是成人后的生活和教育是没有关联性的。对教育、教职的社会评价很低(没有丈夫想娶受过教育的妻子),教育基本没有经济价值(学校没用,孩子上学就是浪费时间,毕业后找不到工作,甚至连耕田也学不会)。"(加纳)(ナラヤン,2002:127)"就业和在学校学的知识没有任何联系。上学就是浪费时间。"(乌干达)(ナラヤン,2002:127)"喀麦隆北部的亲戚或者不让孩子上学,或者让他们退学。这是因为'学校的毕业证书和就业没有关系'。教师素质低,财务状况也在恶化。教师因为工资低、设备差,缺乏干劲。"(喀麦隆)(ナラヤン,2002:131)"一整天站在路边卖花生,看到了很多大学同学。他们也为了生存,不得不做如此卑微的工作。"(多哥)(ナラヤン,2002:125)

上述意见不具有代表性,但也没有大的偏差。即使出现这些意见的前提是对学校的期待过高,但在学校学到的知识在社会上派不上用场、对就业也没有帮

---

① 作为此结论的一个证据,我们可以看一下肯尼亚不同学历人群的失业率。与小学毕业者的失业率相比,中学毕业者的失业率更高(Ministry of Education,Science and Technology,2003:129-130)。

② 世界银行实施了一系列调查,例如ナラヤン(2002)。

助、高学历失业等问题是具有普遍性的。对于穷人来说,现在的学校教育没有任何意义,这种批判之声,作为国际教育合作的实践者之一是要常记于心的。

0.5 国际教育合作的界限与课题

0.5.1 期待的效果与现实

教育援助的金额年年都在增加。但是,这些援助真的用在学校里的孩子身上了吗? 政府年度支出的教育预算比例即使很大,用于贫困层的支出也是有限的,实际上能够用于需要这些援助的学校及孩子的,只有极少的金额(世界银行,2004:5-6)。如果是粮食援助的话,即使有一些贪污挪用,但孩子的午饭还是有保证的,能够填饱他们的空肚子,但对教育合作的评价就难了。

即使发了教科书,但既没有被这些教科书教过,也没有教过这些教科书的教师,学校里的师生是没有使用这些教科书的意愿的。对于地方学校来说,有时为了确保比教科书更珍贵的优秀教师资源,教工宿舍才是最被需要的。但是,国际援助只相信投资教科书是最有教育效果的,于是热衷于教科书的投放。靠这种援助赢利的是那些国际性出版社,竞争力弱的受援国本国制作的教科书基本不会被采用。

肯尼亚在2003年实行了免费初等教育制度,在此之前学校运营费用基本上是从家长那里收取的。因为导入了免费制,学校自筹经费原则上被禁止,政府有责任承担必要的经费。这看上去是一个理想的政策,但肯尼亚国家财政无力承担这些费用,必要的资金都要依赖国际援助。更加糟糕的是,国际上对学校的资金援助要比新学期开学晚半年以上到位,而且资金用途被规定得很细,与学校需求不符,反而在学校引发了不满和混乱(参照第9章)。国际合作并非总是能够支持对方的自身努力,也并非对人人都有益。

0.5.2 国际合作的实际情况与展望

消除贫困是国际社会共同的目标,非洲地区有46.5%的人口过着每天不足1美元的生活(World Bank,2005b)。这一比例比其他地区要高得多,而且近10年来一直在增长,而亚洲却有了显著改善。另外,世界银行预测,在非洲地区,联合国千年发展目标中与教育和保健相关的目标,即使经济增长率是现在的2倍也很难实现(世界银行,2004:3-4)。虽然不与经济增长挂钩,但如果能够实现初等教育的全面普及,那苦于贫困的人们就会燃起因为接受教育而脱离贫困的希望。

包括NGO(Non-Governmental Organizations,非政府组织)在内的援助组织进行了各种调查,力图把握实际情况,但教育行政官员和援助组织相关人员并不了解学校校长、教师、学生的苦恼,而且他们也不想去了解,只是不断重复着一般理论。①善于与普通民众共同活动的非政府组织,也被穷人抱怨说"非政府组织职员没有礼貌、爱强迫人,而且不好好听取意见"(ナラヤン,2002:6)。

由局外人来定义当地人的需求,将援助作为善意来实施,这是一个事实。如果亲临学校的日常生活,长期蹲守在那里和教师、孩子们进行对话,就会发现国家层面的国际援助与学校实际需求不符等国际合作的局限与课题。如果说国际教育合作原本的使命是以每一个人为出发点,努力援助每一个人,那么这一目标现在还远未实现。

对于教育发展及教育合作的诸问题,为了在实践中研究摸索出具有现实性的解决方案,研究者有必要置身于现实社会,从社会内部接近问题。对于看上去很明确的问题,如果不转换分析视角,不以反省、批判的态度对如何开展国际教育合作进行再讨论,今后国际教育合作的效果依旧是十分有限的。从学校实际发生的事例中积极学习,这种态度无疑是非常重要的。即使是探究发生在学校的问题,也并不是只执着于客观、科学的分析就够了,而是要提高观察者的能力,寻求如何发掘其多样性和复杂性。国际教育合作的参与者,不仅要提高自己的感性认识,增强自己的洞察力,还要拷问自己的人性。

---

① 在第二届国际教育合作日本论坛(Japan Education Forum,JEF)(2005年2月,东京)上,援助活动相关人士及教育部高层组成的政策组和学校校长组成的新课题组之间出现了意见分歧,这很明显地体现出了两者的关系(广岛大学教育发展国际协力研究中心,2005)。

第Ⅰ部
日本的国际教育合作与非洲援助

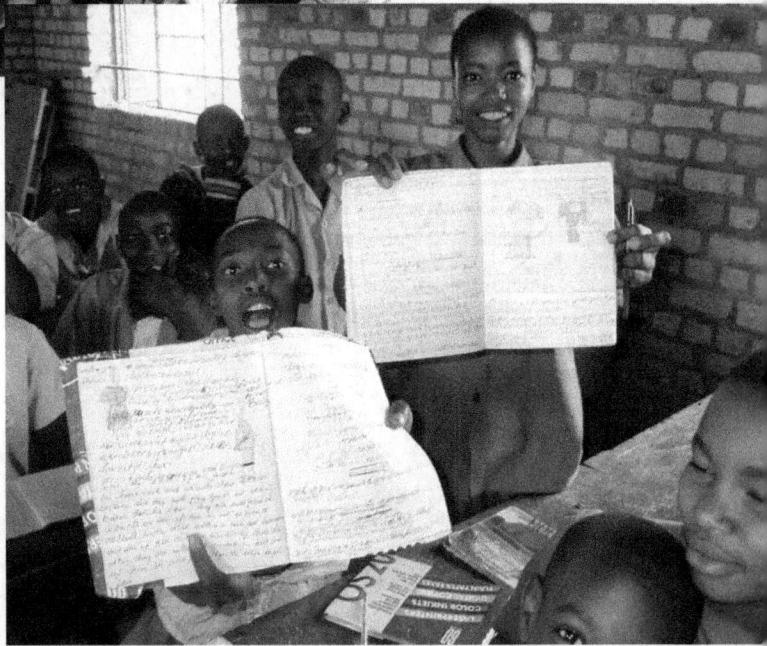

1　国际教育合作的日本特征
——复杂性与优越性

1.1　引言

日本的国际合作和开发援助十分难懂。特别是,教育领域的国际合作和援助(以下称为国际教育合作或教育合作),由谁来决定政策,由哪个机构来实施,其复杂性超越了国际常识。再加之,20世纪90年代之后,日本的教育合作无论在政策方面还是实践方面都发生了很大变化,因此,除了一部分援助实施负责人之外,即使是日本人,也很少有人能够理解日本国际教育合作的特质,在国际上更是总被误解,很难被正确理解。即使日本方面的相关人员反复向外国相关人士进行说明,对方听起来也觉得像是借口,即使能够理解也不能够认可。为了理解日本的援助,必须先了解日本社会、日本的官僚制度、雇佣制度、官民关系、日本人的价值观、日本文化等,甚至还有必要了解日本论、日本人论。

从20世纪90年代初至今,日本教育合作在政策方面发生了怎样的变化,本章将对其特点进行整理。

1.2　20世纪90年代的国际教育合作动向与日本

1990年3月,“世界全民教育大会”在泰国宗滴恩召开。“全民教育”本身不是一个新的提法,但这次会议标志着基础教育的重要性再次被关注,基础教育成为国际合作重点领域之一这一国际共识得以达成。本次会议由联合国教科文组织、联合国儿童基金会、联合国开发计划署及世界银行这些与教育相关的主要国际组织共同举办,双边援助组织当然受到了邀请,非政府组织也被正式邀请参加,显示了与一般国际会议不同的意义与重要性。本次会议通过的行动纲领中有在2000年之前将基础教育完全普及这一目标,要实现这一目标非常困难。直到2007年,将近20年过去了,这次会议依然非常重要,它是教育合作政策形成的基础,是一个重大的转折点。

在日本,在世界全民教育大会举办前后,JICA设立了"教育援助讨论会"(1990年3月),讨论国际援助的动向和日本的援助方式。之后,又在此基础上设立了"发展与教育各领域援助研究会"(1992年9月),为今后日本的教育援助方针建言。^①国际方面,除了宗滴恩会议的后续会议等,1996年5月,OECD(Organization for Economic Cooperation and Development,经济合作与发展组织)发展援助委员会通过了"新发展战略",将在2015年之前完全普及初等教育和在2005年之前消除中等教育方面的男女差别作为教育领域的发展目标。^②

1990年宗滴恩会议的召开,给一直以来把高等教育和职业训练作为教育合作中心的日本带来了非常大的冲击。这一点从1990年之后JICA内部成立了教育合作研究会等组织也能够看出来。20世纪90年代中期,在1994年版的《政府开发援助(ODA)白皮书》中,日本政府表明了不仅要从量的方面,还要从政策形成方面对国际援助进行领导(外务省经济协力局,1994)。此外,日本在1996年"DAC新发展战略"的发展目标设定中也表现得非常积极(外务省经济协力局,1996)。20世纪90年代前半期,是日本ODA的扩大时期。

一直以来,日本都以追赶欧美先进援助国为目标而不断增大援助额,到了20世纪90年代中期,其他援助国因"援助疲劳"减少了发展援助额度,日本开始思考自己必须完成的使命。这一时期正值亚洲经济危机前夕,世界银行刊行了《东亚奇迹》(World Bank,1992)。随后,1996年版的《政府开发援助(ODA)白皮书》强调,东亚目前的经济发展是得益于日本的开发援助(外务省经济协力局,1996),日本对自己的发展援助方法和成绩开始拥有自信。另外,如果仍追随欧美,那么增加援助额的理由将不复存在,这种危机感也是存在于日本的。

日本这种对援助的自信与日本当时的经济状况有微妙的关联。1990年前后是日本泡沫经济时代,堺屋太一(原经济企画厅长官)这样描述当时日本人在经济方面拥有的绝对自信:"日本才是世界第一,没必要再学欧美了。应该把日本的官僚主导体制和日式经营模式推广到全世界的主张也甚嚣尘上。"(堺屋,2002:171)1995年4月,外汇牌价一时间大有跌破1美元兑80日元之势。日本开始对欧美表现出质疑。对于日本的这一姿态,1995年1月的《经济学人》杂志将之称为"日本优秀的新民族主义",并写道:"长期以来,欧美对日本不主动发

言心怀不满。但现在如果还是这样的话,欧美反而要欢迎了。"(Economist,
1995:11)

作为客气话,应该是要尊重多样化想法的,但是,国际社会对日本开发援助
的攻击,随着日本经济实力的增强及援助额的增多,变得更加强烈了。

1.3　对日本开发援助的国际批判

日本的对外援助是从1954年参加科伦坡计划之时开始的。虽然不及欧美各
国资历深,但因为曾经接受过援助,所以日本拥有把国际组织和美国等的援助有
效应用于经济发展的经验。此外,日本的国际援助的初始与对亚洲各国的战争
赔偿有关,既不类似于美国对欧洲的战后复兴,也不像是英国、法国这样建立在
与旧殖民地关系基础上的援助。因此,欧美的援助与日本的援助,其目的与理念
无异才令人不可思议(参照第2章)。但是,无论是否愿意,日本的援助也要按照
欧美设定的基准进行评价。

例如,早在20世纪80年代中期,Cassen等人就讽刺日本的援助说:"与援助
撒哈拉以南非洲的贫困农民相比,在东南亚实施基础设施项目要容易得多。"
(Cassen,1986:16)这是在批判日本的开发援助资金会流回日本企业,这些日本企
业对消除贫困并不关心,只有对确定会成功的项目才进行援助。另外,德国的援
助实施团体批判日本"有钱,但执行能力差"(Nuscheler,1992:28)。这是在说日
本只有资金,没有优秀的具有执行力的人才。日本虽然有资金,但缺少关于发展
援助的知识,这种批判论调,是对20世纪90年代之前的日本的普遍性评价。

到了20世纪90年代末,对日本批判的方向发生了一些变化,矛头指向了日
本的援助方法。在2000年"世界教育论坛"英国国际开发署(Department for
International Development,DFID)分发的政策文件上有这样一段内容:"有时,没
有变通的呆板程序、援助机构的独特性、被时间制约的经费支出、薄弱的技术能
力、拙劣的语言能力、对说明责任及属性的担心,会对为实现对方国家政府目的、
目标而进行的战略性支援起到反作用。"(DFID,2000:15)这段文字虽然没有指明
是哪个国家,但明显是在暗指日本。①

另外,在2002年6月的G8卡尔加里峰会上,非洲发展成为主要议题之一。在

---

① DFID此言论的背景在于,英国、北欧各国是将国际援助资金注入合作基金的,他们主张给予受援国
直接援助,而日本、美国等国家虽然赞同上述主张的基本思路,但他们认为应该根据受援国的具体
情况采取包括项目型援助在内的多样化的援助方式。

20世纪90年代非洲日益被边缘化之时,日本一直关心非洲发展,并召开了两次东京非洲发展国际会议(1993年和1998年)。但是,作为东道主国的加拿大总理却对时任日本首相小泉纯一郎表示,希望日本也能为非洲发展做出一些贡献。受此打击的日本外务省在2002年8月于亚的斯亚贝巴召开的"联合国非洲经济委员会"川口顺子外相(时任)的演讲《与非洲共同前进的我国的决心》①中加上了如下一段内容:

> 不解决非洲问题就不会有21世纪世界的安定与繁荣。非洲所直面的问题,已经超出了非洲地域,成为国际社会全体的重要课题。日本对于这一问题充满了危机感,自1993年"东京非洲发展国际会议"(TICAD)召开以来,明年就是第十个年头了。当时,冷战刚刚结束,国际社会出现了"援助疲劳"的征兆。由日本主导的,包括1998年的TICADⅡ、去年的阁僚级别会谈在内的TICAD系列会议一直持续到了今天。日本决定明年10月在TICAD系列10周年之际,举办TICADⅢ,即首脑级别会谈。

如上所述,尽管也有一部分正确的批判,但其他援助国、援助组织对日本的援助认识不足,存在根本性的偏见。援助的好坏,是以欧美时时变化的援助方式为基准的,与之不符的援助形式就会得到很低的评价。另一方面,检索一下日本外务省和JICA的英文版主页,会发现它们与对应的日文版不同,多是些无价值的旧信息,这是日本方面需要反省的地方。②日本在非洲地区实施了值得称许的教育合作案例,却令想从英文版网页得到信息的大多数相关人士失望,甚至有时会使人误认为日本在教育合作方面不积极。

1.4 日本国际教育合作的特点

1.4.1 复杂性

日本的教育合作政策,是由哪个机构来制定的? 英国是由DFID制定的,美国是由美国国际开发署(United States Agency for International Development,

---

① 可在日本外务省网站上检索。
② 由于最近有了信息公开及评价的流程,再加上IT的进步,上述状况正在被快速改善。

USAID)制定的。各国国内履行教育行政职责的教育部,基本不参与援助政策的制定。但是,在日本,外务省只负责开发援助的综合调整,而各个相关官厅对开发援助都有强大的影响力。技术合作的实施机构 JICA,虽然比这些官厅贮备了更多关于开发援助的见识,专业性也很强,但它不是政策决定机构。而负责日元贷款的是国际协力银行(Japan Bank for International Cooperation,JBIC),但它在 2007 年前与 JICA 并没有密切的合作关系。①

在教育合作方面,JICA 负责技术合作预算,外务省负责无偿资金合作的预算,文部科学省负责国费留学生预算。JICA 是外务省管辖下的独立行政法人(2003 年 9 月之前是特殊法人),为了实施教育领域的合作,需要文部科学省所管辖的国立大学等的支持,只靠 JICA 和外务省是无法实现教育合作的。②事实上,参与教育合作的国立大学教师,大部分情况下是以社会贡献的形式无报酬地工作,并没有得到相应的奖励。③

在如此复杂的体制下实施国际教育合作的主要援助国只有日本。为何如此复杂,这与 JICA 的组织结构不无关系。当然能够正确理解这些情况的外国人几乎没有,大部分人只是对其表面效率低下的状况感到在意且觉得不可思议。

1999 年,JICA 进行了组织改革,将之前按援助形式设置的部门,改为按地域设置,这是一次具有革新性的改革,但结果最终是以所谓"援助计划"这样一种完全不被国际社会理解的日本独有的分类形式来开展业务。教育领域的合作,同时也在社会开发调查部、社会开发协力部、地域部等部门进行,这种复杂的运作系统让人难以理解。在这一改革过程中,派遣事业部和研修事业部等被合并,同时新设了 4 个地域部,但没有涉及各省厅权益复杂交错的部门解体和重组。④

2001 年制订的特殊法人等整理合理化计划,成为组织改革再次启动的契机,而这一组织改革在之前被认为是不可能完成的。基于该计划,2003 年 10 月,日

---

① JICA 与 JBIC 于 2008 年 10 月合并。

② JICA 于 2003 年 10 月被改组为独立行政法人"日本国际协力机构",国立大学于 2004 年 4 月法人化。国立大学由于从国家的行政组织中分离出来,对教育合作的支援方式也发生了变化。目前也有将大学与民间顾问作为同一立场看待的倾向,因而今后的课题就是如何在认识到大学的相对优势的基础上构建合作关系。

③ JICA 技术合作项目的一部分是从 2005 年起基于与顾问签订的业务实施合同而开始施行的,大学教师作为顾问参与国际合作的事例变得多起来。与之相伴,为了选派在教育领域有活动力的适当人选,日本方面经常会陷入困境(黑田,1998,黑田等,1999)。但是,这些大学教师参与教育合作,是把它作为社会贡献或学生教育的一环,他们并没有得到与工作量相符的经济方面的奖励。

④ 这种不彻底的改革是 JICA 不希望看到的。就职员来说,按照不同的计划分别开展工作的既往思维发生了改变,按照不同的援助计划分别做预算的制度也被重新审视并得到了改变。

本国际协力事业团变为独立行政法人日本国际协力机构,并于2004年进行重组,将之前按照援助计划设置的开发调查部和技术协力项目部合并,同时按照发展课题进行重组。教育领域的事业,由新设的人类开发部全权负责实施。

通过改革,组织上的问题得到了明显改善,但受援国当地的预算执行依然受到很多制约。海外国际合作活动也和国内的公共事业一样,一到日本的会计年度末就非常繁忙。虽然有时会为了消化预算而奔波忙碌,但仍经常出现受援方工作懈怠而日方不得不代替他们工作的情况。日本的援助项目能够按计划推进是为世人肯定的,但这同时也说明日本的援助制度缺乏灵活性。在以当今的参加型发展为前提的援助中,最困难的是要与被援助方的节奏合拍,因为等对方开始行动实在是等得令人心焦。

1.4.2 优越性

迄今为止,能够被称作日本教育援助政策的,除了JICA的教育援助指南、外务省的ODA中期计划之外,连时任日本首相小泉纯一郎在2002年6月G8峰会上发表的《为了成长的基础教育倡议》也不能算作其中之一。这一倡议特别强调了基础教育的重要性,也许不能被称作教育合作政策,但因为是非常高级别的政治公约,所以可以作为今后基础教育援助的重要指南。

2007年7月,在文部科学大臣私人恳谈会上"国际教育协力恳谈会"的审议内容作为最终报告被发表。这一审议内容对《为了成长的基础教育倡议》产生了重要影响。例如,《为了成长的基础教育倡议》中提到,作为支援的基本理念,要灵活运用日本的教育经验;作为日本新的支援方式,要灵活使用在职教师,这两者都是构成国际教育协力恳谈会核心内容的方针。

《为了成长的基础教育倡议》是以成长为目标的基础教育倡议,在当时十分新鲜而且很有特色。但是,将日本教育经验的活用作为基本理念提出,从国际援助思潮及当今全球化发展趋势来说,让人感觉晚了10年以上。第一,国际援助本身是有计划性的,并且要提供财政支援,时代已经不需要援助国进行经验普及了。第二,当代社会正在向知识型社会过渡,高等教育的作用在非洲也受到了高度重视,而日本此时却只谈及了基础教育和初中等教育。第三,最近的国际合作是将当地资源的活用作为大前提的,而日本却要派遣本国在职的小学、初中、高中教师赴非工作。但是,这些政策经过了上述争议,如果想要作为日本的特色和相对优势向国际社会进一步宣扬,虽然不能不说其具有日本特色,但作为意欲领导其他援助组织的国家援助政策,依然有不足之处。

这些政策文件从国际观点来看让人有违和感的原因之一是日本的援助是由官方主导的,大家普遍认为官方掌握了国际援助所必要的见识。国家构建援助体系,促进官方及民间的国际合作,这一方式如果能操作好便会收到立竿见影的效果,但如果操作不好就会有很坏的影响。①在国际合作市场尚未成熟的日本,国家在某种程度上构建必要的援助体系是很重要的,但不能割裂它和其他已组建的各组织机构之间的关系。

2003 年 5 月,外务省和文部科学省共同编写了题为《所有的孩子都要接受教育》的宣传册。②这一举动的最大特征是,宣传册由两官厅合作刊行,宣传册中刊登的日本施行教育合作所取得的成就并不只局限于外务省所负责的部分,文部科学省所负责的对国费留学生的援助情况也记录在册,这种做法是以往很少见的。2002 年版的《ODA 白皮书》中,记录了文部科学省"国际教育协力恳谈会"的内容(外务省,2003:92)。该恳谈会召开的目的是强化教育合作,整备国内体制。以往的《ODA 白皮书》会将教育领域的合作作为优先领域给予很大篇幅,而很少言及文部科学省的活动。该两官厅的合作,应该会对今后日本的教育合作产生多方面影响。

日本的援助实施机构,正处于戏剧性的重组时期。2008 年 10 月,JICA 和 JBIC 重组成为新的 JICA。这一重组,是政策金融改革的产物,并非为了援助的效率和援助的有效实施,但无疑会成为日本援助新的开始。技术合作、无偿资金合作、有偿资金合作(日元贷款)一体化,有效的援助实施成为可能。③就教育领域来说,利用无偿资金合作建设小学等设施,通过技术合作实施示范性学校运营模式,在确认这些模式效果后以有偿资金合作形式在全国范围内推广,这一系列援助举措可以作为一个整体计划来推进。

---

① 上述文部科学省"国际教育协力恳谈会"最终报告及日本政府提倡的 BEGIN 中都提到了为加强初中等教育领域合作而设立"据点系统"的想法,2003 年开始,为建设"据点系统"的新编预算也获通过(文部科学省,2003:328-332)。

② 这本宣传册能够从外务省主页下载。像这样由两个以上的官厅共同制作完成的宣传册是十分罕见的。这也说明在国际教育合作方面,外务省和文部科学省的交流是很密切的。文部科学省负责管理联合国教科文组织的相关活动。1999 年,出身于外务省的松浦晃一郎被推选为联合国教科文组织事务局局长,这对两官厅的关系产生了微妙影响。外务省对文部科学省专管的留学生实施"留学生无偿资金合作"计划,也是从 1999 年开始的。

③ JICA 与 JBIC 合并,讨论的内容一般是援助制度方面的,但是这两个组织的文化和对国际合作的想法不同,因此如何将两者进行整合,使其作为新的 JICA 取得令人期待的成果是一大课题。

1.5　发生变化的日本教育合作项目

日本的教育援助政策的形成,是基于在实际实施项目中得到的经验,日本并不打算基于已有的教育援助政策开展新的合作项目。也就是说,日本的教育援助并非实施政策决定的内容,而是将现在正在实施并不断获得成功的内容反映在政策上。事实上,现场的教育合作项目正以比政策变化更快的速度发生着变化。特别是,在国际援助汇集的非洲各国,日本会不自觉地关注自己在发展援助方面的国际竞争力,也许是这个原因,这几年,日本处理援助事务的方法发生了根本性变化。在非洲的加纳、肯尼亚、南非等国家,日本开展了在20世纪90年代前半期无法想象的建设学校以外的基础教育支援(参照第3章)。

日本在非洲实施的基础教育项目,其特征是没有大规模设施建设和器材供给,这一点与日本在印度尼西亚及菲律宾等地实施的项目有很大不同。日本对非合作,是将对方国家的能力构建作为项目目标,其中重要一环是在职教师的再研修体系。与此相对,日本对亚洲的教育合作,多附带以无偿资金合作形式进行的设施建设。其理由并非只是,在亚洲,对受援国的中央政府投入资源,受援国即可依靠既存教育系统进行知识普及,而非洲还未达到这一水准。

日本的援助理念是重视受援国的主体性,支援其自助努力。这一理念在肯尼亚中等数理科教育强化项目(1998年开始)中得到了具体体现。该项目在实施的同时还确立了教师研修制度。该项目作为支援发展中国家提高课题处理能力的典型能力发展案例受到好评(国际协力机构,2007)。在此过程中所积累的知识,以肯尼亚当地接受援助的机构、人群为中心,在非洲普及,成为南南合作的范本。

日本首次制定的教育合作政策体现在由JICA主办的"发展与教育各领域援助研究会"的最终报告书中:"因此,在向我国的教育经验进行学习的同时,也要从发展中国家的教育实践中进行学习,保持这种学习姿态是很重要的……"(日本国际协力事业团,1994:35)这一政策即使在现在也不过时,在国际上也是十分独特的方针。这种谦虚的姿态,与日本缺乏自信无关,它是日本人一直以来的想法,但近期大力宣扬日本教育经验活用的政策文件,让人对日本教育合作的前进方向产生一些担心。

1.6　脱离追随欧美的援助模式

日本在20世纪90年代成为世界最大的援助国,虽然2001年让位于美国,但仍然是较大的援助国①,而且是主要援助国中少数的非欧美国家。直到20世纪90年代前半期,日本的援助都是追随欧美国家,或者对欧美的援助进行补充。1996年,日本在"DAC新发展战略"中设定了国际发展目标,并从那时起开始了独立活动。

在《我国政府开发援助2000》中,日本阐述了对正在非洲逐渐成为主流的全领域方式(Sector-Wide Approaches)的批判性思考。内容如下:

> 与财政支援相同的共通基金方式的实施,根据具体实施方式的不同,有时可能会缩小援助国发挥主体性的空间。另外,还有可能导致难以实现"看得见的援助"。这样的话,也就难以得到国民对援助的理解与支持。另外,这种方式现在还在试行阶段,是否有效还需要时间考验与调查验证。
>
> 将发展中国家的发展作为既有的援助手段的实验场,这种做法作为援助国必须慎用。发展中国家所面临的援助课题及援助吸收能力各不相同,所以这些国家要走的发展之路也是不尽相同的。因此,应该给发展中国家留有从援助国所提供的多种经验及援助手段中选择适合本国的援助方式的余地。提供统一的解决方法、缩小发展中国家主体性发挥的空间,这些做法都是不受欢迎的。在发展过程中,发展中国家要真正发挥主体参与意识,而援助协调则应该致力于强化这种主体参与意识。(外务省经济协力局,2001:21)

在此之前的《ODA白皮书》等文件中,多为日本要如何努力迎合欧美设定的标准,或是阐述援助协调之重要性的内容。而在《我国政府开发援助2000》中,能够看到日本在国际社会中要承担独立责任的决心。

在日本的国际教育合作中,1990年的宗滴恩"世界全民教育大会"是EFA思

---

① 1991—2000年,日本是最大的援助国,2001年之后,美国重回第1位(外务省,2005:52)。但是,2005年之后,其他援助国快速提升援助额,而日本却一直在削减援助额,于是,2006年,日本下滑至继美国、英国之后的第3位(外务省国际协力局,2007:6)。

想得以普及的一个契机,日本由此接受了这一外来思潮。当然,日本早在明治初期就公布并实施了《学制令》(1872年),实现了"全民教育",但国际合作的EFA对日本人来说还是个崭新的提法。而日本将EFA完全内在化是从2000年前后开始的。也就是说,日本能够在现代的EFA背景下理解曾在本国发展历史上实现了的基础教育普遍化。时任首相小泉纯一郎在所信表明演说(2001年5月)中引用的"米百俵精神"的影响也是不容小觑的。①

　　例如,在《为了成长的基础教育倡议》中有如下表述:"将教育作为立国之本,兼顾公立教育的普及和教育质量的提高,将日本教育经验有效应用于发展中国家的教育发展。"另外,文部科学省也在国际教育协力恳谈会的最终报告中有如下表述,"要有效地利用我国的教育经验来实现国际教育合作""促进能够表明'日本人的真心'的在职教师合作",以此表明要积极分享日本的经验。这样的政府主张表明,以往对文化合作有所犹豫的日本,终于从对亚洲国家的殖民主义束缚中解放出来了。JICA于2002年也举办了与日本教育经验(政策和方法)有关的研讨会(日本国际协力机构,2003)。

　　日本开发援助的特点,从受援国角度来看是不带有日本特征的②,这一点很受受援国欢迎。讲得不好听,就是日本听命于受援国的要求。这种想法,与援助的"请求主义"原则有关,也与日本的开发援助的起源是战后赔偿有关。但是,这种模式的国际合作,20世纪90年代前半期就在教育领域基本消失了,取而代之的是相互合作共同处理援助事务。

　　因本国的教育经验而在开发援助中开始拥有自信的日本,在不同的国际合作中能够保持多少谦虚的态度呢? 这是今后日本教育合作的一大课题。并非只有日本的教育经验才是发挥日本教育合作独特性的手段。需要注意,不要让这种自信变成自以为是。日本国际教育合作的特征是不只停留于提供日本的教育经验,在非洲等地的国际教育合作实践中,超越日本教育经验的国际合作也已经展开了。

---

① 忍耐当下痛苦、创造美好明天,所信表明演说中引用"米百俵"的故事正是为了表明这一立场和对结构改革的决心。这个故事常被人引用,说明教育、树人的重要性等。
② 国际方面的普遍倾向是,援助供应国的想法对教育合作产生了非常大的影响。

2　日本开发援助的非欧美特征
——对自助努力的支援

2.1　引言

　　日本对于开发援助的思考,与欧美国家在根本上是不同的。这在各援助组织按照各自喜好的方式援助发展中国家的时代还没有什么明显问题,但随着援助协调在非洲等地的普遍化,无论是在援助现场还是在政策方面,发生龃龉的情况增多了。这种情况,最初与日本的经验不足有关,但援助协调越发展,对待援助的初衷立场的不同就越明显。从其他援助组织的角度来看,日本是如此一个不成熟的援助国,但渐渐地它的与众不同彰显出来,于是,国际社会便想要排除日式思考。

　　日本没有援助哲学,这一论点在20世纪80年代是众人皆知的。这一时代正值日本政府在制定扩充ODA的中期计划,以增加援助额度。于是,日本政府在1992年首次将综合整理了实施ODA的目的及理念的"政府开发援助大纲"交付内阁会议决定。对于为什么要援助这一问题,像众多欧美国家这样的基督教精神与慈善价值观普遍存在的援助国和没有如此传统的日本,情况是不同的。

　　上述"政府开发援助大纲"(以下简称"ODA大纲")中明确规定了对发展中国家的自助努力给予支援是日本政府开发援助的基本原则之一。这种自助努力的想法及有效性,是在谈及日本的援助政策时被经常议论的对象,是将日本的援助哲学与欧美国家进行比较时出现的具有象征性的内容。将开发援助从政治经济的观点进行分析,必定会论及这种自助努力的妥当性(例如:渡边,草野,1991;绘所,1994;高桥,1998;下村等,1999)。但是,这些议论,在关于欧美国家的想法和国际社会的援助政策的讨论中,并没有对这种自助努力究竟具有怎样的意义做出充分的分析。也许日本对明言自己与欧美拥有不同的援助理念有所犹豫。而对这种日式特征给予关注的反而是外国研究者(例如:Orr,1990;Rix,1993;King & McGrath,2004)。

本章将探寻对自助努力进行援助这一具有日本特征的基本原则之起源,同时关注日本与欧美对自助与主体性的想法之差异,考察非洲国家自助努力的妥当性。

2.2 日本的开发援助哲学

日本从20世纪80年代到90年代前半期,为了履行与高速经济成长相吻合的国际社会责任,急速增加ODA,在量上成为世界第一的援助供应国。在数年后的《ODA年度报告书》(1994年版)[1]中,日本表达了不仅要在规模上实现第一,还要掌握援助领导权的强烈意志(外务省经济协力局,1994)。从20世纪90年代后半期开始,伴随着日本的经济不振,ODA出现减额。《ODA年度报告书》中不再提领导权问题,取而代之的是面向国内,提出ODA是为了日本的国家利益而施行的,主张要避免进一步对ODA减额。

日本实施ODA的方法和想法受到了国际社会频繁的批评。有批评日本ODA是为了振兴出口、确保自然资源的,也有批评日本ODA是缺乏环保意识,缺乏消除贫困和人道主义观点的。对于日本援助实施能力及援助效果的批判也不少。另外,日本对国际援助政策的形成也没有什么影响力。出现这一情况,并非日本的能力不足,其原因在于,日本与欧美关于ODA的根本想法是不同的,由此导致实施方法也不相同。

负责制定援助政策的外务省,在《ODA年度报告书》(1990年版)中有如下记述:"对于我国的国际援助,既有批评其缺乏援助理念的,也有高度评价其尽可能地尊重了受援国的自主性和自助努力,是与开发援助的本意最相符合的。特别是,日本援助是不附加政治、经济条件的,这一点得到了受援国的高度评价。"(外务省经济协力局,1990:26)

外务省在这里强调的是,日本的援助与欧美不同,它的特点是不干涉内政,重视受援国的自助努力和自主性,不附加援助条件。一方面,这种援助方针促进了发展中国家的自立和自助努力。另一方面,也有批判说这种政策使得ODA急速增加,其原因在于没有构建起与之相符的援助实施体制(下村等,1999:6364)。日本的ODA起源于"二战"后对亚洲国家的赔偿,因此,在提供援助时很难做到对

---

[1] 外务省刊行的《ODA年度报告书》上,从1994年版开始就印有"ODA白皮书"字样,但因为其内容没有得到内阁会议的认可,2000年版的标题中删去了"白皮书"。2001年版之后,报告书成为名实兼备的白皮书,其发行也由财务省印刷局(现国立印刷局)负责。

受援国附加条件。

在其他的《ODA年度报告书》(1988年版)中也有如下记述："实施发展的主体是发展中国家，我国作为援助供应国，要尽可能地避免干涉对方国家内政，援助应该是支援对方国家的自助努力。这是不容反驳的正确主张，我国特别重视这一点。我国与欧美国家相比，殖民地经营历史短，而且我国也曾经是发展中国家，成为发达国家的时间并不久，因此要避免干涉发展中国家的内政。"(外务省经济协力局，1988：29)

根据ODA大纲，日本基本援助方针中最重要的三点是人道主义关怀、各国在国际社会中相互依存和环境保护。在此基础上，关于第四点的自助努力，大纲明确指出："我国……将支援发展中国家的自助努力作为根本……在此基础上实施政府开发援助。"日本对ODA的根本性想法是发展中国家的自助努力，这与发展中国家主体性的形成息息相关。ODA大纲所阐明的日本援助哲学在内阁会议上第一次被正式认可，但这种想法并不是崭新的，而是日本多年以来实践的结果(篠塚，2000：316)。

在ODA大纲确立10年后的2003年，国际形势及日本国内的社会经济环境都发生了变化，于是，日本政府对大纲进行了修订。在新的大纲中，将"支援发展中国家的自助努力"作为援助的基本方针明确列为第一项，其内容如下："援助建立在良好统治基础上的发展中国家的自助努力，对构成这些国家发展基础的人才培养、法律制度的建构及经济社会基础的配备进行援助，是我国ODA最重要的理念。因此，我们尊重发展中国家的自主性，重视其发展战略。"(2003年ODA大纲修订版)

如上所述，在新大纲中，日本援助哲学的特点(支援自助努力)更加鲜明。发展中国家对本国的发展负有责任，援助组织不应干涉其内政。但是，这个大纲主要是用于对日本国内的宣传，不能把它作为单纯的政治公约。为了合理地得到国际社会对这一想法妥当性的理解，今后需要进行实证。

2.3　以支援自助努力为中心的援助理念的起源

援助理念即援助的基本方针，多是各援助国基于本国的历史经验和对援助的认识而自然形成的。从日本人的角度来看，欧美的援助是以基督教式的思考或者是殖民地经营经验为依据的。而支援自助努力这一日本的理念，来源于日本近代的发展经验。Rix认为，日本援助的特征是基于日本明治时期之后的发展

经验来促进受援国自立的,而对受援国及其国民的慈善意识都很稀薄(Rix,
1993:16)。

如上所述,相比于做慈善,日本人是将帮助受援国经济成长作为援助的根
本,这一点比欧美做得都要好。①关于这种自助努力的想法,外务省有如下表述:
"受援国基于自助努力促进本国发展与其真正实现经济自立是息息相关的,'支
援发展中国家的自助努力'正是揭示了我国的这一想法。这一想法是基于我国
自身的经验和对东亚援助的经验,其提出早于欧美各国。"(外务省经济协力局,
1995:42)日本将自助努力作为重点,其理由一是它是本国近代的发展经验,二是
它是对东亚援助的经验。其中前者是主要理由,后者居从属地位。之所以列出
后者这一理由是因为东亚受援国的经济取得了快速发展。

援助的"请求主义",规定受援国有义务承担本地成本或对受援国有偿提供
日元贷款,这些都反映了日本支援自助努力的想法(例如,外务省经济协力局,
1988:29)。另外,在其他的《ODA年度报告书》(例如1990年版)中,日本明确提
出了如下主张:"我国的援助,无论是日元贷款也好,还是无偿资金合作项目也
好,都不是由我方完全承担费用,受援国也要为项目实施负担必要的本地货币、
土地补贴等。这种自助努力是援助的前提,援助可以说是我国与受援国的共同
事业,如果受援国没有积极认识到项目的价值,那该项目就无法实施,也不应该
实施。"(外务省经济协力局,1990:35)日本认为,自己完全承担费用会阻碍受援
国的自助努力,对其可持续发展产生负面影响。②

大多数日本人,并没有直接经历过明治维新后日本的高速经济成长期,但是
对于支援自助努力这一援助理念是持肯定态度的。为什么日本人能够自然地接
受自助努力呢? 除了历史经验之外,可以很容易地从日本的教育和日本人的价
值观两方面找到答案。在此,我们特别探究一下外国人是如何理解日本教育的
特征的。

例如,Duke指出,在日本,从小学入学开始直到之后的整个人生生涯,不仅在
学校,而且在社会生活的各个场合,都存在着"加油""不放弃"的精神。Duke对这
一现象很感兴趣(Duke,1986:122)。Singleton同样注意到了日本的教育对"加

---

① 以经济成长为目标的"日式"援助理念自2002年"联合国筹资发展问题国际会议(蒙特雷)"之后成
   为国际社会的主流。在此之前,欧美国家积极致力于削减贫困的工作,但是将援助与经济发展相
   关联的想法不如日本强烈。
② 上述原则最近正发生着巨大变化。请求主义通过政策对话,能够在更好地相互理解的基础上形成
   合作项目,至于本地成本的负担,日方也尽可能地采取更加灵活的应对方式。

油"是十分推崇的,他将这种日本教育与美国的重视智商与天赋才能的教育进行了对比研究(Singleton,1995:8)。与欧美的能力主义相比,在日本的学校里有这样一种普遍认识,即孩子们的学习程度并不是由于个人间的能力差异,而是与"努力"程度有关。因此,日本与欧美国家相比,对发展中国家的自助努力与自立抱有更高的期待。

日本文化注重这一具有积极意义的忍耐力,这一点反映在了现行的援助政策上,也表现在了日本人尊重自立的态度上。White说:"日本人将自立作为目标,可以提高其自身主体性努力的能力。"(White,1987:113)这一分析切中肯綮,自助努力是自立的前提,同时也是日本所有社会活动的基础。自助努力已经超越了援助政策及原则的范畴,深深扎根于日本人的精神中。

2.4　日本的"自助努力"与欧美的"主体性"

OECD/DAC(经济合作与发展组织/发展援助委员会)在1996年所采用的"新发展策略",将主体性与合作伙伴关系的概念作为核心,并对自助努力做出如下评价:"从马歇尔援助计划开始,到现在正在构建中的发展伙伴关系网络,回首过去50年所取得的成绩,可以很清楚地看到国家与社会的自助努力是成功的重要因素。"(DAC,1996:1)日本政府依靠自己的努力,成功地将支援自助努力写入了"新发展战略"中,于是日本外务省发文称"**日本在新发展战略的整合方面发挥了主导性作用**"(原文为粗体字。外务省经济协力局,1998:71),如此明确地记录日本所发挥的作用,这种做法是十分罕见的。

国际援助共同体在尊重发展中国家的主体性方面的意见是一致的,但问题是国际社会(其实也就是欧美)的"主体性"与日本的"自助努力"是怎样相互呼应的呢?上文提到的DAC文件对自助努力的肯定,以及外务省的反应,意味着日本多年主张的支援自助努力这一想法得到了国际社会的认可。

现在所讨论的发展中国家的主体性,是DAC成员国,即援助国方面所主张的。从发展中国家的角度来看,这种所谓主体性是被外部强加的。一方面,在20世纪80年代的结构调整中,援助组织对发展中国家附加贷款条件,从而对其内政进行干涉。到了20世纪90年代后半期,国际社会对这一行为进行了反省,同时,援助总量持续减少。而关于发展中国家主体性的讨论,正是从这一时期开始的。另一方面,自助努力是更加内在化的,发展中国家是主体,与现在的参加型发展方式有相通之处。主体性是自上而下的,而自助努力是自下而上,重视发展过程。一般来说,主体性应该被赋予拥有最低能力的个体,将主体性赋予没有能力的个体,无疑会以失败而告终。自助努力应该是获得主体性的必要条件。

日本外务省文件显示,对发展中国家自助努力的支援与重视其主体性含义是一致的。但是,如上所述,欧美的主体性概念与日本的自助努力在根本上有相当大的差异。反过来说,这种差异的存在,说明国际社会并没有正确理解日本的自助努力。另外,主体性的定义并不明了,对它如何强化、如何监控,并没有统一的意见(牧野,2003:26)。实际上,发展中国家政府多会忽略对本国国民进行说明的责任,而优先考虑对援助组织进行说明,援助组织也认为这是理所当然的(牧野,2003)。

这种日本与欧美之间截然不同的想法,再加上更加根源化的援助意识的差异,充分体现在了下面这篇文章中。这篇文章是关于援助与自助之间的矛盾的。

> 因行为者自身的行动,设定好的目标会发生自律性的以开发为导向的变化。问题是,支援者要怎样才能促进行为者的自助目标,而不去践踏它、破坏它呢? ……另外,如果行为者能够自律,那么,身处外部的支援者到底有什么作用呢? 对自助进行支援这一悖论,即"被支援的自立"或"被支援的自律",是开发援助的根本性难题。长期以来,关于援助及能力建设的讨论,都围绕着这一基础性难题。(Ellerman,2002:1)

日本关于自助的讨论,正视了这一开发援助的难题,为其解决提供了一把钥匙。Ellerman 的主张是,以援助方拥有正确的知识,而发展中国家的人们(行为者)没有正确知识为前提的。[1]他认为支援者与处于问题旋涡中的人们之间不存在对等关系。这与日本主张的也应该向受援方学习的想法有很大差异。也就是说,"日本的开发合作的特点是为了创造新的特有的知识而相互共有知识"(Sawamura,2002:343)。在加纳,日本援助项目的当地负责人说:"我们必须相互学习,为发展我们的教育而相互帮助。"(Benneh,2001:40)这样的发言,是当地人在构建和日本人的合作关系过程中诞生的。对于当地人来说,日本人是在日常生活中给予自己支援、帮助的人。

另外,很多欧美国家对自己的知识十分自信,他们利用援助组织决定发展中

---

① Ellerman 提出的关于围绕开发援助的支援者与行为者(受援者)的关系性的讨论,详见 Ellerman(2005)。

国家的需求,并将这些需求套用于不同的环境。例如,研究过日本开发援助的Orr说:"西方国家几个世纪以来一直在向发展中国家输入基督教,因此,他们已经非常习惯于向世界的贫困地区'出售'知识。"(Orr,1990:139)另外,评价过对非援助项目的Lancaster曾总结道:"援助组织所直面的课题是支配与放权之间的适当平衡。"(Lancaster,1999:224)发展、援助已经进入合作伙伴关系时代,欧美各国想要支配发展中国家是有违常理的,但在他们看来,这样做却是对援助有责任心的表现。长年进行教育援助研究的King,在看到伴随着当今全球化进程的援助组织对自己的想法很是自信的情况后,对日本的援助哲学充满了兴趣。他认为:"重视各国自立的日式开发援助模式应该得到其他援助组织的更多关注。"(King,1999a:27)

2.5　日本对ODA的自信

日本一直以来想要迎头赶上经验丰富的其他援助国。虽然在量上已经达到了目标,但国际社会很少对日本ODA做出正当的评价。例如,由于援助实施的手法、方式不同,日本ODA会被批评缺乏协调性。也有批评说日本没有强化参与援助工作的工作人员的能力,只是增加了援助额而已。这样的批评,对改善日本的援助的确起到了作用,但在根本上,国际社会与日本对援助的看法是存在差异的。日本是加盟DAC的唯一非欧美国家(截至2005年),关于发展的看法与欧美国家不同是理所当然的。到20世纪80年代为止还在热心于增加援助量的日本,进入90年代后开始慢慢地提出自己的主张。

1990年版的日本《外交蓝皮书》中有如下记录:"我国曾经是发展中国家,这种体验在非欧美发达国家中是独一无二的。我国将自己在经济发展过程中得到的各种经验,以不强加于人的形式,通过援助传授给发展中国家,这正是我国能够做到的对国际社会的贡献,也可以说是我国重要的责任和义务。"(外务省,1990:88)作为日本主要援助对象的东亚地区经济出现了高速成长,继而世界银行出版了《东亚奇迹》(World Bank,1993)一书,这些都给了日本极大的自信。当然,20世纪80年代后半期到90年代前半期的日本经济的持续增长,也助长了这一自信。这种自信,助推了日本意欲在国际社会中发挥自己特有的作用。

当时的《ODA年度报告书》中,也记录着日本对其他援助国的批评。内容如下:"美国、法国等国家在实施援助时,将本国的政府职员派遣到受援国的政府开发部门中,通过这种手段试图对受援国的经济、行政等施加影响。相反,我国的

援助方式与之有若干不同。"(外务省经济协力局,1988:29)

日本以这种形式批评其他援助国是很少见的。日本还进一步批评了美国和法国将本国价值观强加给受援国的做法。内容如下:

> 我国的援助方法(支援发展中国家的自助努力)与美国、法国有相当大的差异。美国将作为自身普遍价值而提倡的自由与民主主义的普及作为实施援助时的一大支柱,法国将法语、法国文化的普及作为实施援助时的一大支柱。而我国在援助时,是极力避免将政治价值、经济发展等观念强加于人的。我国以对方的要求为依据,通过商谈来确定最终的援助方式。(外务省经济协力局,1990:26)

日本政府如上述这般对欧美国家援助方式的批评,多见于日本实现了世间罕有的经济繁荣的20世纪90年代初。在其他援助国出现"援助疲劳"的1993年,为了提高全世界对非洲发展的意识,日本举办了"东京非洲发展国际会议"。在此次会议通过的《东京宣言》中,承载了以非洲自立为目标的主体性与伙伴关系的想法。这之后,第二届(1998年)、第三届(2003年)会议接连举办。在非洲发展方面,日本一直都想取得主导权,但关键问题是,在贫困国家数量众多的非洲,日本对自助努力的支援是否能够取得良好的效果。

2.6 非洲自助努力的有效性

日本对自助努力进行支援这一想法,如上所述,是以自身的经验为依据的。第二次世界大战结束后,日本一边从国外接受援助,一边实现了高速经济发展。另外,东亚地区的高速经济发展也证明了日本这一想法的正确性。一般来说,发展中国家拥有主体性活动的意志,自然会欢迎日本对发展中国家的善意的援助政策。但问题是,在很多像非洲国家这样行政能力脆弱的国家,这种可以被称作东亚特色的自助努力能否真正发挥作用。

这些国家的接受能力暂且不提,在很多非洲国家,人们即使做出自助努力,这种努力大多也无法转化为中央政府的努力。对于国民的努力,国家没有政策方面的支持。在这样的国家,自助努力与主体性无法挂钩,其结果是努力得不到回报。最终,人们不再做自助努力,而是一味依赖援助生活。这就是现在非洲存在的典型问题。因此,正如国际社会所主张的,能力建设与善政在非洲日益重要起来。

日本基于在亚洲获得的经验,意欲将自助努力的想法普及到非洲,这一点在下述引文中表达得十分明确。

就全体援助国角度来看,对非洲比对亚洲投入了更多的ODA资金。据DAC的统计,1980—1995年DAC各国的双边ODA总额,非洲是1289亿美元,比亚洲的1186亿美元要多。把这一金额按人口平均到每一个人身上,非洲人均得到的ODA是亚洲发展中国家人均的5.9倍。在这种援助成果差异的背后,存在着各种因素,其中,**自助努力的想法是极其重要的**。亚洲诸国致力于自主发展,日本在尊重其主体性的前提下对其进行支援,这一点是考虑非洲诸国今后发展事宜时的重要方针。(原文为粗体字。外务省经济协力局,1997:100—101)

但是对此,高桥(1998)抱有疑问。他认为,日本对自助努力的支援在最不发达国家不能很好地发挥作用。他还认为,作为能力建设与善政基础的技术合作今后会变得更加重要。另外,高桥(1998)指出,要提高非洲人的参与意识,让他们负担必要的成本,给他们提供自助努力的机会,这样做是十分必要的。2001年诞生的"非洲发展新伙伴计划"(The New Partnership for Africa's Development,NEPAD)的特征是主张非洲不能从属于援助,而要掌握自身开发的主导权。在G8卡尔加里峰会(2002年)、第三届东京非洲发展国际会议(2003年)等会议上,支援NEPAD成为国际共识。①

在肯尼亚,有一个经常使用的斯瓦希里语词"harambee",它表示自助、协同工作,说明非洲人在传统上是有这种精神的。尽管非洲国家在行政能力方面具有脆弱性,但国际社会更应该关注其自助努力在日常生活中已经扎根的事实。"自助努力是希望用自己的力量,并且要用自己的力量实现本国经济发展的强烈的国民意志,或者是被其支持的政府意志。"(小浜,2000:287)但是现在,各种援助组织基于各种想法对非洲实施援助,自助努力未必能够保障国家主体性,在这种状况下,对自助努力的支援能否奏效值得怀疑。

外务省承认迄今为止对自助努力的支援未必发挥了作用,同时,陈述了自助努力对非洲开发的重要性。内容如下:

---

① 关于NEPAD详见大林(2003)。

　　以实现"新发展战略"设定的多个目标(2015年之前贫困人口减半、普及初等教育等)为导向,来对非洲国家实施开发支援,首先非洲国家自己要发挥自身的潜力,援助方要尊重这些国家的自助努力(主体性),这些国家要设定自身发展的前景,提升执行能力,这些都是十分重要的。(外务省经济协力局,1998:19-20)

　　但是,自助努力并不是保持主体性的同义词,而是其前提条件。在现在的援助环境中,非洲真的能够保持真正的主体性吗? 总体来说,比起尊重受援国政府的自主性,援助组织更愿意对援助进行控制(Carlsson et al.,1997)。另外,Van de walle和Johnston在评价非洲国际援助时指出:"援助方和以前一样,并不考虑当地政府及项目受益者需要优先处理的事务,而是优先考虑项目周期。"(Van de walle & Johnston,1996:55)发展中国家要对援助项目拥有主体性,这说起来简单,但事实上,在和援助组织的交涉中,对于主张自身的优先发展顺序,他们既没有这方面的信息也没有这方面的能力,结果,给人的感觉就是项目是被外人强行拿来的。世界银行也强调说:"伙伴关系可以消除受援国与各援助方之间由于目标不同而产生的紧张关系,主体性对非洲开发至关重要,有必要确认援助方的行动在促进非洲国家主体性方面发生了多少改变。"(World Bank,2000:5)

　　另外,Van de walle和Johnston介绍了一个在发展合作方面名义上是主体性的例子。具体内容如下:

　　例如,在加纳,在没有得到上层官员充分支持的情况下就施行了英国支援的公务员改革5年计划。该项目依靠英国顾问和少数加纳人团队制订了项目计划并付诸实施。虽然实现了很多短期目标,但政府要员认为这个项目是从外部强加的,怀疑其是否具有长期可持续发展性。加纳政府认为,这个项目与其说是政府计划,不如说是被援助方的计划,是优先顺序、贷款条件束缚下的产物。(Van de walle & Johnston,1996:58-59)

　　在这里,重要的是短期目标虽然实现了,但在长期可持续发展性上,却并没有保证。很多援助组织,越来越在意他们所援助项目的评价。期待项目开始数年后就能够看到成果，这会导致轻视长期目标及可持续发展性。

　　日本支援的肯尼亚中等数理科教育强化项目的目的是，依靠在职教师的研修提高教育质量，是特别注重肯尼亚方面主体性和可持续发展性的独特案例。该项目的相关人员表示："通过提高利害关系者之间的成本分担比例，加强各自的说明责任，成功解决了作为问题关键的财政方面的可持续发展性。同时，通过频繁的启发式活动，在很大程度上培养了项目的主体性。"（Njuguna & Sugiyama，2003：15）在结构调整时代，成本分担是妨碍各方参加项目的负面因素，但在该项目中，成本分担却提升了主体性，这确实十分耐人寻味。这一事件表明，人们不应该将负担成本认为是否定性的，援助方的实施方式是很重要的。

　　支援自助努力的援助并非一定成功，日本所谋求的自助努力有时也需要依仗其他援助组织的支援。也有人说，在亚洲国家对自助努力的支援一向进行得很顺利，但在非洲就未必如此了。另一方面，对非洲的支援也有可能无视当地居民的尊严，从而妨碍自助努力。实地调查了世界银行等在非洲进行的结构调整的 Brown 写道："'如果你是来帮助我的，那么请回。但是，如果你把协助我艰苦奋斗作为你自己生存的一部分，那么也许我们能在一起共事。'这是澳大利亚的女性土著居民讲过的话，这句话同样也可以用于非洲人吧。"（Brown，1977：8）

　　非洲国家的语言中存在有相当于"自助"和"协同工作"的词语，这说明非洲是存在这种传统的。上述的斯瓦希里语"harambee"就是一例，另外，有协同工作之意的茨瓦纳语"tirisano"作为这一传统的象征出现在了南非的与教育相关的政策文件的封面上。虽然日本的援助要实现其最佳成果需要时间，但我们应该以长期视野，耐心等待非洲人将他们自身的潜力充分发挥出来。

2.7　结语

　　日本的援助，一直以来都是以重视自主性发展，支援发展中国家的自助努力为特征的。这一想法，主要是以日本自身的发展经验为依据的。另外，与日本学校教育中反复提及努力的重要性也有关系。不只是教育，日本社会的方方面面都是以自助努力为前提而展开活动的。这并不是指相互间不合作，而是指要以集体形式开展活动，每个人的努力与任务分担都是不可或缺的。援助方与受援方的关系是对等的。因此，日本在传统上就不愿意使用暗示着单方面注入的"援助"一词，而喜欢用"合作"这个说法，特别是在教育领域，更是如此。关于这一点，外务省特别指出："援助国应采取的立场是，作为合作伙伴与发展中国家共同致力于解决同一问题,支援发展中国家的自助努力。"(外务省经济协力局,1996:18)问题是,虽然各发展中国家乐于接受日本尊重自主发展的援助方式,但这一想法对非洲等地的最不发达国家是否有效还未可知。

国际社会期待发展中国家对本国的开发承担责任,发挥主体性。这一主体性,日本多解释为是促进发展中国家自助努力的动力。但是,欧美式的关于主体性的想法与日本的自助努力有相当大的差异。现在关于主体性的讨论,多是认为主体性是基于自上而下的想法,偶然才被赐予发展中国家的。另外,自助努力原本是从日本的社会、传统中派生出来的,在行政能力脆弱的众多非洲国家中到底能否奏效尚存疑问。这样的国家在现在的援助环境中能够对本国的发展承担责任吗?事实上,日本支援自助努力的合作方式在非洲推行得并不顺利。(高桥,1998)

为了促进长期的独立发展,非洲国家与非洲人的自助努力即使不是充分条件也是必不可少的。最重要的是要创建一个能够充分发挥自助努力作用、人们能够开展自助努力的国际合作环境。国际支援永远都是补充性的。建设良好的国际合作环境需要时间,而且需要受援方及援助方双方的等待。基于现在的成果和知识的援助推进方式,或者是一部分援助项目的评价及监测,或许都对双方的等待造成了妨碍。

日本所面临的课题是要证明在没有人力和财政保障的非洲,自助努力的有效性和自律性发展的可能性。这里的问题是,其他援助国及援助组织,持有与日式自助努力观点不同的援助理念,他们未必会真心支持日本的做法。因此,在自助努力方面认真扎实地做出能够说服其他援助组织的成功案例,是日本首先必须做的事情。在非洲国家制定以自主发展为目标的新的援助策略,是日本亟待解决的问题。

3　对非洲教育援助的展开

——日本的作用与可能性

3.1　引言

在20世纪60年代初,许多非洲国家取得独立,这受益于当时的国际经济环境,国际社会相信这些国家能够取得顺利的经济增长。这些国家独立后,入学率也得到了快速提高。非洲教育发展在当时是比较乐观的。很多国家期待着通过普及教育带来经济的可持续性增长,于是将国家预算优先分配给了教育。[1]

但是,非洲国家的经济从20世纪70年代开始停滞,很多国家在70年代中期就经济不振,并在进入80年代后国民生产总值(Gross Domestic Product,GDP)呈现负增长。宏观经济环境的恶化,也影响到了教育的普及,加上人口急速增长,入学率在此之后一直停滞不前,教育质量普遍下降。20世纪80年代被称为"消逝的十年",在这十年里,发展中国家的国民收入减少,基本没有取得发展。

那么,国际上是否没有对非洲实施足够的国际援助呢? 事实并非如此。从国民人均得到的援助额来看,非洲比其他地区要多得多。[2]尽管如此,非洲经济却没有增长,贫困也没有消除。纷争和与之相伴的难民问题等非洲固有问题当然是一大原因,但过去的国际援助方式也有需要反省的地方。

相较于欧洲国家与非洲在历史上的关系,日本与非洲的关系要薄弱很多,但

---

[1] 在非洲各国取得独立的20世纪60年代初,将教育和经济发展的关系在理论上结合起来的"人力资本说"(Human Capital Theory)被普遍接受。这一理论认为,人只要接受教育就可以提高生产力,就可以促进经济发展,因此教育投资成为经济发展不可缺少的一环。同一时期由 Harbison 和 Myers 提出的教育开发模型显示了入学率与人均国民生产总值(Gross National Product,GNP)之间的紧密关系,影响了这一时期的教育开发和教育合作的动向(内海,2001)。

[2] 例如,西南亚与非洲一样,有很多低收入国家。对这一地区的人均援助额是4美元(2003年),但对非洲的人均援助额为34美元(同年)(World Bank,2005:352)。西南亚的人口密度高是拉低人均受援额的一大原因,但援助金额的多少不仅取决于受援国的需求,还取决于援助国的关注程度。援助国对非洲的关注程度要比对西南亚高得多,因此,非洲对援助的依存度也比西南亚高得多。而这一倾向,近年来基本没有变化。

是日本是对非主要援助国之一。日本政府从1993年开始每5年举办一次东京非洲发展国际会议。日本对非洲开发,特别是教育的发展做出了怎样的贡献呢?未来日本想要发挥怎样的作用呢?

本章首先把非洲的教育开发经验与现状和其他地区进行比较,并概观全局,同时整理了国际社会对非洲开发和国际合作展开的讨论。其次讨论日本对非洲的教育援助、教育合作①是如何定位的。最后探讨日本应该发挥的作用及可能性。

3.2 非洲教育开发的现状

非洲的教育开发,从20世纪80年代开始到90年代的20年间,无论是量的扩大还是质的提高,都没有取得预期效果。从初等教育入学率的年度变化来看,很多国家在1980年前后达到了顶峰。与没有取得预期效果的教育开发形成反差的是,关于教育开发现状的信息变得丰富起来了。即使是非洲小国,只要检索联合国教科文组织或世界银行的网页,就算身在日本,也可以很容易地下载到与其相关的精确的国别教育统计数据和详细的报告等资料(在当地是得不到这些资料的)②。联合国教科文组织在2002年之后,几乎每年都会发表《全民教育全球监测报告》,报告中的宏观数据是核心内容,但也会以各国的教育指标对教育援助的现状等进行详细分析。

尽管进行了如此多的调查研究,但在非洲国家课堂里进行的教育并没有得到改善。的确,入学率是提高了,但孩子们接受的教育质量并没有提高。教育部的工作人员,有时并没有为学校教育改善而工作,反倒是忙于帮助援助组织收集调查所需要的数据。由此可见,国际援助也有妨碍受援国自助努力的一面。

现在,世界教育论坛上通过的《达喀尔行动纲领》是世界教育援助政策形成的基础。纲领中有六大目标③,其中与初中等教育相关的目标有如下两项:在2015年之前全面普及免费初等教育;在2005年之前消除初等和中等教育中的男

---

① 对于教育领域的开发援助和国际合作,日本是将其作为合作事业来看待的,就这一意义,日本选用了"教育合作"这个词来表达相关含义。在本文中,对应不同的文意,笔者分别使用了"教育援助"与"教育合作"。而国际上,使用"发展合作"(Development Cooperation)这一说法比使用"发展援助"(Development Aid)更普遍,但在日本,大家向来喜爱使用"合作"一词。

② 与当事国的教育部相比,在国际组织的官网上往往能得到更丰富的信息。但是,2005年之后,由于IT的普及和说明责任意识的提高,在很多国家的教育部网站上都可以下载教育统计数据和政策文件了。

③ 达喀尔行动纲领的具体目标:①扩大与改善学前教育,②在2015年之前全面普及免费初等教育,③满足成人学习需求,④在2015年之前成人脱盲人数增加50%,⑤在2005年之前消除初等教育和中等教育中的男女差异,在2015年之前实现教育方面的男女平等,⑥提高教育质量。(UNESCO,2000:8)

女差异,在2015年之前实现教育方面的男女平等。这种规定了时限的教育发展目标,与OECD/DAC通过的"新发展战略"(1996年)的发展目标有紧密联系,日本在推动这一目标的设定方面,发挥了重要作用(外务省经济协力局,1996a)。这些目标作为"联合国千年发展目标"的一部分,说明教育是发展问题的根基。

非洲初等教育的普及,进展得并不顺利。从近5年世界未入学儿童人数的变化来看,其人数从9817万人(1999年)减少到了7684万人(2004年),但非洲的未入学儿童所占比例,从44.1%(1999年)增加到了近50%(2004年)(见图3-1)①。在入学率方面,同样是非洲比其他地区要低很多。非洲初等教育的净入学率,尽管从55%(1999年:男性58%,女性52%)上升到了65%(2004年:男性67%,女性63%),但与其他地区相比,仍然非常低,远未达到发展中国家平均值的85%的水平(UNESCO,2006:269)。也就是说,现在在非洲学龄期的儿童中,3人中仍有1人上不了学,且男女差异依然存在。

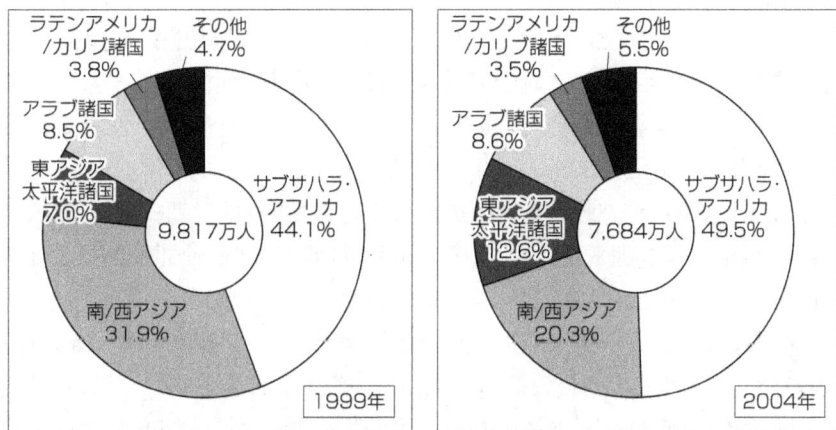

图3-1　未入学儿童的地区比例②

[资料来源:本图是由笔者依据UNESCO(2006:269)的数据制作而成。]

---

① 据UNESCO(2006)的数据显示,1999年的未入学儿童人数为9817万人,而UNESCO(2002)的数据显示同样是1999年,未入学儿童人数为1.1541亿人。两者数值不同是因为印度的未入学儿童人数大幅减少,UNESCO(2006)根据这一信息将数值做了修正。

② 图3-1中「ラテンアメリカ/カリブ諸国」「アラブ諸国」「東アジア太平洋諸国」「南/西アジア」「サブサハラ・アフリカ」「その他」对应的中译文分别是"拉丁美洲/加勒比国家""阿拉伯国家""东亚及太平洋地区""西南亚""撒哈拉以南非洲""其他"。(译者注)

即使以学校记录在案的入学率来看非洲的教育现状,依然可以说很多非洲国家正处于危险状态中。关于难以计量化的教育质量,即使小学毕业但仍然没有掌握基本读写能力的学生占了相当大的比例。[①]另外,留级与辍学的现象严重,教师的能力不足,教材数量也不够。即使在一国之内,不同地区之间的差异也十分显著,男女间差异依然存在。再加上,艾滋病的蔓延致使很多孩子成为孤儿,这也成为妨碍教育普及的一个重要原因。

如上所述,非洲是世界上教育发展问题最多的地区。虽然20世纪90年代对非的国际援助持续减少,但从2000年起又开始增加,可以说非洲接受了比较优厚的国际援助,但为何还会有如此糟糕的状况呢?

3.3 非洲的开发与国际援助

3.3.1 对国际援助的批判及最近的动向

我们对非洲援助总额按双边及多边进行比较,发现到1995年为止,双边援助在减少,多边援助在增加,而1996—1999年,双边、多边都呈现出减少的倾向。援助额减少,很大一部分原因在于经济改革及民主化进程迟缓的非洲国家本身,但这一时期国际社会整体能够用于援助的资金在减少,世界银行等开发性金融机构不堪沉重的债务压力,难以施行新的贷款也是援助额减少的原因。这一时期,正好与众多援助组织在政策文件中提出伙伴关系重要性的时期一致。例如,世界银行指出,对于非洲来说,为了迎接21世纪,需要采取的一个重要方针是要摆脱援助依赖性,强化伙伴关系(World Bank,2000)。

但是,非洲之所以患有"援助依赖症",援助组织也难辞其咎。Lancaster(1999)指出,援助组织的自我批判与能力缺失有可能带来悲剧性后果,并以美国、法国为例,批判它们对非援助并不是为了发展非洲,而是将非洲进行高度的政治利用。东西方处于冷战状态的时期,非洲是意识形态的战场,一些地区并没有为了发展而有效地利用援助。Van de walle & Johnson(1996)对各种援助事例进行了评价,并做出结论说:"非洲政府没有将援助有效应用于国家发展的能力,因此,援助组织与受援国必须将提高政府能力作为第一考量,在减轻管理负担方面共同合作。"

关于援助组织对非洲的援助方式,Brown对世界银行的做法特别提出了批

---

① 南非教育质量监测联盟的国别报告书可以在网上下载(http://www.sacmeq.org/)。

判,他指出:"经济专家也好,政治学者也好,在批评非洲自身解决问题的方式,并将自己解决问题的方法作为放之天下皆准的方法进行提案之前,应该保持谦虚的态度。"(Brown,1997:3)但是,与之相对,世界银行在1996年表示要成为"知识银行"(King,2002),不仅要在资金使用方面对非洲施加影响,而且要以欧美的知识为基础对非洲各国的政策形成施加影响。正是这一背景导致非洲国家的教育政策都基本相同。从另一个角度来讲,如果不遵从以经济效率为优先的世界银行的援助政策,那么就很难得到用于发展的必要的援助资金。

如上所述,对非援助从20世纪90年代后半期开始明显减少,到2000年之前又增加了东欧等新的需要援助的地区,非洲被国际社会不断边缘化。但是,2001年9月美国"9·11"事件发生后,国际社会提高了对发展中国家发展问题的关注度。并且,在2002年相继召开的国际会议上,发展问题成为主要议题之一。2002年6月召开的G8峰会(卡尔加里)是其中规模最大的一次会议。①这次峰会通过了"G8非洲行动计划",并就非洲国家自己提出的"非洲发展新伙伴计划(NEPAD)"达成协议。在2005年7月的G8峰会(格伦伊格尔斯)上,达成了更多对非援助国际公约,之后的峰会也都有类似公约达成。

3.3.2　日本的援助成果与经验

日本对非ODA占ODA总额的8%—14%,其比例与欧洲主要援助国的20%—50%相比要低很多(外务省经济协力局,1996b:373;外务省经济协力局,2002:305;外务省国际协力局,2007:369)。考虑到两地区间的历史关系、地缘政治关系,这也是不难理解的。

值得注意的是,日本政府举办了东京非洲发展国际会议,也制定了政策性公约,但对非ODA的绝对金额与分配比例总体呈减少趋势(见表3-1)。2004年之后,数值看上去是增加了,但这其实是将债务救济金额作为无偿资金合作加上去计算的结果。除此之外,与日本ODA最高金额的1995年相比,2005年的无偿资金合作,从8.1744亿美元锐减到了3.1726亿美元,10年间缩小到了仅有1995年的约39%的规模(见图3-2)。另一方面,技术合作从2.4521亿美元(1995年)下降到了2.3525亿美元(2005年),基本没有受到ODA总额减少的影响。换句话说,日本对非援助形式在这10年间发生了很大变化。

---

① 关于教育领域的支援,2001成立的G8教育特别工作组在G8卡尔加里峰会上提交了名为《全民教育新焦点》的报告书。如此,在发达国家首脑聚集的会议上,非洲与教育成为中心议题。日本政府发表了《为了成长的基础教育倡议》。

2002年国际会议接连召开之后,围绕非洲的援助环境完全发生了变化。以美国为核心的主要援助国一下子增加了对非援助额。特别是比较2003年与2002年的援助额后,我们发现美国的援助额几乎翻了1倍,德国也增加了7成(见表3-1)。

表3-1　对非ODA(双边及国际多边组织)的变化

单位:百万美元

国家及组织	1989—1990年平均	1994—1995年平均	2001年	2002年	2003年	2004年	2005年
双边							
美国	1177 (11.4)	1501 (19.4)	1466 (16.6)	2484 (22.4)	4765 (31.7)	3504 (21.6)	4088 (16.6)
法国	3790 (54.2)	3320 (44.8)	1380 (36.4)	2851 (58.0)	3325 (57.1)	2964 (53.2)	3854 (54.0)
英国	1014 (41.6)	920 (35.3)	1583 (43.9)	1237 (27.5)	1655 (37.4)	2265 (42.4)	3721 (46.1)
德国	1633 (31.6)	1265 (27.4)	919 (22.5)	1215 (27.2)	2099 (46.7)	1204 (31.5)	2383 (32.2)
荷兰	851 (32.6)	736 (30.9)	1214 (36.6)	1239 (37.1)	1083 (34.5)	1155 (43.2)	1311 (36.1)
日本	1212 (14.1)	1041 (12.6)	919 (11.4)	657 (8.7)	561 (8.4)	646 (10.9)	1169 (10.9)
意大利	1483 (49.0)	513 (28.2)	288 (43.1)	1119 (79.8)	782 (65.3)	310 (44.0)	851 (38.5)
瑞典	641 (40.5)	481 (32.1)	466 (26.2)	495 (28.5)	682 (34.4)	616 (29.7)	740 (32.7)
加拿大	517 (26.7)	336 (19.0)	233 (15.2)	458 (23.8)	514 (34.4)	567 (28.5)	604 (23.5)
挪威	489 (50.4)	523 (42.6)	392 (29.5)	507 (34.8)	571 (35.4)	541 (35.2)	582 (32.0)
比利时	375 (56.9)	226 (42.8)	341 (46.2)	488 (50.0)	1152 (69.8)	517 (57.3)	559 (43.6)
丹麦	416 (46.6)	435 (42.7)	598 (39.3)	537 (37.6)	480 (41.5)	501 (41.7)	552 (41.3)
其他DAC成员国	1019	951	1175	1228	1165	1919	1675

续　表

国家及组织	1989—1990年平均	1994—1995年平均	2001年	2002年	2003年	2004年	2005年
小计（双边）	14617 (30.1)	12248 (27.2)	10974 (24.4)	14515 (28.9)	18834 (34.9)	16709 (30.8)	22089 (27.4)
国际多边组织							
世界银行	2351 (48.0)	2828 (48.1)	3020 (46.9)	3592 (50.2)	3225 (51.9)	3822 (52.5)	3511 (54.1)
欧盟	2291 (61.8)	2265 (41.2)	2478 (30.4)	2469 (35.0)	2811 (38.9)	2915 (36.1)	3144 (36.9)
非洲开发银行	735 (98.2)	616 (95.5)	498 (91.8)	730 (95.4)	513 (97.3)	897 (97.6)	836 (99.9)
GFATM（抗击艾滋病、结核病和疟疾全球基金）	—	—	—	1 (100.0)	132 (56.0)	351 (59.8)	656 (67.2)
世界粮食计划署	508 (43.9)	770 (55.4)	280 (56.9)	269 (61.7)	222 (63.9)	151 (59.9)	338 (62.1)
联合国儿童基金会	266 (35.8)	356 (40.2)	236 (30.3)	210 (29.8)	211 (30.7)	201 (30.9)	241 (34.6)
UNDP（联合国开发计划署）	441 (34.0)	201 (34.2)	165 (45.1)	165 (48.4)	169 (52.3)	187 (50.0)	193 (49.4)
UNHCR（联合国难民署）	301 (45.9)	528 (49.1)	296 (41.9)	349 (44.3)	267 (45.9)	170 (49.2)	167 (52.8)
其他国际多边组织	928	1335	346	962	12	370	127
小计（国际多边组织）	7813 (46.2)	8899 (44.1)	7319 (34.6)	8747 (40.8)	7562 (39.4)	9064 (42.6)	9213 (43.1)
非DAC成员国	375	50	166	433	81	94	120
合计	22805 (32.5)	21197 (32.0)	18459 (27.4)	23695 (31.6)	26477 (34.6)	25867 (32.8)	31422 (30.1)

注：本表按照2005年ODA金额从多到少的顺序排序。以2004年美元汇率换算。括号内数值是占该国或组织的ODA总额的比例（%）。从数据上看，日本的援助额在2004年之后增加了，原因是其中包含债务救济金。

资料来源：本表是笔者依据DAC（2007：196—197）数据制作而成。

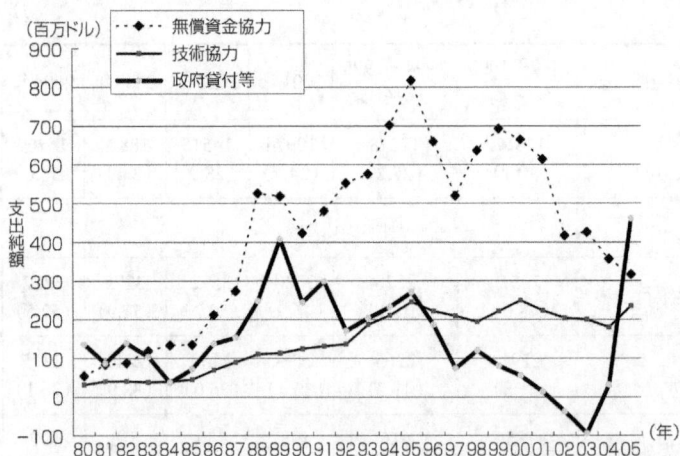

图3-2 日本对非双边ODA金额(各形态净支出额)的变化①

[资料来源:本图是笔者依据外务省(2006:150)和其他机构的历年ODA白皮书数据制作而成。]

那么,日本在主要援助国中居于怎样的位置呢?2002年之后,其他援助国对非增加了ODA,但日本却大幅减少了ODA。其原因在于,美国、英国等国家的ODA基本是无偿的,而日本政府采取的是日元贷款方式(比无偿资金合作等提供的金额更多),近几年因债务问题没有开展新的贷款,因此回收额比贷款额要多。在表3-1中,2004年日本援助额出现急剧增加是因为其中包含债务救济金,将债务救济金中的无偿资金合作及政府贷款额去除后的赠予金额(无偿资金合作+技术合作)在2005年减少到了5.52亿美元。这一金额与丹麦基本相同,因此,很难说日本是对非主要援助国。

从20世纪80年代中期开始,数年间日本对非的ODA就增加到之前的近5倍,其原因是无偿资金合作与政府贷款增加了(见图3-2)。无偿资金合作的激增是由于ODA总额的增加,尤其是非特定项目无偿援助(对发展中国家致力于经济结构改善的非特定项目的无偿援助)额的增加。政府贷款(日元贷款)在1990年

---

① 2004年和2005年的无偿资金合作和政府贷款等金额中不包含债务免除部分(2005年,如果将债务免除部分计算在内,则无偿资金合作和政府贷款将分别达到1459百万美元和-322百万美元)。政府贷款出现负数,意味着回收额高于贷款额。2005年政府贷款等金额的急剧增加,是因为日本对刚果民主共和国实施了357百万美元的债务救济措施。图3-2中「無償資金協力」「技術協力」「政府貸付等」「百万ドル」「支出純額」对应的中译文分别是"无偿资金合作""技术合作""政府贷款等""百万美元""净支出额"。此外,图3-2中的"80、81、82……03、40、05"表示"1980、1981、1982……2003、2004、2005",因图片有版权问题,故对原图不做改动。下同。(译者注)

以后,因非洲国家的债务负担能力问题,基本没有开展新的业务,贷款额持续减少(例如,2003年只对肯尼亚贷出1项,2004年无贷款),但是从2005年起,新的日元贷款又开始了。另外,20世纪80年代贷出的贷款开始返还,2002年和2003年的回收额均高于贷款额。[①]20世纪90年代中期之前,以人际交往为核心的技术合作在稳步增长,但之后没有出现大的变化。1970年,日本的对非ODA在ODA总额中所占的比例只有2.2%,之后虽然出现了急剧增加,但从20世纪80年代开始到2005年,日本对非ODA的比例一直在8%—14%的范围内变动。如果只看供给额,日本并没有优先增加对非的援助。但是,以其他视点来看,除了以设施建设、器材供给为中心的无偿资金合作外,日本也有能力开展以技术合作为中心的着重人力贡献的援助。

　　分析日本对非援助是否成功并不容易。不难想象,与日本对东亚的援助相比,对非援助成功率较低且更加辛苦。在开发非洲方面经验丰富的服部说:"日本的对非援助,以失败而告终的居多,一旦援助进展不顺利,日方就经常把责任归咎于对方。但是实际上,失败多是援助计划本身是由不了解非洲的人制定的纸上计划,或者是缺乏交流导致的。"(服部,2001:220)服部告诫说不要在对非洲的实际情况和发展进程还没有形成自己的见识时就采取援助行动。日本首先必须做的是理解非洲的多元化。日本要向非洲人学习,要在考虑非洲人的文化与价值观的基础上形成具有日本特色的开发论并进行实践,而不是顺着欧美主导的开发方针进行活动。特别是以教育立国为己任的日本,应该能够为非洲教育发展做出自己的贡献,现在的日本教育合作正在往这一方向上前进(Sawamura,2002)。

3.4　日本教育援助政策的特征

3.4.1　外务省与文部科学省近期的合作

　　1990年召开的"世界全民教育大会"为教育领域的国际合作指明了新的方向。从教育援助的观点来看,这次会议之所以重要是因为全面普及基础教育从理念变成了政策,为了这一目标而开展的国际援助从此真正开始(内海,1996)。日本也顺应这一形式,以日本国际协力事业团为核心,于1990年设立了"教育援

---

① 例如,2003年日本对肯尼亚的贷款回收额是4992万美元,而援助额即使加上赠予部分也比回收额少659万美元。也就是说,肯尼亚返还日本的金额要高于日本对肯尼亚的贷款额。

助讨论会",又于1992年设立了"发展与教育各领域援助研究会"。文部省(今文部科学省)于1995年设立了"关于顺应时代的国际教育合作方法恳谈会",为有效推进教育合作提出了具体的策略。此时,外务省与文部省基本上还没有实质性的合作。

原本,外务省与文部科学省分属外政与内政,两官厅的文化有截然不同之处。关于教育ODA,文部科学省除了国费留学生之外,直到20世纪90年代前半期,几乎都没有对双边ODA表示过关心。[①]但是,1995年之后,文部科学省接连召开国际教育协力恳谈会,不断开展讨论,有意在教育合作方面发挥主导性作用。1997年,在文部科学省授意下,广岛大学成立了国内首个国际教育协力研究中心,之后,农学、工学、医学等各领域研究中心在名古屋大学、丰桥技术科学大学、东京大学等地陆续成立。

对日本教育援助来说,2002年是缔结重大政治公约的一年。在6月份召开的G8峰会上,时任首相小泉纯一郎发表了《为了成长的基础教育倡议》,其内容受到了国际教育协力恳谈会审议内容的重要影响。国际教育协力恳谈会是文部科学大臣的私人咨询机关,其审议内容在2007年7月的最终报告中被发表(参照第1章)。外务省虽然对文部科学省有不满之处,但还是会听取其意见。

对日本教育合作进行宣传的《所有的孩子都要接受教育》(2005年5月制作)是由外务省与文部科学省首次共同制作的宣传册,是展现两官厅关系紧密的典型代表。2003年之前,文部科学省所掌握的ODA只有留学生预算,2003年之后,文部科学省获得了新的预算,构建了以初中等教育领域的合作强化为目的的"据点体系"(文部科学省,2006:388-390)。[②]以往的《ODA白皮书》会给教育领域的合作很大篇幅,但很少言及文部科学省的活动,2001年之后,《ODA白皮书》开始提及文部科学省的活动。这种外务省与文部科学省的合作,会持续对日本的教育合作方式带来影响。

---

① 例如,比较日本各官厅借调至JICA的人数(人事交流者人数),农林水产省和经济产业省等官厅自JICA成立之日起至今已经派遣了包括主管人员在内的数名骨干,但文部科学省自20世纪90年代中期以来只派遣了1名职员。

② 以国际教育协力恳谈会(第二次)最终报告(2002年7月)为依据的新的援助事业,详见平成14年度(2002年)版《文部科学白皮书》(文部科学省,2003:328-332)。其中"据点系统"是新的援助事业中的一项。

3.4.2　世界银行与日本出人意料的相似性

世界银行对国际教育援助政策的形成发挥着重大作用。这不只是因为全世界约1/4的教育援助资金由世界银行提供,还因为其调查研究能力十分强大。不仅是教育领域,致力于经济改革的众多发展中国家,一般也都接受世界银行的融资,其他组织对世界银行的政策也不得不加以关注。这些开发性金融机构制定的政策受到了很多批判,但是它能够通过融资对发展中国家的宏观经济状况和教育现状等进行定量分析。

JICA是实施机构,但没有政策决定权。1994年JICA发行的各领域研究会报告书参考了外务省的意见,与日本教育援助政策没有大的出入。该报告书针对将教育援助领域快速转移到基础教育的国际思潮,强调了平衡的重要性。其内容如下:"国际组织和援助国,为强化对基础教育的重视,欲将援助领域从职业技术教育、高等教育迅速向基础教育转移。但是,基础教育、职业技术教育、高等教育这三大领域是教育发展的三大支柱,要考虑到这三者的平衡,需将受援国教育发展整体纳入视野,实施与各国教育发展阶段相适应的援助。"(国际协力事业团,1994:31)另外,作为教育援助的实施方针之一,该报告书指出:"在向我国的教育经验学习的同时,从发展中国家的教育实践中学习也很重要……和对方国家共同制订计划是非常重要的。"(国际协力事业团,1994:35)

如果将这一日本教育援助政策与世界银行的战略进行比较,会发现非常有趣的内容。例如,1999年发表的世界银行《教育领域战略》的一部分记述,与1994年JICA报告书中制定的合作方针有类似之处。第一点是尊重发展中国家的自主性和意见,顾及它们的文化,保持向受援国学习的态度;第二点是明确指出要在提倡基础教育优先的同时,保持教育领域整体的平衡发展;第三点是明确表示要做到世界银行教育发展战略运用原则的第一点,即"以受援国为中心——在尊重其文化脉络的同时听取其意见并向其学习"(World Bank,1999:x)。

世界银行对非教育援助战略指出,初等教育在教育领域中一直受重视,但初等教育与其他教育领域之间的平衡非常重要,"世界银行所提供的援助,是要推进各领域整体的平衡发展,从幼儿教育到研究生课程,要考虑到教育体系各个部分的关联,今后要越发注重这个问题"(World Bank,2001:5)。对于一些国家还未普及基础教育就急着扩充大学的做法,世界银行曾给予过严厉批判,但现在世界银行改变了援助策略,提出了要推进各教育领域平衡发展的新的教育援助政策,其背景在于,世界在向知识型社会发展,大学的作用在非洲也被重新认识了。

虽然日本并未对世界银行施加影响,但作为日本教育援助的关键词——"自主性""文化关怀""学习""平衡",在5年后出现在对世界教育援助拥有强大影响力的世界银行的战略报告中是为什么呢? 日本的教育援助对国际社会产生的最大影响是发展中国家的主体性得到了国际社会的关注。尽管支援自助努力的日本独特的教育开发、合作方式并没有得到国际社会的认可,但即使在国际上有不同的声音,坚持开展踏实认真的日式援助活动也必定会为解决世界发展课题做出贡献。

3.5　日本对非教育援助的展望

3.5.1　日本教育援助的变迁

日本的援助政策如果按照计划执行,那么对非教育援助应该是优先的、要被扩充的。关于日本对非进行基础教育援助的可能性的报告书(例如:国际协力事业团,1997)和援助研究会的报告书也是有的(例如:国际协力事业团,2000)。20世纪90年代前半期,JICA实施的教育领域的援助成果占全体的12%,2001年之后,一直维持在20%左右(国际协力机构,2006:79)。另外,从JICA实施教育援助(技术合作部分)的地区比例来看,非洲有增加的倾向(村田,2001)。如今,ODA减额、对教育援助看法的根本性改变、适当的评价制度的确立,这些对于以在非洲实施高质量的有效果、有效率的教育合作为目标的日本来说是个绝好的机会。

经常有人说日本在非洲教育领域合作的经验少。事实上,从20世纪60年代开始,日本就在肯尼亚、乌干达等国家开展职业技术培训项目。除此之外,还有诸如1966年派遣化学教育专家赴肯尼亚支援,1968年派遣数理科教师赴坦桑尼亚等国家的中学任教之类的教育合作,可以说日本从很早就开始与非洲国家进行人员交流,并且数量不少(泽村,1999a)。将20世纪90年代开始至今的初中等教育领域的支援成果按照援助形式进行调查,其结果见表3-2。1998年之前,日本在非洲的基础教育援助还只是以提供无偿资金援建学校的形式展开,1998年之后,技术合作(技术合作项目和发展调查)渐渐增多,近10年来援助形式发生了很大的改变。

表3-2　日本对非初中等教育援助的成果

形式	1996年度	1999年度	2002年度	2005年度
无偿资金合作	**乌干达** 学校设施改善计划 **塞内加尔** 小学教室建设计划 **科特迪瓦** 小学教室建设计划 **尼日尔** 小学建设计划 **贝宁** 小学建设计划	**喀麦隆** 小学建设计划 **几内亚** 小学建设计划 **赞比亚** 卢萨卡市小学/中学建设计划 **吉布提** 小学建设计划 **塞内加尔** 小学教室建设计划 **贝宁** 小学建设计划 **马里** 小学建设计划 **南非** 东开普敦省小学/中学建设计划 **毛里塔尼亚** 努瓦克肖特小学教室建设计划	**安哥拉** 罗安达省小学建设计划 **喀麦隆** 第2次小学建设计划 **几内亚** 科纳克里市小学建设计划 **马里** 第2次小学建设计划 **塞内加尔** 初等教育教材整备计划 **塞内加尔** 第4次小学教室建设计划 **南非** 姆普马兰加省小学/中学建设计划 **坦桑尼亚** 达累斯萨拉姆小学设施整修计划	**安哥拉** 第2次罗安达省小学建设计划 **喀麦隆** 第3次小学建设计划 **赞比亚** 第2次卢萨卡市小学/中学建设计划 **塞内加尔** 初等教育教师师范学校整修计划 **尼日利亚** 小学建设计划 **布基纳法索** 第3次小学建设计划 **马达加斯加** 第2次小学建设计划 **毛里塔尼亚** 努瓦克肖特/努瓦迪布小学/中学建设计划 **坦桑尼亚** 达累斯萨拉姆小学设施整修计划
技术合作项目		**加纳** 中小学数理科教育改善计划 **肯尼亚** 中等数理科教育强化计划	**加纳** 中小学数理科教育改善计划 **肯尼亚** 中等数理科教育强化计划 **南非** 姆普马兰加省中等数理科教师再培训计划	**乌干达** 中等数理科强化项目 **埃塞俄比亚** 居民参加型基础教育改善项目 **加纳** 教育政策改良支援项目 **加纳** 在职教师研修政策实施援助计划项目 **肯尼亚** 中等数理科教育强化计划第Ⅱ阶段 **尼日尔** 居民参加型学校运营改善计划项目 **马拉维** 中等数理科在职教师再培训项目 **南非** 姆普马兰加省中等数理科教师再培训计划第Ⅱ阶段

续　表

形式	1996年度	1999年度	2002年度	2005年度
发展调查		**坦桑尼亚** 地方教育行政强化计划调查	**坦桑尼亚** 地方教育行政强化计划第Ⅱ阶段 **马拉维** 全国地方教育行政强化计划	**埃塞俄比亚** 奥罗米亚州初等教育入学改善计划调查 **塞内加尔** 地方教育行政强化计划调查 **坦桑尼亚** 地方教育行政强化计划第Ⅱ阶段 **马拉维** 全国地方教育支援计划制订调查

注:"项目方式技术合作"自2002年开始被称作"技术合作项目"。

资料来源:本表是笔者参考外务省经济协力局(2001)、日本国际协力机构(2004a)及日本国际协力机构(2006)制作而成。

自1991年日本在几内亚援建小学起,小学建设项目便以西非国家为中心开展起来(泽村,1999b)。在项目方式技术合作(现为"技术合作项目")方面,日本从1998年开始在肯尼亚开展中等数理科教育领域的合作,以此为起点,项目方式技术合作随后向加纳、南非等地扩展。在开发调查方面,日本从1999年起在坦桑尼亚实施了支援教育统计整理和省级教育计划制订的调查。在埃塞俄比亚,日本从2003年起与NGO合作,以基础教育改善为目标,共同推进项目(日本国际协力机构,2004b)。

在非洲,从1998年左右开始起步的日本教育援助,非常重视人才培养及组织建设。其原因在于与亚洲相比,非洲的社会、经济环境和行政制度十分脆弱。另外,日本教育援助还必须协调好与其他援助组织间的关系。虽然有多个制约因素,也存在独立项目陷入困境难以推进的情况,但具有日本特色的教育合作确实已经在非洲展开。从项目到计划,从领域支援到财政支援,援助的形式也发生着变化。20世纪90年代前半期之前,国际社会一直批评日本在人才、知识方面贡献少,于是日本推进了人才培养计划,但现在又出现了以独立项目形式开展的技术合作不受欢迎的情况。非洲已成为国际援助的"实验场"。

3.5.2　东京非洲发展国际会议的举办

很多援助国在 20 世纪 90 年代出现"援助疲劳"现象,减少了对非援助额。在这种形势下,日本政府于 1993 年首次举办了东京非洲发展国际会议,承诺要为非洲的发展发挥自身的领导能力和特有的作用。这一倡导,成为"东京非洲发展国际会议"的总括性纲领。2001 年 1 月,森喜朗首相(时任)首次访问非洲三国,在南非发表演讲时表示"21 世纪是期待非洲大飞跃的世纪",表明了日本为解决非洲问题要积极做出贡献的态度。

在第二届东京非洲发展国际会议(1998 年)上通过的《东京行动计划》中,社会发展,尤其是基础教育的发展成了日本对非合作中最优先的课题之一。如上所述,正是从这一时期开始,日本正式启动了对非基础教育领域的援助。第三届东京非洲发展国际会议(2003 年)受到 2002 年国际对非援助动向的影响,提出了非洲发展的理念和方向。教育领域的合作,与水、保健领域的合作共同成为重点。2004 年版的《ODA 白皮书》中明确指出:"对非洲的支援变得特别重要。"(外务省,2004:26)

15 年间,在日本的主导下,东京非洲发展国际会议成为系列会议,这在当初是没有设想到的。一直将亚洲作为国际合作主要对象的日本,被国内外强烈要求从而为非洲发展做出贡献。[1]随着国际社会援助回归非洲,东京非洲发展国际会议的存在方式也变得更加具有日本特色。这也受到了中国政府于 2006 年 11 月邀请非洲国家领导人参加中方主办的"中非合作论坛北京峰会"的影响。如果说把实现经济快速发展的国家发展经验活用于非洲是日本的一大优势,那么在教育领域合作中,日本的优势是什么呢?

3.5.3　日本的相对优势

日本在教育领域合作中的相对优势是什么呢?　其中之一是可以从日本的教育经验中抽选出对发展中国家有用的内容。参考 JICA 举办的研究会和文部科学省恳谈会的内容,我们就会发现其中有由于过度注重发挥独特性而执着于自身经验之处。在全球化时代必须发挥自身的独特性,但只向日本的教育经验来索

---

① 小泉纯一郎首相(时任)在施政方针演说(2005 年 1 月 21 日)中提到:"为了应对以非洲为代表的发展中国家的发展及克服贫困等国际性课题,必须对 ODA 进行战略性应用。"在列举发展中国家例子的时候,他以非洲而非亚洲为例。另外,日本主要实施教育援助的机构 JICA 于 2004 年 4 月进行了组织改革,新设了非洲部,强化了对非支援。

取这种独特性,并不是以支援自助努力为基本态度的日本的初衷。

围绕着日本教育援助的世界局势正在发生急剧变化。教育领域的援助,经常被称作教育"合作",应该探索更具互惠性的相互学习型的国际合作方式(长尾,又地,2002)。一直以来的"国际交流"都是以文化交流为中心的,因而进一步推进知识与经验的交流与共享令人十分期待。峰(1999:267)认为:"在非洲生活的人和我们所面临的问题,乍一看是完全不同的,但其实在根本上是相通的。既然如此,不如采取谦虚的态度,从非洲人的经验中学习一些东西。"这虽是从经济学角度来说的,但与对非教育领域合作也是有相通之处的。吸取在非洲产生的知识,有助于实现超越国家利益与人道主义的互惠合作。

日本在教育合作中的相对优势,是拥有与殖民国不同的独特的教育开发经验和教育制度,以及对受援国自主性的尊重(参照第2章)。关于日本的这一态度,King(1999a)认为,日本重视当地自助努力的开发合作方式应当引起其他援助国和援助组织的关注。特别是在教育方面,这种做法并不只局限于非洲,同样适用于其他地区。谦虚地从对方国家的教育实践中学习,共享各自的经验与知识,摸索扎根非洲的教育方法,这是十分重要的。

3.6 日本特有的贡献

如果日本能够持续性增强其教育援助的能力,那么有效援助非洲教育发展的潜在能力就会提高。这里所说的能力,不仅指参与教育合作项目的人才的能力,还指将援助制度转变为一个能够合乎当地需求并能够灵活应对这些需求的体系的能力。[1]

日本海外援助所使用的财务制度与日本国内相同。因此,一到3月就非常繁忙,不能与对方发展的节奏合拍成为最大的问题之一。虽说要对对方的自助努力给予支援,但等不及对方准备好,代替对方推进援助工作的情况也是存在的。这对以有效合作为优先考量的现场工作人员来说,是一个进退两难的问题。

在讨论日本对非教育援助的方法时,从欧美国家的经验出发对日本的援助方法进行批判性调查研究是很重要的,但现在已经不再是感恩戴德地学习欧美的时代了。很多非洲国家由于过去的历史背景,沿袭了殖民国的教育制度,但新

---

[1] 例如,以普通无偿资金合作形式进行的小学建设,会出现高成本问题,而共同体发展支援无偿计划(2006年起)的导入,则通过积极使用本地方法和本地从业者的形式,进一步降低了成本,提高了效率。

的教育系统已经逐渐独立发展起来。从另一个角度来看,拥有与非洲国家不同的教育经验和教育体系,是日本不同于其他国家的相对优势。日本政府推动亚非合作,提出要将包括日本在内的亚洲发展经验活用于非洲。在教育领域的合作中,日本做到共享知识与经验,超越经营伙伴关系,与非洲人民相互学习,构建互惠性合作关系。从非洲国家的教育政策、实践中谦虚地学习,这对日本教育发展是必要的,这种认识要进一步强化。

　　非洲的教育发展,与亚洲相比并没有那么顺利,但日本在非洲教育援助中积累了更多的宝贵经验。日本对非的教育援助,由于有上述援助政策的助力,这几年发生了急剧变化,在非洲各地区开展了不少有效的合作示范项目。亚洲要从非洲教育经验中学习的地方也不少。日本教育援助的特征在于站在对方的立场上,一边相互学习教育经验一边推进合作事业(Benneh,2001)。在这一方面,欧美的援助有时被批判为"知识的再殖民化"(Intellectual Recolonization)(Brock-Utne,2000:xxiii),他们的合作方式与日本大相径庭。

　　日本的合作方法并不是否定日本的教育经验,而是以非洲开发为坐标,对不同于欧美的日本近代教育史进行再评价,积极接触并努力理解迄今为止很少被触及的非洲的文化、价值观这些与教育根基相关的部分。日本对非的教育合作,应该在这样一个新的框架中被放在一个合理的位置。积累了教育合作经验并拥有一定程度自信的日本,今后也要在谦虚地学习非洲教育实践和经验的同时为非洲教育发展做出贡献。而关于这一点,日本将面临国内外的考验。

第Ⅱ部
非洲国家的教育开发问题

4　加纳
——职业教育改革的展望

4.1　引言

　　加纳,1957年从英属殖民地独立,是非洲国家中最早实现独立的国家之一。最初,由于可可等产品出口形势非常好,加纳经济取得了快速发展。但是到了20世纪70年代,由于可可的国际市场价格暴跌,加纳经济陷入低迷。20世纪80年代,很多非洲国家进入经济衰退期,其中加纳的经济下滑尤其明显。在这种形势下,1983年,加纳在国际货币基金组织与世界银行的协助下通过了经济复兴计划,接受了结构调整计划[①]。最终,20世纪80年代中期之后,加纳实现了平均5%的GDP增速,成为非洲为数不多的成功案例。

　　如上所述,加纳在经济指标上取得了预期发展,但这种调整政策给教育带来的负面影响不容忽视。国家为了减轻财政负担,优先保证经济政策的落实,导致教育费用要向受益者征收,家长承受的学费负担增加,因此,这一时期也是初等教育普及的停滞期。联合国儿童基金会从20世纪80年代中期就开始提出反对意见,认为调整政策会为了确保经济增长率而以牺牲贫困层的生活为代价,并且在世界银行与其他援助组织的协助下,于1988年在加纳开始实施"减轻调整的社会成本行动计划"(Programme of Actions to Mitigate the Social Costs of Adjustment, PAMSCAD)[②]。

　　从上述加纳的事例中可以看出,20世纪80年代,在世界经济形势低迷的影响下,非洲国家不仅入学率降低,就学人数也出现下降。这一背景与1990年召开

---

① 结构调整计划是世界银行和国际货币基金组织在20世纪80年代初期为应对发展中国家的债务问题而提出的一揽子政策。它将短期的宏观经济安定与中长期的以经济改革为目标的政策结合起来,促进了金融方面的限制缓和,推动了公共企业的民营化。

② 以联合国儿童基金会提倡的"以人为本的调整"(Adjustment with Human Face)为契机,于1987年开始在非洲各国实施的旨在将结构调整对社会弱者的影响(结构调整在社会方面的影响)控制在最小限度的计划。

的"世界全民教育大会"直接相关。在这次大会上,各方达成了将基础教育领域作为教育援助重点领域的共识。1998年,联合国教科文组织主办了"高等教育世界会议",在重视基础教育的思潮中,高等教育的重要性也得到了再认识,但是基本动向从最初的1990年开始到21世纪初都没有变化。[1]

在这里需要特别提出的是,20世纪90年代因得到新的教育机会而上了小学的孩子们,如果顺利升学的话,在21世纪初便要进入高等教育阶段。为了挽回20世纪80年代教育发展停滞造成的影响,在90年代,加纳对初等教育进行了扩招,将扩招优先于质量改善,如今,很多完成了中等教育的人开始谋求接受高等教育的机会。发展中国家多注重学历,工资常与学历挂钩,只有初高中文凭的人就业范围十分有限,因此,希望继续进入大学等高等教育机构学习的人不少。对于这种情况应该采取怎样的措施呢? 迄今为止还没有被特别关注过。

本章的主要目的是整理加纳的高等职业技术学院这一职业教育的现状与问题点,讨论未来职业教育在全体教育领域中该如何发挥其原本的作用以及促进其有效发展。另外,本章还将探究加纳的教育状况对其他非洲国家的意义。这些国家将很多资源投入初等教育中,在该背景下,希望本章的讨论能成为重新考虑高等教育阶段中技术教育这一领域的契机。

4.2 教育政策与技术教育的定位

4.2.1 教育发展的历史与基本政策

与其他非洲国家相比,加纳的教育在历史上一直处于较发达水平。特别是中等教育阶段的毛入学率,例如1960年大部分非洲国家是1%—4%,但加纳已经达到了19%(World Bank,1988:132)。即便是初等教育的毛入学率,在经济恶化对社会整体造成影响的20世纪80年代初之前,也都得到了实实在在的改善。但是,在那之后,"教育制度基本处于崩溃状态,除了部分优等学校,在学校里基本学不到有教育价值的内容"(Cobbe,1991:105),加纳的教育质量出现了重大问题。

在上述经济复兴计划的引领下,加纳政府对教育领域也实施了根本性改革。1987年,加纳政府实施了以教育制度再生为目标的计划,其重点是前期中等学校

---

[1] 从2000年左右开始,在注重基础教育的教育援助政策中,出现了顾及高等教育和技能发展的内容(例如:World Bank,2001;World Bank,2002)。

(初中)的创设及职业课程的导入。制度方面,将大学入学前需要的17年教育年限大幅缩减至12年①。新制度是初等教育6年,前期中等教育3年,后期中等教育3年。这一改革的目的是使所有孩子都能接受9年基础教育以促进初等教育发展。为此,政府要将节减下来的资源进行再分配。对初等教育之外的高等教育等领域,政府减少了辅助金,经费方面要求受益者来负担或学校自己增加收入。

加纳在1995年公布的长期经济社会发展计划"未来构想2020"中,宣布要在2020年前进入中等收入国家行列,其中人才发展成为主要目标。就这一领域,计划中提出了以下6点主张:(1)基础教育的义务化和无偿化;(2)成人文盲率的降低;(3)女性入学率的上升;(4)偏僻地区教育的完善;(5)科学和技术教育的强化;(6)后期中等教育和高等教育的扩充。在基础教育领域,加纳政府决定自1996年到2005年实施"基础教育义务化、无偿化、普遍化计划"(Free Compulsory Universal Basic Education,FCUBE)。关于技术教育,上述第5、6两点是与之相关的,但实际上重要性下降了。1999年底制定的《教育领域战略计划2000—2002年》中关于技术教育的内容,只有关于中等教育阶段的技术学校的计划,基本没有关于职业技术学院的记述(Ministry of Education,1999a)。职业教育在教育领域中所处的地位如上所述,其形势是十分严峻的。

4.2.2　技术教育的现状与就业机会

所谓技术教育,在不同的国家有不同的定义,在加纳一般指以中等教育阶段的技术学校和高等教育阶段的职业技术学院(大学除外)为对象,以培养中坚技术人才为目标的教育部管辖下的教育。技术教育学制3年,有正规的毕业证书。在加纳,一方面,在以初等教育为最优先发展对象的教育领域中,技术教育没有稳定的定位且没有优先性。但另一方面,对于在2020年之前要实现工业化并进入中等收入国家行列的加纳来说,很多政策文件中都提到了推进技术领域的人才培养是紧要课题。一般来说,技术教育很容易被用作政治宣传,但实际上国家划拨给技术教育的预算是非常少的。

虽然没有关于技能开发的综合性战略和政策文件,但2006年,加纳议会通过了《技术职业教育训练评议会法》(Republic of Ghana,2006)。评议会(Council for Technical and Vocational Education and Training,COTVET)的职责是制定技

---

① 在这项教育制度改革之前,也并不是要求所有学生在大学入学之前都必须有17年的学习经历。初等教育结束后的4年中学学习,是为获得中等教育入学资格做准备,在这样的预备校中,学生如果成绩优秀则可以跳级。

能开发政策,监督、调整包括非正规部门在内的公私机构的技术教育训练活动。①
由于并没有政策来推动工业化发展及劳动市场变化,因此强化技术教育与民间
部门、劳动市场的合作,特别是与非正规部门的关系就变得十分重要。1970年前
后,人力资本论被广泛接受,这一时期,世界银行等组织对中等教育阶段的职业
培训和技术教育进行援助,当时一部分人认为培养必要的人才能够促进工业化
发展,但是现在大家普遍认为,以这种思路推进工业化是很困难的。②

一方面,人们辛辛苦苦学到了技能,但如果没有找到工作或者不自己创业,
就无法提高个人收入。因为学到的技能与雇佣方的需求不相符导致就业机会减
少,这种现象好像是司空见惯的。但另一方面,也有人指出,身怀必要技能的人
才供应已经十分充足了,现在需要的是如何有效使用这些人才。

对于急剧变化的雇佣方(特别是民间企业)的需求,学校将教育内容安排得
与之相符合,这到底是合理且有效率的策略吗? 学校教育与职业培训的作用应
该是不同的。学校教育的目的是教授学生那些不为将来技术变化所左右的基本
知识,应该优先培养可以帮助今后掌握所需技术的基础能力和技能。因此,原本
技术教育并不是为从事特定职业所做的职业培训,它是对适用性很广的技术和
技能的学习与掌握。但是,加纳的技术教育,过于将焦点置于雇佣方面,从而非
常接近于职业培训。从加纳的现状来看,这也是没有办法的事,但政府不能被变
化的劳动市场需求所摆布,要以长期视野来摸索技术教育的培养方式。

更关键的问题是,正规部门的招聘岗位很少。大部分毕业生要么在与非正
规部门相关的领域寻找工作机会,要么陷入失业或半失业状态。因此,不少人反
对上述的不应该为了找工作而改变教育内容的主张。除此之外,还有其他问题,
教师多将就业率低归咎于器材的不足或老旧化,基本没有想过要改善教学内容
或方法。本来学校的责任就是把学生送至毕业,至于学生毕业之后的就业情况,
学校当然就漠不关心了。

---

① 世界银行在20世纪90年代初对"国际职业技术教育训练调整委员会"(National Coordinating
Committee for Technical and Vocational Education and Training, NACVET)的设立进行了援助,这
一机构是关于职业技术教育训练的综合调整机构,但基本没有发挥作用。在日本国际协力事业团
的援助下实施的技术教育计划发展调查(2000—2001年)的成果(日本国际协力事业团,Pacific
Consultants International, 2001)对新评议会的设立发挥了作用。关于职业技术教育训练在教育领
域中的定位,详见山田,松田(2007)。
② "关于技术、发展领域的教育合作与经济发展的调查研究"(2006—2008年,代表者:吉田和浩)是受
文部科学省"国际合作倡议"所托开展的援助事业,加纳是事例研究对象国。该援助事业的内容是
在与以往不同的当今社会中,研究如何有效地进行技能发展。

4.3　职业技术学院的建立与现状

加纳现在的职业技术学院,主要是发挥作为高等教育阶段的技术教育机构的作用,其目标与大学不同,是要培养中坚技术人才。1963年,阿克拉、库马西、塔克拉底的中等技术学校升格为职业技术学院,但这一"升格"只是制度上的,其作用、教育内容、设施完全没有得到改善(Alberts,1998)。之后,职业技术学院在1993年从中等教育阶段的技术教育机构被改编为高等教育机构。1993年,阿克拉、库马西、塔克拉底、霍城、海岸角、塔马利的6所职业技术学院换上了高等教育机构的外衣。1996年,苏尼亚尼、科福里杜亚的2所学校升格。2000年,瓦城、博尔加坦加(都是北部偏僻城市)的2所学校升格。至此,加纳实现了在全国建立10所职业技术学院的目标。

据高等教育评议会便览记载,1993—1994学年职业技术学院的学生只有1558人,到了1998—1999学年便上升至12926人,5年间飞速增长了7倍多(National Council for Tertiary Education,1999)。同时期的大学生从15365人增加到了31501人,增加了1倍多,这个数字本身是令人惊讶的,但职业技术学院的学生人数不同寻常的增长状况更加让人不可思议。而且,加纳政府计划从2000年开始的3年里,每年将职业技术学院的注册学生人数增加15%,大学的注册学生人数增加10%(Ministry of Education,1999a:55)。

从这一情况可以看出,职业教育的"扩大",并不是出于要培养将来所需的技术方面人才的经济背景,而是出于政治上的判断。加纳政府把职业技术学院作为吸纳完成中等教育的学生的机构,其所谓职业教育扩招只不过是名义上的而已。现在,加纳政府对职业技术学院提出了一系列要求:要确保收入(减少政府补助金),要增加学生人数,作为高等教育机构要提供高质量的教育,还要解决学生的就业问题。现在职业技术学院在教育内容方面还存在诸多问题,在这种情况下,政府不提供人才和资金的保障,仅以政治判断就扩大职业教育,这导致职业技术学院的社会地位越发低下。促进职业教育,培养技术人才,很可能会导致高学历人才的失业与失业率的进一步提高。将来,职业技术学院中的一部分很有可能以大学化的形式再度"升格",但在那之前需要将职业技术学院培养成为名实相符的高等教育机构。

很多国家都有被称作职业技术学院的机构,其发展历史各不相同。但是,在这些多样性中一致的是,设立职业技术学院与设立大学的目的不同,职业技术学院是以已经就职的成人为主要对象的(Watson,1994)。在英国,职业技术学院创立于1969—1973年,其作用是在各地区维持工业、商业、公共服务部门等之间的密切关系,以及扩大高等教育的入学途径,满足非全日制学生的需求,这些尝试都得到了很高的评价。上述几个领域,是当时的传统大学没有涉及的。英国的职业技术学院,是以合并地方自治体运营的既存学院的方式设立的,基本没有让中央政府增加财政支出。在内容方面,其强调职业性和应用性,强化高等教育与商业、工业界的相互交流。到了1991年,英国的职业技术学院成为学位授予机构,开始允许使用"大学"的名称。

加纳的职业技术学院,在密切联系地方产业方面与英国是基本一致的,但不同之处在于,英国的职业技术学院是以地方自治体为中心运营的,而且以成人为主要教学对象。在加纳,职业技术学院与大学的分工事实上是不明确的,在教育内容上,前者偏向实践化而后者偏向理论化,两者的差别非常显著,因此,职业技术学院被认为是毫无吸引力的教育机构。特别是在加纳这样偏重学历的社会,人们普遍认为要增加就业机会和提高工资水平,就必须进入大学取得学历,因此,职业技术学院成为得不到大学入学资格的学生才选择的二流高等教育机构。虽然人们的这一观念不会轻易改变,但职业技术学院若要发展,至少需要体现出与大学相比经济负担少等优势。

4.4 职业技术学院改革的方向

加纳政府要求职业技术学院发挥其原本作为高等教育机构的作用,同时采取了缩小中等教育规模的计划,将发展高等教育列入重点计划(Ministry of Education,1999b)。事实上,中等教育注册学生人数占现有学生人数的约一半。这种"强化"职业教育的举措是在社会性、政治性背景下——接受高等教育的机会增多和应对失业做出的,并不是雇佣或经济方面的需求。面对高等教育扩招的压力以及年轻人的高失业率,政府一般会采取推进技术教育和职业培训的对策,加纳也是如此。

职业技术学院存在着例如教师再培训、器材和设施的补充、与劳动市场的合作强化等各种各样的课题。职业技术学院与大学的目的不同,是要培养中坚技术人才,但事实上却成了接收考不上大学的学生的接漏盆。加纳政府不谋求改善职业教育的质量而只是扩大其规模,结果只会使职业技术学院的社会地位越来越低。职业技术学院应该强化与产业界的合作,让技能发展成为核心。不过,从过去的经验来看,以引进器材为中心的强化政策基本没有成功过。

职业技术学院的大学化,在不久的将来会成为一个话题。如果得到大学的称号是以能够与迄今为止的大学同台竞争为前提,那么与其固执于职业技术学院的独特性,强调其与其他大学的区别,不如以教育内容显示其特征从而实现大学化。这种做法也许是一个现实性的选择。但是,以现在的教育内容和职员结构来看,职业技术学院走上大学化之路还遥遥无期。

在1999年11月召开的援助会议上,加纳教育部提交的报告书中列举了如下几个困扰职业技术学院的问题(Ministry of Education,1999b:13):

(1)在课程内容和授课方法方面十分落后,很难完成从中等教育机构向高等教育机构的转变;

(2)缺乏能够与大学和工业界人才竞争的有教师资格的教员;

(3)职业技术学院整体的组织和管理制度十分落后,很难完成从中等教育机构向高等教育机构的转变;

(4)设施器材不足;

(5)教育的必要成本上升,但资金来源不足(1998年学生人均的全年支出下降至74美元);

(6)教育计划与劳动市场的关联不够紧密。

这份报告没有触及组织的运营改善和资源的有效利用,主要围绕有教师资格证的教员、器材、预算分配的不足等问题。这些只是表面上看到的问题,报告并没有公正地分析职业技术学院存在的内在问题。作为加纳政府的基本政策,1991年公布的《高等教育白皮书》中所陈述的事项都是加纳近期的情况(Republic of Ghana,1991)。

这份白皮书中,提出了作为高等教育改革目标的11个项目,具体如下:

(1)构建具有整体性的协调各方关系的高等教育体系;

(2)高等教育要与其他教育领域,以及国家的发展、教育政策相协调;

(3)使高等教育效率化,向增加的学生提供有质量的教育;

(4)依靠自身收入和民间支援增加高等教育机构的资金来源;

(5)提高女性比例,增加其接受高等教育的机会;

(6)依照国家需求,调整高等教育机构各专业的新生人数及毕业生人数,使其达到适当的比例;

(7)保证高水平人才和技术人员的供给平衡;

(8)在合适的高等教育机构中导入高级技术人才训练计划和课程;

(9)导入与人才(对国家发展有用的人才)培养需求具有联动作用的计划和课程;

(10)确保高等教育机构的人才供给与劳动市场需求间的平衡;

(11)改善所有高等教育机构的运营。

简单来说,就是要有效利用有限的资源,与国家整体的政策相一致,并且不断培养出适应劳动市场需求的毕业生。这成为摆在职业技术学院和大学面前的一道难题。

对于职业技术学院来说不利的是,教育部内部对其进行援助的体制并不健全。教育部中最大的组织是掌管初中等教育的加纳教育厅(Ghana Education Service,GES),职业技术学院和大学都是由高等教育的咨询机构高等教育评议会(National Council for Tertiary Education,NCTE)管辖的。高等教育评议会是一个非常小的组织,与拥有自治权且可以独立制订计划的大学处于同等地位。因此,对于刚刚发展起来的职业技术学院来说,没有能为其描绘今后发展蓝图并提供支持的部门组织。

4.5　围绕职业教育的社会环境

众多像加纳这样教育财政没有富余的发展中国家,并没有余力去适当扩充需要成本的技术教育。只用政府自身的资金来推进职业技术学院健全发展并不容易,因此,一定程度的国际合作是必要的。但是,国际合作的原则是基础教育优先。在加纳,众多国际援助汇聚在初中等教育领域,几乎没有国际组织对职业教育表示过关注并愿意进行援助。最近仅有的一次合作是世界银行与非洲开发银行对职业技术学院的器材与设备进行维修,这项活动作为高等教育项目的一环,是从1993年开始的。

将实践性教育作为职业技术学院的唯一特点是存在若干问题的。学生及其监护人在面对这样的学校时,反而更期待能够接受纯学术型的教育。职业技术学院是介于中等教育与高等教育之间的一种存在,其定位不鲜明。政府一般在失业率高的情况下,在政策上会倾向职业教育,但往往会导致输送人数多于雇佣岗位需求的毕业生(Middleton et al,1993:193)。

20世纪70年代,劳动力预测普及开来,人才培养计划也设立在此基础上。而Foster(1965)早在20世纪60年代就明确指出了在教育计划中设立职业教育的谬误。可以说Foster早就指出了职业教育的界限。他对中坚技术人才的培养和利用在现实中是多么困难做了如下说明。这一说明,对于思考如何开展职业教育有着丰富的启示。

> 发展的需求与实体经济所提供的雇佣机会,简单说来是没有关系的。但教育、培训计划是建立在这样的劳动力预测上的。这是一个非常大胆的计划,但该计划没有言及如果经济成长比预测要慢,则失业率就会更加高。众多接受了教育和培训的人,是绝对创造不出雇佣机会的。……计算每一个行业缺乏多少人才是徒劳的。劳动力预测的累计误差,会带来有限资源的误分配,其结果是有限的资源被投入高价的职业培训学校。制订劳动力计划,并基于此计划进行人才培养,几乎是行不通的。……非洲不需要那么多接受了高度培训的人才。关键是如何有效利用具备高技能的人才。事实上,很多技术人才都做着几乎与专业无关的工作。……非洲并不缺乏能够接受高度培训的候补者,非洲需要的是中等教育阶段中的一般教育。与其强加职业培训科目,不如重视理科、英语,这样将来在接受专业培训时也用得上。……最难的是中间层次的技术和职业培训。即使花费很多财力建立起这种层次的训练机构,入学的也只是没能考进大学做学问的人而已。大部分人把这里作为接受更高教育的踏板,如果不允许他们考大学就会引发骚动。(Foster,1965:153-155)

另外,世界银行指出,从技术教育和职业培训的经济效率来看,由民间主导的技能开发是最有效率的。

> 培养技术人才是为发展做出的重大贡献。如何有效利用雇佣者、私立和公立的训练容量,是具有挑战性的。民间部门的培训,即民间雇佣者在民间培训机构实施的培训,对劳动技能开发是最有效果、最有效率的方式。这种培训所需的必要经费低,劳动者掌握的技能能够自动应用到工作中。……为了应对快速的技术变化,为了提高技术类工作的生产率,理论知识是必要的。于是,能够促使再培训有效化的基础能力越发重要起来。为了提高劳动力的生产率和灵活性,性价比最高的办法就是投资于初中等教育程度的一般教育。(World Bank,1991:7-9)

这里引人关注的是,Foster 与世界银行发表文章的时间间隔很长,其所处的社会形势也有很大不同。但是,两者都是关于职业培训和技术教育的论文,作为结论之一,都提出了扩充初中等一般教育是最有效的"职业培训"。

在国际合作中,很难找到对职业技术教育进行援助的典型案例,其理由便是基于上述事例。而这些事例,也正是援助集中于初中等教育领域的原因之一。笔者已经反复提及,加纳职业技术学院的扩张,是政治决断的产物。对于现在这种政策,国际组织要从社会和经济观点加以讨论,要以中长期发展的眼光帮助受援国建立可持续发展的组织和制度。

4.6 职业技术学院的未来展望

在加纳,推动职业技术学院健全发展并不容易。在理论上,如果能够制订满足下列条件的职业技术学院扩张计划,则会向着实现职业技术学院健全发展的目标前进一大步。①其结果将不仅能够为加纳,而且能够为非洲各国探讨未来该如何开展职业技术教育提供一个好的经验。

(1)制订人才培养计划时不以政策为主导,而要符合现实的劳动市场需求。

(2)不给国家财政增添负担,而是有选择性地扩充职业技术学院。

(3)促使劳动市场适当地吸收增加的毕业生。

(4)加强与包括非正规部门在内的民间部门的合作。

在制订计划时,尤其该避免的是,制订政策主导的且缺乏可实施性的计划。不直视现实的理想型的基本计划是不被需要的。因此,对雇佣情况、经济成长率等进行预测只是一种辅助性的做法,不能完全依据这些预测进行分析。促进技术教育、培育人才也极有可能带来高学历者失业与失业率提高等形势进一步恶化的后果。另外,教育现场的多数教师对器材和设施的信任感是十分强烈的,他们认为引入新的器材可以带来教育质量的提升和毕业生就业机会的增加,因此在讨论器材等硬件设备时需要注意这一点。

最后,在讨论职业教育该如何为加纳的社会、经济发展做贡献时,需要依据如下基本视点:

(1)找出职业技术学院不同于大学的优势,树立其稳固的社会地位(并不否定未来职业技术学院的大学化);

---

① 在现实社会中,即使只满足这些条件中的一部分,也是十分困难的。

（2）引进民间资金,以建立不单纯依赖政府补助金的自立的职业教育机构为目标,建立有效的奖励制度;

（3）与民间企业合作,将自身定位为雇佣者的再教育机构,不断地根据社会需求灵活调整教育内容;

（4）大力推进与包括非正规部门在内的民间部门的交流;

（5）讨论开展教师培养、再培训的有效方法。

4.7　结语

加纳是较早完成初中等教育量的扩张的非洲国家之一,但其将提高入学率作为最优先保证的做法产生了一些问题,这些问题的出现是早于其他非洲国家的。一方面,技术教育总是被寄予过度的期望,理想上认为学习适当的技术能够创造雇佣机会,而且这些雇佣机会将成为工业化的基础,但事实上并没有充足的雇佣机会提供给中等教育毕业生。另一方面,很多非洲国家存在着理论科学比工学类的实用科学受欢迎的倾向,因此,要提高实践性教育的地位并不容易。特别是职业技术学院要和大学竞争,要获得比大学更高的评价,以现在加纳的社会结构来看,基本是不可能的。作为高等教育机构的职业技术学院的扩张并非依据经济需求,而是迫于政府的政治意图。加纳现在正直面这一问题,在不久的将来,非洲其他国家也会出现这种情况。

与职业技术学院一样,大学也是以年轻人为对象的高等教育机构。如何协调与大学的关系,是加纳职业技术学院最难应对的问题。经济低迷、雇佣机会有限,再加上在以学历决定工资的社会,职业技术学院要获得比大学更高的社会评价是非常困难的。因为是职业技术学院,所以无法成为比大学更具有魅力的机构,因此,如果要那么将职业技术学院大学化,那么可以考虑在此前提下充实职业技术学院的教育内容。这些问题是其他非洲国家早晚要面对和解决的。加纳便是其他非洲国家的"试金石"。

5　埃塞俄比亚
——初等教育量的扩大与质的改善

5.1　引言

全面普及初等教育(UPE)是国际社会共同的课题,联合国千年发展目标也把在2015年之前全面普及初等教育作为一大目标。很多非洲国家也将UPE作为独立后的国家发展目标之一。近几年,非洲的入学率虽然有了显著增长,但净入学率依然只停留在65%(2004年)的水平,与入学率第二低的阿拉伯国家的82%(同年)相比,仍然有很大差距(UNESCO,2006:26)。因此,即使不考虑教育质量,非洲国家要实现UPE仍然不是容易的事情。

2000年召开的"世界教育论坛"通过了《达喀尔行动纲领》,这份行动纲领反复强调了在实现UPE目标时提高教育质量的重要性。非洲各国的教育政策文件都提到了在接受教育的人数增多的同时改善教育质量是十分必要的。尽管如此,入学率低的国家,会将实现UPE解释为增加入学人数,会以入学率的提高为目标,将入学人数的增加放在最优先的位置。特别是像埃塞俄比亚这种单看入学率就处于非洲中下水平的国家,即使牺牲了教育质量,也要优先增加接受教育的人数。

为了帮助非洲国家实现UPE,国际社会展开了援助。对于援助组织来说,对UPE的进展进行适当地监测评价,确认援助物资是否得到了有效果且有效率的使用,是十分重要的。因此,必须制定出能够确认UPE进展情况的简单易懂的指标,以数值为依据。仅在口头上说"援助得到了有效利用"是没有意义的。现在,很多非洲国家推行的地方分权化政策也给初等教育的普及带来了影响。政府拨给地方的补助金是按照学生人数及学校数量规定的。因此,"数量"便成为非常重要的因素。在这种数量优先的情况下,为了改善教育质量而做出的努力很难得到正确的评价。

本章将首先整理迄今为止围绕入学改善和教育质量的讨论,然后基于地方分权政策和国际援助的影响,探讨在尝试同时实现教育量的增加与质的改善时,是怎样的机制在起作用。轻视质量,将数量增加作为最关心的课题放在优先地位,这种做法从长期来看,对于教育体系整体的健全发展是有害的。在2015年之前实现UPE,这一目标设定有没有将教育向更好的方向引导呢? 或者,有没有妨碍"确保质量"的初等教育的普及呢?

5.2 UPE政策及教育质量

5.2.1 关于改善教育质量的花言巧语

就学情况,一般以入学率或就学人数来评定。但是,这种指标显示的只是学校注册学生人数的比例和数量。如果人口统计不正确,入学率的可信度就会降低。其他指标,例如出勤率只能说明学生来学校了,并不能反映他们是否真的学习了。毕业率是经常被用作反映教育质量的一个指标,但即使"毕业"了也并不能保证学生具备了一定的学习能力,掌握了一定的生活技能。

关于"教育质量",给它下一个人人都能接受的定义是很难的,联合国教科文组织从"认知发展"和"情绪发展"两方面对"教育质量"加以阐述(UNESCO,2004:2)。通过考试来测定学生的学习程度是考察教育质量时常用的一个方法。有人批判说这种方法只是测定了"考试能力",但通过考试可以直接衡量学生的学习能力,能够较好地反映教育质量。以联合国教科文组织为中心做的关于世界各国学习程度的调查显示,发展中国家学生的学习能力低下(International Consultative Forum on Education for All,2000)。在这种情况下,国际非政府组织Oxfam(乐施会)制作了《乐施会教育报告》,报告指出:"在有些国家,完成了初等教育的学生的学习技能,与没有毕业的学生相比,只稍微好一点。"(Watkins,2000:105)而且还指出:"在部分撒哈拉以南的非洲地区,以多选题为题型的考试,考生的成绩基本上和随机选择做出来的一样低,这说明去学校上课基本没有价值。"(Watkins,2000:106)也就是说,除了部分优等学校之外,非洲各国的教育质量都十分糟糕,对于学生来说,如果不改善教育质量,那么就会缺失上学的意义。

联合国教科文组织国际教育计划研究所(International Institute for Educational Planning,IIEP)援助的南非教育质量监测联盟称,在马拉维,78%的六年级学生的读解能力连最低程度都达不到,能够达到期望值的学生仅占0.6%(Milner et al.,2001:61)。马拉维在实行免费初等教育制度之前,与埃塞俄比亚一样,入学率非常低,其毛入学率在免费初等教育制度实行之后(1994年)迅速提升,在1999年达到了158%(UNESCO,2002,245)。很明显,这种就学人数的激增,使得教育质量进一步下降。马拉维在财政状况恶化的情况下,出于政治原因实施了免费初等教育制度,但是"质量与数量并没有取得步调一致的发展"(Munthali,2000:35)。

最近围绕UPE的讨论,都是以《达喀尔行动纲领》中的协议内容为基础的。《达喀尔行动纲领》中提出了六大目标,其中有3点涉及教育质量,这3点从不同的方面反复强调了教育质量的重要性(UNESCO,2000)。这3点分别是,"在2015年之前……保证能够接受并且完成免费义务制的高质量初等教育","在2015年之前消除初中等教育方面的男女差异……特别是要确保女性能够完全平等地入学、学习,接受高质量基础教育",以及对所有目标进行概括的"改善教育质量的各个方面……确保优质教育"(下划线为笔者所加)。

然而,国际认知度非常高的联合国千年发展目标却没有涉及教育质量,只有"在2015年之前,所有儿童,不分男女,能够完成初等教育的全部课程"这样一句表述。难以进行国际比较和评价的教育质量,在联合国千年发展目标中被忽视了。在制定联合国千年发展目标时,制定者在设定目标(最终目标和具体目标)的同时,还设定了测定进展情况的指标。全面普及初等教育(最终目标),即在2015年之前,所有儿童不分男女都能够完成初等教育的全部课程(具体目标),其监测指标有3项:(1)初等教育的净入学率;(2)能够从一年级读到五年级的学生人数占一年级初入学时的人数比例;(3)15—24岁人群的识字率。但这些指标都没有体现出教育质量。如上所述,《达喀尔行动纲领》中反复强调的教育质量,在MDGs中只能从"完成全部课程"中隐约感觉到。

2005年版《全民教育全球监测报告》推出了关于教育质量的特辑,这说明教育质量已经是不容再被忽视的问题。每个国家的政策文件中都必定会言及教育质量的重要性,但是事实上,接受教育人数的增加,即入学情况的改善被放在最优先的位置,定义本身多样化且计量困难的教育质量则容易被忽视。《达喀尔行动纲领》通过之后,联合国教科文组织立刻开始致力于制定评价指标。但是,关于全民教育质量方面的指标化难以达成共识,联合国教科文组织坦率地承认"在保证教育质量的同时急切扩大学校规模是很困难的"(UNESCO,2004:126)。

对于国家来说,就学人数增加和入学率的上升是大目标,至于各个学校实际施行怎样的教育是顾及不到的。或者也可以这样说,即如果顾及质量的话,就无法实现UPE目标,因此国家特意对质量问题避而不谈。埃塞俄比亚等非洲国家的行政组织结构十分脆弱,在这种情况下再推进地方分权的话,教师的声音根本无法上传到中央,中央的支援也十分有限。于是,教育质量的责任问题变成要由各地方教育办公室和学校全权负责。

5.2.2 援助的效率性及评价主义

仅靠发展中国家自身的财政收入是很难实现UPE的,看一下这些国家现在的财政状况便能够明白这一点。但是,尽管国际社会在20世纪90年代施行了重视基础教育的国际援助,却几乎没有取得显著成果。于是,以世界银行为中心制定的,对没有外部援助就难以在2015年之前实现UPE的国家优先给予援助的"快车道计划"(Fast Track Initiative,FTI)被导入进来。埃塞俄比亚也是FTI对象国之一。FTI是为推进以EFA为最重点目标的UPE而采取的最大规模的国际援助。此外,还有很多必须解决的课题,例如,发展中国家学校有效利用资金的能力、对发展中国家主体性的尊重、对援助进展情况的评价监测方法等(北村,2004)。

FTI的特征之一,是批判迄今为止只将发展重点放在教育机会的扩大上,努力顾忌教育质量,在对策框架的设定目标中,明确指出平均1名教师所对应的学生人数和留级率(World Bank,2004)。但是,从埃塞俄比亚等非洲各国的校园实际情况来解读这两个指标,会发现它们基本和教育质量没有关系。例如,即使是公立学校,因为没有根据居住地划分的学区制度,学校的好坏是依据初等教育毕业时的统一考试的成绩来判断的。好学校自然会聚集更多优秀的学生,从而会形成人数众多的班级。在偏僻地区的小规模学校,1名教师所对应的学生人数较少,但是学生接受的教育质量并不高。另外,留级率与教育质量并没有相关性,不能说留级率低教育质量就高。相反,教学质量差的学校的校长对学生的学习不关心,从而留级率低,这种情况也是存在的。对于这些批判,世界银行承认"(FTI的)对策框架有必要根据对学生学习和课堂质量的检测来完善"(World Bank,2004:6),但是质量无法计量化,围绕教育质量的课题依旧没有得到解决。

在形成国际合作项目的过程中,一般要事先设定好具体的实现目标和对其进行评价的指标。项目实施过程中和项目结束时,从数字上能够看到其成果是最理想的。10年后效果才显现出来是没有意义的。这种做法是出于对之前很难看到援助效果这一情况的反省。但是,以量为标准来捕捉教育质量的变化是很困难的,另外,如果以学生的学习能力来评价项目,很多时候会发现援助效果并不明显。再加上,在地方分权化的进展过程中,分配给学校的补助金多是以学生人数为标准定下来的,在组织制度上并没有促进教育质量改善的奖励机制,因此,对教育质量差的学校来说,不管是否改善教学质量,都能拿到同样多的补助金。对教育质量最敏感的是家长和学生本人,家里经济条件好的孩子,为了谋求质量更好的教育会转学,余下的孩子只能待在原来的学校,继续接受劣质的教育。

5.3 初等教育的现状与课题

埃塞俄比亚的初等教育,在 EFA 成为国际社会目标的 1990 年,毛入学率只有 32%(来源于世界银行教育统计数据库 EdStats),其教育普及水平在世界上是最低的国家之一。埃塞俄比亚在 1994 年成立了联邦政府,联邦政府发布了新的教育培育政策,进行了针对教育体系整体的根本性改革,即导入 4—4—2—2 学制。具体内容是:将初等教育由 6 年制改为 8 年制(7—14 岁),将中等教育分为普通中等教育(9—10 年)和预备中等教育(11—12 年)。这次教育改革的主要目的是以下 4 点:①重视以学生为中心的学习和解决问题技能的习得;②确保技术职业教育培训的灵活性;③将母语作为初等教育的教学语言;④一至四年级的所有主要科目由班主任教授(World Bank,2005:25)。这种结构性的改变,以及要促进民主化和有效运营的目标,共同促使了地方分权政策的导入。

埃塞俄比亚的教育统计是做得比较好的,教育部每年都会把教育统计编制成册并进行公布。表 5-1 是每 3—4 年一次的初等教育基本统计。最近 7 年就学人数增加了 1.2 倍,教师人数增加了 0.6 倍,学校数量增加了 0.5 倍。因为教师人数的增加赶不上就学人数的增加,因此,学生人数与教师人数的比例在增大。在8 年的初等教育中,最初的 4 年被称作第 1 周期(基础教育),接下来的 4 年被称为第 2 周期(普通初等教育),两个周期整体的毛入学率约 80%,但仅看第 2 周期的话,入学率仍然较低,只有 50% 左右。此外,作为联合国千年发展目标评价指标之一的学生到五年级时的留存率,为 51%—54%(World Bank,2005:47)。

表5-1　埃塞俄比亚初等教育基本统计

项目	年份		
	1997—1998	2000—2001	2004—2005
就学人数(人)	5090670	8144337	11448641
教师人数(人)	109237	121077	171038
学校数(所)	10752	11780	16513
毛入学率(%) (1—4年) (5—8年) (1—8年)	— — 41.8	83.0 30.8 57.4	102.7 52.5 79.8
班级平均人数(人)	60	70	69
学生与教师的人数比	47∶1	60∶1	66∶1
女学生占比(%)	36.7	40.3	44.2
女教师占比(%)	27.2	30.3	35.6

资料来源:Ministry of Education(2002b:23),Ministry of Education(2005a:24)。

　　教育改革(1994年)之后的10年间,毛入学率增加了2倍(见表5-2)。而净入学率在2005年才终于超过了50%,但学龄儿童仍然2人中有1人上不了学。[1]另外,区域差距也非常大,阿法尔州和索马里州是干旱地区,游牧民多,这两个州的净入学率分别只有12.6%和21.4%(2004—2005学年),与两州的净入学率相比,首都亚的斯亚贝巴的净入学率高达96.2%(Ministry of Education,2005a:5)。

表5-2　埃塞俄比亚初等教育入学率男女各自变化情况(1994—2005年)

单位:%

项目	年份											
	1994	1995	1996	1997	1998	1999	2000	2001	2002	2003	2004	2005
毛入学率(全体) (男) (女)	31 39 23	37 48 27	43 55 30	41 52 30	— — —	59 72 45	63 76 51	69 80 58	72 82 61	73 83 63	77 85 69	93 101 86

---

[1] 埃塞俄比亚教育部统计(Ministry of Education,2005a:5)并公布的数值比世界银行数据库提供的数值要高。2004—2005学年的净入学率为68.5%(男性73.2%,女性63.6%)。

续　表

项目	年份											
	1994	1995	1996	1997	1998	1999	2000	2001	2002	2003	2004	2005
净入学率(全体)	23	28	32	35	—	33	36	40	42	42	46	56
(男)	29	35	39	44	—	38	41	44	45	46	49	58
(女)	18	21	24	27	—	28	32	36	38	39	44	55

注:一字线部分表示无当年数据。表5-2与表5-1资料来源不同,因此毛入学率数据有出入。
资料来源:本表是笔者依据世界银行教育统计数据库(EdStats)制作而成。

　　国际上经常会有一些以是否达成EFA和UPE为基准进行的国别比较,埃塞俄比亚在这样的国别比较表中,入学率是排在最低等级的。但是,埃塞俄比亚的教育质量,尽管无法以数字体现,但从其授课内容来看,绝对不比周围国家低。与非洲小学生的平均水平相比,埃塞俄比亚小学生的教科书持有率(平均2.5人/册)较高(Ministry of Education,2002a:16),而且教科书不仅有用官方语言英语及阿姆哈拉语编写的,还有用方言编写的。[1]在埃塞俄比亚,65%的小学有教材室(Ministry of Education,2005a:21),教材不是购买来的,而是教师按照自己的想法自费制作的。最重要的是,几乎所有埃塞俄比亚的小学教师都接受过10年以上的学校教育(1995年数据),这种情况在其他低收入国家是难以想象的(UNESCO,2004:109)。这种学习环境和教师的努力,证明了只用入学率这种量化的数字来评价教育普及程度的局限性。

　　国际社会一直在强调教育的量的扩大和质的改善这两者的重要性,但实际上却多是用入学率来测定UPE的完成情况,对教育质量的测定则是应付了事。例如,世界银行是以经济学家为中心的组织,对学校的活动内容并不太关心。他们认为,相对于各国的GNP[2],埃塞俄比亚的学生人均经常性支出比其他国家要高,因此,埃塞俄比亚是要被批评的,这种高成本反映出埃塞俄比亚教育的根源性问题是效率低下。[3]认为埃塞俄比亚的教育成本过高,教育质量过低,这样的

---

[1] 在肯尼亚等众多官方语言为英语的非洲国家中,尽管政策规定小学低年级要用母语教学,但教科书全都是用英语编写的。

[2] GNP与国民总收入(Gross National Income,CNI)基本是同一概念,但从2000年开始,GNI替代了GNP被广泛使用起来。

[3] 据笔者与世界银行埃塞俄比亚事务所教育担当官员的面谈(2004年4月),埃塞俄比亚人均初等教育经费过高,其金额是坦桑尼亚的4倍,乌干达的2倍。而且,在GNP(GNI)中初等教育预算所占比例超过了7%。埃塞俄比亚的初等教育从经济指标来看效率是很低的。但是,以人均GNP为基础进行教育成本的国别比较是否恰当,仍存在争议。在非洲,埃塞俄比亚人口仅次于尼日利亚,GNP原本就很低,因此不能单纯以人均GNP做比较。

经济分析也成为打击埃塞俄比亚改善教育质量积极性的一个原因。

5.4　教育领域发展计划

现在,援助埃塞俄比亚教育发展的核心力量是世界银行、联合国儿童基金会、USAID等援助组织。1994年埃塞俄比亚联邦政府公布了推进"教育训练政策"的"教育领域发展计划"(Education Sector Development Program,ESDP),这是个五年计划,始于1997年,这之后援助组织的工作便正式开始了。这个计划现在被称作ESDP Ⅰ。该计划的核心目标是在2015年之前实现UPE,并把消除男女差异和区域差异作为优先课题。该计划最大的目标是将初等教育就学人数从310万人增加到700万人,使毛入学率达到50%。在ESDP Ⅰ实施的5年间,毛入学率由41.8%(1997—1998学年)上升到了61.6%(2001—2002学年),取得了很大成果(Ministry of Education,2002b:23)。

ESDP Ⅱ是继ESDP Ⅰ之后,于2002年7月开始的三年计划。ESDP Ⅱ的基本文件是《规划行动计划》(Program Action Plan),其中明确提出要采用"全领域方式"(Ministry of Education,2002a:4)。①这一计划虽然将初等教育作为最优先课题,但对中等教育和高等教育也给予了一定篇幅,其中,对初中等教育的质量改善尤为重视(Ministry of Education,2002a:4)。另外,ESDP Ⅱ继续沿袭ESDP Ⅰ的战略,将消除男女差异和区域差异作为重要课题。

ESDP Ⅰ及ESDP Ⅱ中关于初等教育的主要目标值和实际成绩见表5-3。由表5-3可以看到,埃塞俄比亚在就学方面取得了超出目标值的成绩,但在降低辍学率和增加有教师资格证的教员比例这两方面并没有取得如期效果。而在留级率方面,如果学校重视升学率,那么即使不努力提高教育质量也可以降低留级率。另外,居民对教育的参与度虽然得到了很大提高,但还做得不够,今后要通过设置学校运营委员会来加强学校运营,这是源自ESDP Ⅰ的经验。因此,ESDP Ⅱ的基本战略是促使共同体充分发挥潜在的能力和活力。基于此项国家计划,各州、县都制定了执行计划方案,但出现了种种问题,例如,目标设定没有考虑实际情况而是过于理想化,过程监测和报告做得不好,等等(Joint Review

---

① "全领域方式"即对所有教育领域实施援助,是实施ESDP Ⅱ的前提,这在"规划行动计划"的卷首就明确规定了。但是,在埃塞俄比亚,全领域方式并不是以中短期的援助资金储备制度和财政支援为目标的。如果相关援助组织能够依照埃塞俄比亚方面制订的教育领域发展计划——ESDP施行援助,那么就会实现名副其实的"全领域方式"。

Mission, 2006：vi）。

表5-3 教育领域发展计划（ESDPⅠ和ESDPⅡ）评价结果

指标		ESDPⅠ			ESDPⅡ		
		1995—1996年（基点）	2001—2002年（实绩）	2001—2002年（目标）	2000—2001年（基点）	2004—2005年（实绩）	2004—2005年（目标）
1. 预算	·教育预算比例	13.7%	—	19.0%	13.5%	16.7%	19.0%
2. 入学	·入学人数或毛入学率（全体）	3788千人	12087千人	12595千人	57.4%	79.8%	65.0%
	·毛入学率（男）	—	—		67.3%	88.0%	72.8%
	·毛入学率（女）	—	—		47.0%	71.5%	57.0%
	·学校数	3788所	8144所	7000所	11780所	16513所	13201所
3. 质量	·有教师资格证的教员比例（一至四年级）	85%	95.6%	95%	96.6%	97.1%	99.0%
	·有教师资格的教员比例（五至八年级）	20.9%	25.5%	54.4%	23.9%	54.8%	80.0%
	·教材持有量	2273千册	—	51000千册	2.5人/册	2.0人/册	1.0人/册
	·学习程度（四年级）	—	—		47.0%	48.5%	50%
4. 效率	·班级平均人数	52人	73人	50人	70人	69人	60人
	·辍学率（一年级）	28.5%	27.5%	14.2%	27.9%	22.4%	14.2%
	·辍学率（全体）	8.4%	16.2%	4.2%	17.8%	14.4%	8.9%
	·女性平均辍学率	—	—	—	16.9%	13.6%	8.5%
	·平均留级率（四至八年级）	12.8%	10.5%	6.4%	10.3%	5.3%	6.4%
	·女性平均留级率（四至八年级）	16.2%	13.6%	8.1%	13.4%	6.2%	8.1%
5. 公正度	·毛入学率	16.2%	13.0%	25.0%	—	—	—
	阿法尔州	—	—	—	11.5%	20.9%	20.0%
	索马里州	—	—	—	10.6%	23.3%	20.0%
	·女性入学者占比	38.0%	41.4%	45.0%	40.3%	44.2%	43.3%

注：本表只选取了与初等教育相关的部分。在ESDPⅠ中，入学率和教材持有量未被作为考察指标。需要特别注意的数值加了下划线。一字线部分表示无该数据。

资料来源：本表是笔者依据Ministry of Education（2002b：22；2005a：23；2005b：15）制作而成。

在教育领域发展计划的监测评价指标中,确实有"质量指标"专项,但其中的增加有教师资格证的教员比例与改善教学法相关,与提升学生学习效果并无关联。例如,将ESDPⅡ的基点(基准线)和计划实施后的实绩相比较,有资格(文凭)教授初等教育第2周期的教师的比例,实绩比基点增加了1倍以上。但是,以八年级学生为对象的学习程度评价结果,反而从48.5%(1999—2000学年)下降到了47.9%(2003—2004学年)(Ministry of Education,2005b:15)。

ESDPⅡ联合评价(2005年10月实施)的最终报告书指出,入学方面确实实得到了改善,特别是共同体对学校建设做出了很大贡献,这直接促使了2004—2005学年入学率的急速上升(Joint Review Mission,2006:v)。另外,为了实现UPE,今后也有必要顾及游牧民的孩子、孤儿和残疾儿童。关于教育质量,如果除人工成本外的经常性费用开支跟不上就学人数的增长速度,那么不要说改善教育质量了,就连维持现在的质量都很困难,因此,必须迅速采取有实效的方法来解决这一问题(Joint Review Mission,2006:v)。

5.5　地方分权化政策与教育质量

教育的地方分权化,是关系到ESDP整体的最重要的基本方针。分权化问题,不仅是埃塞俄比亚,也是很多非洲国家所直面的问题。但是,现在正在实施的分权化政策,倾向于将入学率等可用数值测定的教育的量的扩大放在最优先位置。ESDPⅡ的基本战略是促使共同体充分发挥潜在的能力和活力,于是学校和共同体的作用变大了。但是,联邦教育部还没有充分形成能够为学校和共同体的教育活动提供必要资金和技术指导的体制。以加纳为例,"中央政府官员心里想的是,如果实施地方分权化,那么中央政府就可以不用参与过程复杂的援助工作了"(Chapman et al.,2002:189)。如果分权化政策能够顺利发挥作用,则可以有效利用有限的资源,改善教育质量,但事实上这一理想并没有实现。

联邦教育部2002年制定了《教育管理·共同体参加·教育财政指导方针》,并分发给了各学校校长和各地教育委员会会长(Ministry of Education,2002c)。指导方针中提出了以提高教师工作效率为中心的有关校方(教师和学生)行为准则的一系列问题。这一指导方针,详细规定了上至联邦教育部、州教育局,下至各个学校的各自的责任和作用。

这一指导方针中关于教育质量的记述如表5-4所示。在分权化政策的指导下,联邦教育部设定了国家基准,并对州教育局实施技术方面的援助。将不同等级的教育行政部门所担负的职责进行比较,州和地区的职责是关于接受研修的教师人数、教科书的发放数量等这些输入型的可以计量的内容,而县和学校的职责是输出型的,无法用数字表示,它承担的只不过是为了维持和改善教育质量的一般性责任而已。但正因为如此,要履行好这一职责反而很难。关于教育经费,政府鼓励各个学校增加自身收入,并明确表示"解决经常性支出、学校建设和设备、教师工资的资金不足的最后手段才是政府预算"(Ministry of Education,2002c:56)。整笔补助金由政府通过县议会拨给县教育办公室,再按照学生人数分配给各个学校(Ministry of Education,2002c:60—61)。这种机制看上去是十分妥当的,但学校为了得到更多的补助金,会把接受更多孩子入学放在优先位置,而忽视改善教育质量。

维持教育质量的责任被委托给了共同体。上述指导方针中有如下记述:"父母、家庭、社会对教师的工作效率进行评价,并通过建设教室、提供教材等活动,起到维持教育质量的重要作用。"(Ministry of Education,2002c:48)[1]但是,伴随着分权化政策的推进,提高共同体的参与度很有可能会成为榨取贫困度高的共同体的人力和财政资源的手段(Rose,2003)。

表5-4 与教育质量相关的不同等级教育行政部门所担负的职责和作用

不同等级教育行政部门	关于教育质量的职责和作用
联邦教育部	为保障教育质量和提供平等的教育机会而实施援助
州教育局	举办小学教师研修活动,保障联邦教育部设定的标准教育
地区教育部	调整教科书和教学器材的分配,实施技术性、专业性援助
县教育办公室	对县和地区(1974年埃塞俄比亚军人政府建立的城市统治基本单位)的教育监管进行强化,对教育质量的维持进行确认
学校	遵从教师职业伦理,有效完成任务。为提高职业效率,提供研修和经验共享计划,使教师掌握知识,提升自我认知、技能和创意能力

注:地区教育部将来会被废除。

资料来源:引自Ministry of Education(2002c:5—10)的对应部分。

---

[1] 例如,奥罗米亚州教育局的部分相关人员认为学校建设就是教育发展目标,他们不讨论教育质量,只关注新建学校的"数量"。

5.6　量的扩大和质的改善的此消彼长

发展中国家正在进行的地方分权化，以及援助组织对援助项目监测评价的重视，是非洲教育发展过程中的普遍现象。这两者统合的结果是将量的扩大放在优先位置，而教育质量的改善则被推后。教育质量的重要性在国家政策层面上确实一直被强调，但实际上从未被优先考虑过。即使入学率已经很高的亚洲国家也存在这种情况，但此处不做讨论。像埃塞俄比亚这样入学率明显低的国家，这种倾向更加明显。关心教育质量的是家长、学生这些直接受益者，但并没有制度确保他们的行动受到政府支持，也没有制度来促进教育质量的提升。上述内容的关系简图如图5-1所示。

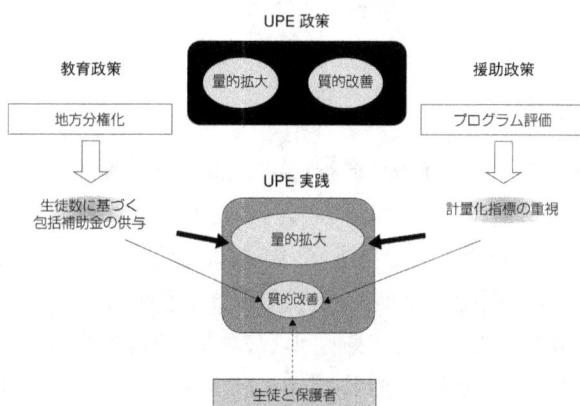

图5-1　UPE目标下量的扩大和质的改善的关联[①]

现在围绕EFA的议论偏重于初等学校教育。"为了实现UPE，政府等只关注送进学校的学生人数这种量的指标，而忽略了为什么要送他们接受教育这一更加重要的问题。"（King & McGrath，2002：75）也就是说，要搞清楚EFA和UPE到底是为了谁，为了什么。就学人数的进一步增加对国家来说是有意义的，但在这

---

① 图5-1中「教育政策」「地方分権化」「生徒数に基づく包括補助金の供与」「UPE政策」「量的拡大」「質的改善」「UPE実践」「生徒と保護者」「援助政策」「プログラム評価」「計量化指標の重視」对应的中译文分别是"教育政策""地方分权化""基于学生人数的整笔补助金的发放""UPE政策""量的扩大""质的改善""UPE实践""学生和家长""援助政策""计划评价""重视计量化指标"。（译者注）

种只重视量的扩大的背景下,会出现很多孩子没有掌握基础学习能力就毕业的情况,这样的援助并没有帮助他们实现自我。

在以埃塞俄比亚为代表的众多非洲国家,很多时候政府只关注UPE的量,即入学率。教育质量问题尽管也被认识到了,但如何付诸行动还没有制度上的保证。UPE的量的实现的确很重要,但无视教育质量,只会给教育系统整体发展带来阻碍。如果只是一味地增加数量,那么像20世纪90年代实行了免费初等教育制度的马拉维、乌干达那样在短期内实现UPE,也并非很难的课题。但是,一旦普及了质量差的教育,要改变它比同时进行量的扩大和质的改善更困难,南非的事例已经证实过这一点了(泽村,2003)。把量的扩大放在最优先位置会牺牲教育质量。过分关注眼前的数字,就无法充分讨论何为教育这一本质问题。教育的量的扩大和质的改善不应该是此消彼长的关系,但现在地方分权化政策与援助计划的评价主义合为一体,推动了这一关系的进一步加深。

5.7　结语

所有的国家都实现UPE,是国际社会共同的发展目标。尽管大家都知道教育质量的重要性,但在入学率低的国家,就学人数的增加,即就学情况的改善被放在最优先地位。就学人数的急速增加给教育系统整体带来了难以承受的负荷,但各国教育部和援助组织都把这种数字的增加理解为是成果,而没有将孩子所接受的教育质量的恶化作为切身的问题来对待。为了不给教育系统整体带来过度负担,各国应该分阶段地进行以实现UPE为目标并适应本国社会经济状况的尝试与努力。

从埃塞俄比亚的事例中可以看到,在数字优先的背景下,教育的地方分权化、援助组织的评价主义、由就学人数决定补助金数量的做法、重视援助资源利用率的程度都会影响教育的发展。在这种情况下,易于计量的就学人数的增加被放在优先位置,而对于改善教育质量则鲜少有人重视。在埃塞俄比亚,依靠自助努力制作教材的教师的能力之高,在其他非洲国家是看不到的,但是也没有组织对这种无法用数字计量的教育文化进行正当的评价和支援。

初等教育是国家的根基,与文化和主权紧密联系,政府需要以长远眼光来制订初等教育发展计划。但必须注意的是,初等教育的发展有可能被国际援助所妨碍,有可能会出现阻碍教育系统整体平衡发展的情况,还有可能会出现轻视教育质量的情况。

6 肯尼亚
——考试中心主义的初等教育

6.1 引言

关于 UPE 的讨论起源于 1990 年召开的"世界全民教育大会"。在又被称作宗滴恩会议的这次大会上,基础教育的重要性被重新认识,人们的"基本学习需求"(不只限于学校教育)这一新概念被提出。本次大会通过的《世界全民教育宣言》第一条中指出:"必须为所有人,包括儿童、青年、成人,提供满足基本学习需求的教育机会。"会议整体的基调聚焦于教育对于个人的价值、意义及效果。

但是,在 20 世纪 90 年代的 EFA 国际思潮发展过程中,将以人为本的学习意义作为出发点的 EFA,在作为具体的国际发展目标被转化为政策的过程中发生了变质,变为只以 UPE 为目标了。为了实现这一目标,评价监测被严格实施。作为评价监测的指标,最受重视的是初等教育的净入学率和毕业率。教育质量的重要性大家都知道,但是很难对"质量"下统一的定义,再加上国别比较和对各国的监测也很难进行,因此,质量问题很少受到关注。虽然也有对学习程度进行部分评价的尝试,但主要围绕教育费用、平均 1 名教师所对应的学生数、教科书的普及度等。

尽管如此,各国教育部及援助组织相关人员在意识上仍然只关注就学人数和入学率,至于学生到底学了什么,毕业后过着怎样的生活,他们就不关注了。说得极端一些,可以说是为了实现目标,而把学龄期的孩子强塞进学校。造成上述情况的很大一个原因是非洲各国的教育界具有上情下达的传统,即教育部将命令和指示传达给学校。在这种传统背景下,除了工资问题,教师的声音上传不到中央,而教育部的官员向来也都不了解学校的实际情况,不关心这方面的问题。

如上所述,UPE 已成为国际社会共同的课题,但学生所受的教育到底是怎样的,除了课程内容,其实际情况迄今为止并不太受关注。通过持续的学校现场调查可以看到,实际上正在施行的教育,其目标已经不是"基本学习需要""儿童的权利"所描绘的"教育"了,现行的教育目标是为了升中学,即在初等教育毕业时的国家统一考试中取得高分。而受此考试制度影响的学校,自然变成了为拿高分的补习班。因此,在考察初等教育的时候,必须讨论这类考试的实际情况。但是,迄今为止,正如泽村(2006)在谈到学历社会中以考试为中心的学校教育时所说的,考试的实际情况基本处于不明朗状态。

本章以肯尼亚小学为例,以毕业时国家统一毕业考试为中心,分析该考试在学校的实施情况,考察这种考试制度是如何影响正常的教育活动和教育质量的,是如何使学校之间产生差距的。

6.2　肯尼亚初等教育毕业考试概要

肯尼亚初等教育毕业考试(Kenya Certificate of Primary Education,KCPE)是以小学八年级学生为对象,在11月上旬举行的为期3天的国家统一考试。考试人数每年都在增加,2005年超过了67万人(考试登记人数)(Kenya National Examination Council,2006:ii)。KCPE的作用并不是判定学生是否达到了完成小学教育的水平,它实际上是判定学生能否上中学的选拔考试。公立中学分为国立、省立、县立三类,考生要进入国立中学(以内罗毕为中心,全国共15所)学习必须在KCPE中取得相当高的分数才行。考试在考生就学的小学举行,试卷在考试当天早晨由警察押运,整场考试在戒备森严的状态下进行。

与1985年教育改革(将初等教育延长至8年,即"8—4—4学制"的导入和将职业教育列入教学课程)同时导入的KCPE制度,最初是考7门科目(英语,斯瓦希里语,数学,科学/农业,地理、历史、公民/宗教,美术、工艺/音乐,家政学/商业),1999年依照Koech报告的建议(Republic of Kenya,1999:283),从2001年开始,考试科目减少至5门(英语,斯瓦希里语,数学,科学,地理、历史、公民/宗教)(Kenya National Examination Council,2001:ii),这样做的主要目的是为了削减教育费用。①

KCPE科目和题型如表6-1所示。除了英语和斯瓦希里语的作文题之外,其余都是采取四选一的填涂答题卡的方式。宗教考试可以从基督教、伊斯兰教、印

① 被通称作Koech报告的报告书,其命名源自1998年设立的教育制度咨询委员会委员长(D.K.Koech)的名字。在收集普通国民意见的基础上提出建议是这份报告书的特点。为了挽救当时处于危机状况的教育,这份报告书提出了558个提案,但目前为止得以施行的并不多,将KCPE的科目数减少便是其中的成果之一。

度教中自行选择。考试是以考察知识掌握为中心的,与思考能力关系不大,数学考试和科学考试都是连续50个独立的小问。考试时间比平时上课时间(一节课35分钟)要长,依据具体科目,要考1小时40分钟至2小时20分钟不等。除斯瓦希里语考试之外,其他考试试题使用的都是英语,在科学、数学考试中,如果不能充分理解英语的含义,就不知道试题在问什么。另外,作文所占的分数很多,一般是话题作文,考生可以较为自由地书写。例如,2005年的英语作文题目如下:

The following is the beginning of a story. Write and complete the story. Make your story as interesting as you can. I had never been told such a funny story before. I laughed until tears came to my eyes. This is the story...(Kenya National Examination Council,2006:9)

表6-1　KCPE科目一览

科目	题型:时间	题目数量(原始分数)
英语	选择:1小时40分钟 作文:40分钟	50题(50分) 1题(40分)
斯瓦希里语	选择:1小时40分钟 作文:40分钟	50题(50分) 1题(40分)
数学	全选择:2小时	50题(50分)
科学	全选择:1小时40分钟	50题(50分)
地埋、历史、公民/宗教	全选择:2小时15分钟	地理、历史、公民:60题(60分) 宗教:30题(30分)

注:选择题是四选一形式,各科目得分按照100分满分进行换算,5门科目满分为500分。
资料来源:Kenya National Examination Council(2006)。

作文给分能有多少客观性呢?"尽量写一个有趣的故事",题目中只有这一个要求,这也许是考查考生的语言能力和思考能力的最佳方式,但不同的阅卷老师之间或者同一阅卷老师能够自始至终保持一致的给分基准是极其困难的。与单选题50题50分相比,一道作文题就有40分,这能在多大程度上保证给分的公平性? 这是十分令人担心的。

KCPE的结果一般于12月圣诞节(25日)结束之后到年底(31日)之间由教育

部长公布,并通过媒体"大张旗鼓"地报道。获得全国最高得分的学生的照片
(经常是和父母一起)通常会作为头版头条刊登在报纸上。例如,2005 年 12 月
30 日的 Nation 报纸上,登载了全国状元和他父亲的照片,另外,还刊登了全国前
100 名和各省前 100 名考生的考号、姓名、性别、排名。像这样榜上有名的考生
只是一小部分,绝大多数考生要自行去毕业的小学查看各科成绩和总分。分数
和等级如表 6-2 所示。KCPE 并不是用来判定学生成绩是否合格的,因此,考试
结束便意味着学生从小学毕业了。但是,小学毕业生中能够升入中学的,只有
46.7%(2002 年)的人(Ministry of Education,Science and Technology,2005a:
12),过半的小学生只是参加了 KCPE,得不到继续接受教育的机会,最终只体会
到了挫败感。[1]

表6-2　KCPE各科目评分等级

分数	等级	评价
80分以上 75—79分	A A-	优
70—74分 65—69分 60—64分 55—59分	B+ B B- C+	良
45—54分 40—44分 35—39分	C C- D+	中
30—34分 25—29分	D D-	差
25分以下	E	很差

资料来源:Express Communications Ltd(2005a:38)。

　　这样的 KCPE 给小学生带来了怎样的精神压力,阅读下面这篇文章就可以知
道了。

---

[1] Saitoti 教育部长在记者见面会上表示,2007 年升入中等学校(准确来说,是取得入学资格)的学生人
数达到了 KCPE 考生人数的 60%,2008 年要促使这一比例达到 70%(Saitoti,2007)。这是以政策拉
动的方式增加升入中学的人数,可以预想今后会出现教育质量低下的情况,同时会对高等教育形成
压力,迫使高等教育扩大规模。

肯尼亚小学八年级学生的残酷磨难

一想到最后的KCPE,我就害怕,这是我感到最可怕的事。我不知道自己会取得什么成绩,为此我十分害怕。我到底会经历怎样的幸运或悲伤呢?

考试在11月进行,没有人相互问问题。大家都只关注自己的事。即使所有考试都结束了,我仍然感到害怕。神啊!我能考多少分呢?12月学校放假了。本应是快乐的假期,但我心里却高兴不起来。恐惧一直纠缠着我。12月末教育部长公布成绩。结果会怎么样呢?我心里充满了恐惧。过几天我就要去学校拿成绩、见朋友,除此之外我们还得等中学的录取通知书。能够进入好的公立学校学习的只有极少数的优秀学生。这又是另一种恐怖。

新年到了,我却没有迎来幸运。接下来要发生的事情会左右我的未来,我的恐惧感仍在蔓延。过些时日我就要回到以前的小学。我觉得从看到校门的那刻起恐惧就会向我袭来。我会像乌龟一样慢慢地挪到校长室。如果没有通知书,回到家父母问我被哪所学校录取了,我只有满脸悲伤。如果有通知书又会怎么样呢?也许进不了想进的学校吧,太可怕了!为了上好学校,要给父母添多大的麻烦啊!如果我考试不及格的话,父母也许会为我找一所好的私立学校吧。但是,校长是不容许我考不及格的。

这就是我感到最可怕的事。

Janet Wang Mwangi(14岁),Muthaiga小学

(Mwangi,1999:55)

小学生们是如此惧怕KCPE,但教育部门会依据KCPE的结果,将小学按照全国、省、县、乡、村进行排名。这一排名刊登在报纸上,会助长以排名决定学校好坏的风气,因此2003年之后,报纸上不再公布排名了。但是,各地区的教育办公室至今依然在根据各个学校的KCPE平均分制作排名表,这些排名表成为评价学校优劣的重要资料。对于家长来说,这些排名表是判断学校好坏的比较值得信赖的信息。因为肯尼亚没有根据居住地划分学区的制度,学生成绩好的学校(除城市之外,寄宿制学校占了大部分)即使地理位置偏僻,也会吸引来自热心于教育的家庭且学习意愿强的孩子。学生成绩差的学校,家长对校长的评价就会下降,教师也会被一部分家长以怀疑的眼光来看待。对于私立学校来说,学生在

KCPE中取得高分从经营角度来看也是很重要的。

6.3　以应试教育为中心的校园生活

对于校长和教师来说,每年的KCPE结果是他们最关心的事,因此校园生活自然是以应试教育为中心的。教师的日常授课方式也受到了考试内容的很大影响。试题是考知识的,因此,传统的以教师为中心的授课方式最有成效,如果导入以学生为中心的教学法则无异于自杀行为。学生们顺从地在拥有绝对权威的教师指导下学习,无法自由地提问。看一下期末考试成绩就会明白,除了一部分好学校的学生之外,很多学生学习差到连问题问的是什么都看不懂。

在教学课程方面,教育部规定了各个科目的学习时间(见表6-3)。不属于KCPE科目的艺术课、体育课,基本只存在于贴在校长室、职员室墙上的课程表中。特别是小学三年级之前,班主任一人承担了所有科目的教学任务,实际上教什么是由班主任决定的。以前曾经有过老师因为公事或私事不上课的情况。但是,KCPE成绩排名在前的学校,一定会给八年级学生安排补习。补习材料为KCPE的历年试题。学校除了在假期安排补习,在早晨、午休、傍晚时也会安排补习(寄宿生晚上也有补习)。

表6-3　新教学课程各科目学习节数(每周)

科目名称	一至三年级 (1节课30分钟)	四至八年级 (1节课35分钟)
英语	5	7
斯瓦希里语	5	5
数学	5	7
科学	2	5
社会	2	5
宗教	2	3
母语	5	——
艺术	3	3
体育	5	4

续　表

科目名称	一至三年级 (1节课30分钟)	四至八年级 (1节课35分钟)
田园课程	1	1
合计	35	40

注:新教学课程从2003年开始导入。首先在一年级和五年级实施,2004年在二年级和六年级实施,以此类推,2006年在所有年级全面展开实施。田园课程是宗教教育的一环,和单独作为一门科目的"宗教"不同。

资料来源:Ministry of Education & Science and Technology(2002:vi)。

　　校长室和职员室里张贴着历年的KCPE成绩。学生到了八年级就要定下来需要达到的目标分数,每个月都要参加很多考试。学校里留存的在籍学生的资料,不是学籍册和出勤册,而是KCPE成绩单和每学期的考试成绩。学校里基本没有保留毕业生的数据,但一定有用电脑打印出来的KCPE成绩一览表。即使校长调任了仍然每年都会这么做,并把该表格保存得非常好。在免费初等教育制度实行后,要求政府承担KCPE报名费(300先令,约4美元)的呼声很高(Ministry of Education,Science and Technology & UNESCO,2004)。

　　在城市里,有些优秀小学的毕业生都能升入中学,相反,也有些小学基本没有人能考上中学。即使收到了中学的入学通知书,但因为交不起学费和住宿费不得不放弃入学机会的孩子也很多。[1]以平均成绩是上不了国立、省立的优秀中学的,这样的话,孩子们想要从事理想的工作就更难了。就读于KCPE成绩排名在前的学校的学生,如果按照正常的学龄期入学,也不留级,通常14—15岁毕业,而在地方的学校里,有不少20多岁才小学毕业的人。

　　1985年的教育改革将初等教育的学制由7年改为8年,其背景是国家对中等教育没有过高的期待,要让学生在8年的初等教育中就掌握就业所需的知识与技能。而现行政策是要提高从初等教育升学至中等教育的升学率,这加速了所谓"学历病"的蔓延(Dore,1976),会产生更多高学历失业者。另外,初等教育像现在这样以考试为中心,与初等教育本身价值降低、毕业证书(KCPE成绩)无助于就业(20世纪70年代,小学毕业就可以从事事务性工作)等社会变化不无关系。

---

[1] 政府要提升小学升中学的升学率(参照第88页脚注[1]),但是以2006年中学新生人数为例,对比2005年获得中学入学资格的小学毕业生人数,有26%的人实际上没有入学。

6.4 KCPE成绩显示出的教育差距

6.4.1 地区间的差距

不同地区的KCPE考生人数和平均分如表6-4所示。这种地区分类是行政上的分类,东部省和裂谷省的居民,无论在社会方面,还是在经济、文化方面,都具有多样性。所有科目的平均分,近年来一直是内罗毕最高,东北省最低。与索马里接壤的东北省,人口密度低,又是干旱地区,当地居民以放牧为生,过着传统生活,因而入学率也比其他省低很多。各科目的平均分的特征如下:

①内罗毕的英语成绩有显著优势,海岸省的斯瓦希里语成绩优势明显,日常使用频率高的语言得分高;

②除了英语和斯瓦希里语的作文题,男生的得分普遍比女生高;

③地理、历史、公民/宗教的平均分,地区间的差距较小,东北省的平均得分与内罗毕的平均分比较接近。

表6-4　2005年不同地区、不同科目的KCPE平均分

地区	性别	考生人数(人)	英语单选题(50分)	英语作文(40分)	斯瓦希里语单选题(50分)	斯瓦希里语作文(40分)	数学(50分)	科学(50分)	地理、历史、公民(60分)	宗教(30分)	合计(满分370分)	整体平均分
海岸省	男	23125	20.27	13.48	34.37	18.87	22.92	26.28	33.67	19.61	188.86	184.29
	女	17413	20.16	14.09	33.91	19.40	20.50	22.81	29.23	18.35	178.23	
中部省	男	53040	21.26	13.82	29.58	16.56	23.32	25.48	32.64	19.33	181.02	177.93
	女	54062	21.25	15.10	29.24	17.80	21.43	22.67	29.49	17.90	174.90	
东部省	男	62989	20.89	13.87	30.27	17.56	23.73	26.58	33.17	19.90	184.87	181.17
	女	63494	20.90	14.81	30.18	18.70	21.34	23.53	29.72	18.81	177.51	
内罗毕	男	14003	24.59	17.11	31.88	18.73	24.40	26.77	35.47	19.82	197.11	195.33
	女	14409	24.91	18.55	31.80	20.08	22.86	24.16	32.74	20.10	193.60	
裂谷省	男	88647	21.06	13.92	30.63	17.59	25.78	27.72	36.22	20.63	192.41	187.17
	女	78984	20.76	14.85	30.33	18.79	22.74	24.02	31.60	20.35	181.32	

续　表

地区	性别	考生人数(人)	英语单选题(50分)	英语作文(40分)	斯瓦希里语单选题(50分)	斯瓦希里语作文(40分)	数学(50分)	科学(50分)	地理、历史、公民(60分)	宗教(30分)	合计(满分370分)	整体平均分
西部省	男	41185	21.41	14.38	32.77	19.12	25.63	28.07	36.50	21.02	197.99	192.51
	女	38221	21.31	15.59	32.41	20.53	22.58	24.29	31.62	20.00	186.63	
尼扬扎省	男	62344	21.31	14.14	27.53	16.59	26.15	27.62	35.31	19.56	187.61	181.16
	女	47020	20.68	14.59	27.66	17.71	22.26	23.26	29.73	18.77	172.68	
东北省	男	4977	18.96	10.89	21.35	11.14	19.82	24.76	34.59	20.97	158.92	153.79
	女	1688	17.95	9.47	20.16	10.02	16.56	21.34	29.16	19.37	138.76	
肯尼亚平均	男	350310	21.22	13.95	29.79	17.02	23.96	26.66	34.69	20.10	186.09	181.66
	女	315291	20.99	14.63	29.46	17.87	21.28	23.26	30.41	19.20	175.45	

注:数据统计处理方面有部分不合适之处,但本表未做改动。

资料来源:Kenya National Examination Council(2006:45-148)。

我们将不同地区的KCPE平均分与留级率等其他教育指标相比较,发现了一个很有趣的现象(见表6-5)。并不是在KCPE成绩低的地方留级率就高。也就是说,留级人数少教育质量就有保证,这种逻辑是不通的。[1]为了在KCPE中取得高分,学校的教学活动也受到了影响,特别是在成绩优秀的学校里出现了高留级率现象。留级并不是辍学的原因。由表6-5可以看出,KCPE平均分明显很低的东北省,其留级率与其他地区相比明显较低,KCPE平均分和留级率之间存在负相关关系。与这一相关关系形成对比的是内罗毕,内罗毕的留级率也很低,但它与东北省的低留级率的内涵是不同的。相对于留级率,与KCPE平均分有正相关关系的是辍学率。这说明,辍学率与学生父母的经济能力和学生自己的学习程度有关。此外,毛入学率与KCPE平均分的相关关系尚不明确。

----

[1] 其理由是,留级并不是以学生是否到达某一学习目标为判断依据的,它是在期待KCPE成绩提高的学校和家长意见统一的基础上有意实施的(泽村等,2003)。但是,随着2003年免费初等教育制度的实行,留级人明显减少了。肯尼亚一直以来在政策上都是以自动升级为原则的,但对自动升级的管理要比以前严格了。

表6-5　2002年不同地区KCPE平均分、留级率、辍学率、毛入学率的对比

地区	KCPE(分)	平均分留级率(%)	辍学率(%)	毛入学率(%)
海岸省	193.81	14.9	5.1	62.5
中部省	180.12	11.0	2.9	90.4
东部省	185.97	13.2	6.1	104.0
内罗毕	201.54	2.7	1.5	27.9
裂谷省	193.36	15.2	4.8	95.2
西部省	191.17	14.6	5.1	95.8
尼扬扎省	179.33	12.5	5.8	104.1
东北省	141.23	7.4	6.0	20.2
肯尼亚平均	186.77	13.2	4.9	86.8

注:KCPE平均分是满分370分除以5门科目的成绩。数据统一都是2002年的。表中显示内罗毕的毛入学率很低,但这不应该是实际情况,可能是统计处理时出了错误。

资料来源:Kenya National Examination Council(2003:88-91),Chege & Sifuna(2006:44-47),Ministry of Education & Science and Technology(2005a:10)。

6.4.2　公立和私立学校间的差距

公立学校中也有在KCPE成绩排名中位居前列的,但在KCPE成绩排名居前的学校中,私立学校占有压倒性优势。排名在前的公立学校,大部分是位于地方城市的全寄宿制学校或是独立之前由欧洲人或亚洲人创办的学校。这些条件优越的公立学校有游泳池、礼堂等完善的设施,所处位置交通方便,女教工比例较大。[①]

KCPE成绩排名前200位的学校中,9成是私立学校,余下1成的公立学校是上述的全寄宿制学校(Express Communications Ltd,2003:94-95;2005b:118-119)。[②]在KCPE成绩排名前列的学校中,唯一的例外是临近内罗毕市内基贝拉贫民窟的

---

① 在这种设施比较完善的公立学校读书,需要支付相应的入学金和学费。这些费用每个学校各不相同。但是,2003年免费初等教育制度实行后,原则上禁止学校向家长征收教育费用,因此有些学校连设施的维修管理也变得困难起来。

② KCPE成绩排位表上没有明确区分公立和私立学校,笔者将表上的学校名与肯尼亚私立学校协会的加盟校名单进行对照,将出现在加盟校名单中的学校归为私立学校。另外,校名中有academy字眼的学校也被归为私立学校。

奥林匹克小学①,它是非寄宿制的公立学校。从个人排名来看,2004年KCPE成绩前100名的学生中,有97人来自私立学校,来自公立学校的只有3人(Express Communications Ltd,2005b:13)。与之相对,到了中学阶段,在KCSE(Kenya Certificate of Secondary Education,肯尼亚中等教育毕业考试)成绩排名前列的学校中,公立学校占压倒性优势。2001年全国KCSE成绩前100名的学校中,私立学校只有12所,其余都是公立学校(Express Communications Ltd,2003:28)。

以2004年为例,在内罗毕市内小学中,KCPE考生中有8成就读于公立学校,但是,从平均分上看,私立学校优于公立学校(见表6-6)。从各个学校的成绩明细来看,公立学校中平均分为45—49分的学校最多,而私立学校中平均分为55—74分的学校占了绝大多数,但也有和公立学校一样成绩排名垫底的私立学校(见表6-7)。前者是以追求KCPE高分为目标的,必须缴纳高额学费的高成本私立学校,后者是由NGO等慈善团体运营的低成本私立学校。

表6-6 2004年内罗毕市学校数、考生人数、KCPE平均分

类别	学校数(所)	KCPE考生人数(人)	平均考生人数(人)	KCPE平均分(分)
公立	189	18707	99	51.0
私立	124	4734	38	64.3

资料来源:本表是笔者依据City Council of Nairobi(2005)制作而成。

表6-7 2004年内罗毕市KCPE平均分各分数段小学数量②

平均分	30~	35~	40~	45~	50~	55~	60~	65~	70~	75~	80~	85~	90~
公立	1	7	30	63	39	20	20	8	1	—	—	—	—
私立	—	2	4	13	10	16	17	18	18	16	6	2	2

资料来源:本表是笔者依据City Council of Nairobi(2005)制作而成。

2003年,肯尼亚刚开始实行免费初等教育制度时,一时间出现了转学潮。成

---

① 以KCPE成绩来看,内罗毕市内的小学经常位居前列(2003年第4位,2004年第2位)。奥林匹克小学于1980年创立,靠近贫民窟,设施方面也不十分齐全。一个班级的学生人数有70—80人,全校学生人数达到了2396人(2005年9月)。学校是非寄宿制,有1858人居住在贫民窟(根据奥林匹克小学资料)。

② 表6-7中的"30~""35~"……"85~""90~"是指平均分为"30—34分""35—39分"……"85—89分""90—94分",因版权问题,故对原表格不做改动。(译者注)

绩排名前列的公立学校学生(家长)害怕公立学校教育质量下降,纷纷转校至私立学校或地方上的全寄宿制学校,而成绩排名垫底的私立学校的学生则纷纷转学至不用交学费的公立学校(泽村,2005)。希望进入前文提到的奥林匹克小学的人蜂拥而至,据新闻报道,有的家长在报名日的前一天就去彻夜排队了。就像这样,以过去的KCPE成绩为基础,家长们的教育热情在免费初等教育制度实行以后越来越高涨,经济条件比较宽裕的家庭,对孩子所受教育的质量非常敏感。换句话说,孩子所受教育的质量受家庭经济条件的左右,并非所有孩子都能享受有质量保证的教育。

表6-8反映了公立小学和私立小学的数量变化情况。2003年,肯尼亚开始实行免费初等教育制度,就学人数迅猛增加,此时,学校数量也增加了,但增加的不是公立学校,而是私立学校。令人吃惊的是,2003年,私立学校比前一年增加了近3成。其中有慈善团体新创办的学校,也有出于商业考虑而创办的学校。这些小规模的私立学校邀请曾在公立学校工作过的经验丰富的人担任校长。对于家长来说,即使要出相当高的学费①也想让孩子上这样的学校。家长之所以这么做,是因为不信任公立小学的教育质量。

表6-8 2001—2005年小学数量的逐年变化

类别	2001年	2002年	2003年	2004年	2005年
公立	17544	17589 (+45)	17697 (+108)	17804 (+107)	17864 (+60)
私立	1357	1441 (+84)	1857 (+416)	1909 (+52)	1985 (+76)

注:括号内是比前一年增加的数量。

资料来源:Central Bureau of Statistics(2006:39)。

6.5 学校间差距的实际情况

6.5.1 以成绩排名前列的学校为例

这里举2所学校的例子。STG校是肯尼亚独立之前欧洲人创办的小学,2004

---

① 学费每学期为100美元,有些更贵的学校达到了300美元。以小学教师月工资100美元左右的收入水平来看,学费确实相当高。

年,KCPE成绩在内罗毕市内的189所公立学校中居第12位(City Council of Nairobi,2005)。另一所学校是OLA校,2005年,它在纳罗克县242所公立学校中居第33位(来自纳罗克县教育办公室资料)。在地理位置和学校设备方面,STG校比OLA校要好得多。OLA校在当地是一所老学校,五年级以上的高年级学生全部要住校,从KCPE成绩来看,能够进入肯尼亚全国小学的前20%。STG校在肯尼亚全国的公立小学中属于学习环境格外优越的学校。

从每年都分析KCPE成绩的肯尼亚国家考试评议会(Kenya National Examination Council)公布的《KCPE考试报告》(*KCPE Examination Report*)中可以看出,英语单选题的得分基本呈正态分布,而作文题的得分则稍向低分倾斜(Kenya National Examination Council,2005:1)。得分分布情况被公布出来的只有英语和斯瓦希里语,考虑到其他科目的考题都是单选题题型,因此可以推测出这些科目的得分也是接近正态分布的。

但是,查阅两校各自的得分分布,会发现其得分并非正态分布。也就是说,学校间的差距是十分明显的。STG校是向高分倾斜,而OLA校则向低分倾斜,频率分布并不正常(见图6-1)。之所以出现这种情况,是因为STG校虽然有一部分

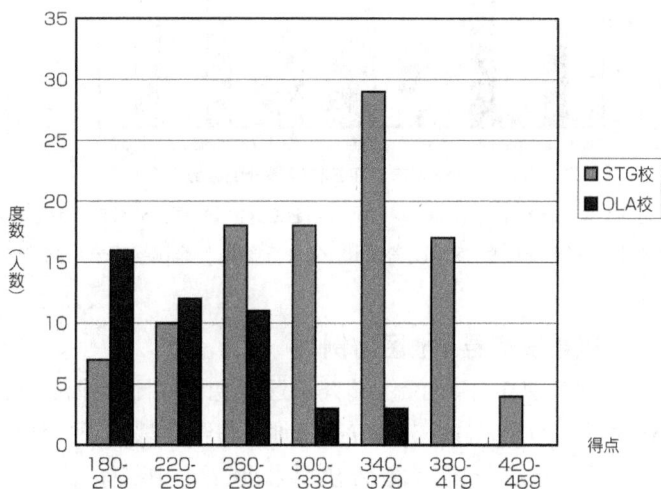

图6-1 2004年两校KCPE综合得分的频率分布①

(注:STG校平均分为324分,OLA校平均分为248分,满分500分。)

---

① 图6-1中「度数」「人数」「得点」对应的中译文分别是"频率""人数""得分"。(译者注)

学生学习能力差,但大部分学生已掌握了最低限度的知识。与之相反,OLA校的前几名学生达到了STG校的平均水平,但相当多的学生并没有掌握所学知识。即便如此,OLA校在纳罗克县的学校排名中还是进入了前10%—20%,那么肯尼亚的一般小学是怎样的状况便可想而知了。图6-2为英语得分的频率分布,更加鲜明地显示出这两所学校间的差距。STG校的英语平均分比OLA校高了近50%,这是因为内罗毕平时使用英语的频率高。这一结果与南非与东非教育质量监测联盟实施的以小学六年级学生为对象的英语读解能力考试(Onsomu et al.,2005)显示的地区间差距具有同一倾向。

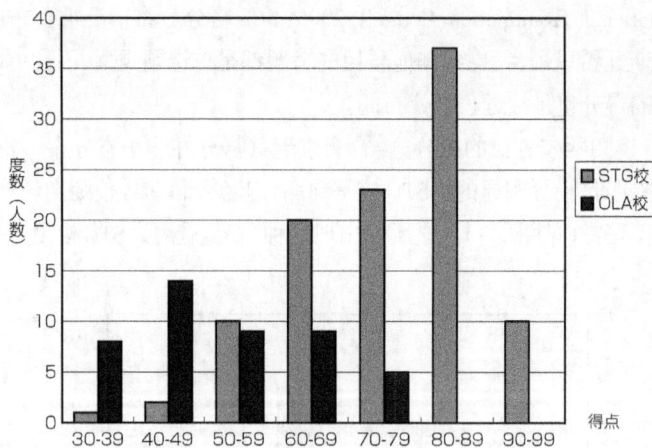

图6-2　2004年KCPE英语得分的频率分布①

[注:用Kenya National Examination Council(2005:91)的原始分数对男女各自的考生人数进行加权平均计算,然后以满分100分进行换算,则全国平均分为41.3分。]

6.5.2　以纳罗克县S地区为例

　　S地区在纳罗克县中是离首都内罗毕较近的地区,位于干线公路旁,距内罗毕1.5—2小时(约100千米)的车程距离。S地区的居民基本是马萨伊人,因此,学生也基本是马萨伊人。他们经营传统的畜牧业,在土地私有化的进程中,耕种旱田的人也逐渐增多。2005—2006年的雨季基本没有降水,家畜死亡,旱情严重。在这样的传统社会中,家庭较富裕的家长不论自身是否接受过教育,一般对

---

① 图6-2中「度数」「人数」「得点」对应的中译文分别是"频率""人数""得分"。(译者注)

学校教育都很热心。

据调查,2006年S地区有15所小学,其中9所是设有8个年级的完整的学校。另外6所是不完整的学校,其中3所正在建设,不久后会招满8个年级。学生人数最多、成绩最优秀的是OLA校,上一节已经介绍过这所学校。S地区有学生3593人(男性1905人,女性1688人),教师88人(男教师59人,女教师29人)(来自S地区教师中心资料,2006年6月)。单纯按照上述数字计算的话,平均1名教师对应40.8名学生,但实际上,班级数量与教师人数并不相符。据统计,S地区有137个班级,教师88人,还缺49名教师(资料来源同上)。其中,位于最偏僻地方的KAL校,2005年有一至四年级,共2名教师,到了2006年,取消了四年级,只有一至三年级,到了2007年,只剩下1名教师了。

肯尼亚没有学区制度,因此不论居住地在哪里,学生都有可能进入自己想上的学校学习。OLA校是S地区唯一一所有宿舍的小学,周边学校的很多高年级(四至八年级)学生都希望转入该校(入住宿舍)。2004年7月,OLA校共有学生732人(女性320人),其中有110人(女性50人)是从附近学校转进来的。反过来看一下这些学生转出去的学校,例如,2004年,ENA校六年级的7名学生中有5人转进了OLA校。也就是说,在地方上,KCPE成绩排名前列的学校吸引着周边希望转学的学生,而一般学校里成绩好的学生则会转走,从而导致学校间的差距越来越大。

6.6　结语

本章通过肯尼亚小学的事例,介绍了肯尼亚以考试为中心的校园生活。教育质量要从认知发展和情绪发展两方面来把握(UNESCO,2004:2),本章中所论述的考试结果只是评定前者的一种方法。但是,肯尼亚现在所实施的KCPE,与其说是测试学生的认知发展程度,不如说只是在测试非常狭义的"应试能力"和"测试能力"而已。在日本,关于"新的学习能力观"的讨论从1999年开始兴起,在这一过程中出现了许多只用知识解决不了的问题,但在肯尼亚,知识主义的学习能力观数十年来一直没有发生改变。

肯尼亚的这种情况在非洲国家中并不少见。南非教育质量监测联盟曾做过一项调查,结果显示,肯尼亚小学六年级学生的英语读解能力,比纳米比亚、赞比亚、马拉维要好得多,与国民生产总值较高的毛里求斯处于同一水平(斋藤,黑田,2000;UNESCO,2004:46)。肯尼亚没有参加世界各国学习程度调查,但是,就非洲国家中唯一参加了2003年国际数理科教育动向调查的南非位列调查排名中最后一名的情况来看,肯尼亚学生的学习程度绝非令人满意(World Bank,2004:45-46)。从这些事实可以推断出,经济状况更加恶劣的其他非洲国家的学生,在教育方面很有可能面临着更加严峻的状况。

肯尼亚现在正以《教育领域支援计划2005—2010》(Kenya Education Sector Support Programme,KESSP)为基准制订基础教育计划(Ministry of Education & Science and Technology,2005b)。这份文件详细记录了具体要实现的目标和与之相对应的评价指标,将"在2010年之前提高所有小学的教育质量和学生的学习程度"作为改善教育质量的发展目标之一,明确表示在2010年之前将现在KCPE平均分在满分一半(250分)以下的35个县(全国一共75个县)缩减到15个县(Ministry of Education & Science and Technology,2005b:199)。这份文件将KCPE成绩作为监测教育质量的指标,于是,在现行KCPE中能够取得高分的课程就被认为是高质量的课程,提高教育质量变成了提高考试能力,也就是说,提高狭义的学习能力被放在了最优先地位。在考试中心主义的学校教育影响下,围绕提高教育质量的讨论,只是聚焦在狭义的学习能力方面,而越来越不关注学校教育的价值及意义对提高个人素质方面的作用。

这样看来,只要不改变KCPE的内容,即学习能力评价方式,教育就只能维持现状,关于教育质量的讨论就不会向前推进,人们目前所做的努力只是为了提高应试能力。批判这种情况是容易的,但是,即使是应试能力,只要提高教育质量的行动是由政府优先推行的,那它作为质量改善的第一步也是值得肯定的。应试能力与如今"评价指标至上主义"的潮流也有关系,但不管怎样,对于孩子们来说,今后苦难的日子依旧会继续。

7 赞比亚
——国际教育合作与主体性

7.1 引言

从实现独立的1964年开始到20世纪70年代中期,赞比亚政府在初等教育到高等教育的各个教育阶段实施了教育投资。在此之前,赞比亚的教育投资一直不太充足。据推测,由于这一时期赞比亚的经济取得了比较顺利的发展,到了20世纪70年代初期,小学学龄儿童的入学率达到了80%(Kelly,1999:89)。同时,赞比亚对中等教育和高等教育也进行了扩张,国民也对接受教育会增加经济收入抱有更高的期待。

直到20世纪80年代初期,赞比亚教育机会的增加都进展得较为顺利,但是,从80年代中期开始的经济恶化和结构调整政策的引入,对赞比亚的教育事业造成了毁灭性打击(Kelly,1991)。从非洲整体来看,赞比亚教育方面的数值指标绝不算差,但80年代后半期开始的入学率的低迷和与之相伴的教育质量的恶化成为很严峻的问题。

在这种情况下,国际援助担负起了重要职责,日本成为重要的双边ODA施援国(参照第3章)。而且,赞比亚在1996年通过了"DAC新发展战略",战略中具体要实现的目标是在日本的倡议下提出的(外务省经济协力局,1996a:17)。在2015年之前全面普及初等教育是这些目标中的一个,也与现在的联合国千年发展目标有关。

这些动向表明,日本已经承担起了推进有效果、有效率的教育合作这一国际责任,出现这一情况的背景在于,日本所处的国际立场在20世纪90年代中期之后发生了变化。日本承担着对赞比亚ODA的主要部分[1],而且,日本从1980年开

---

① 2000—2002年,日本对赞比亚的ODA,与英国、美国、德国、荷兰一同位居前5位,其间位次有所变动。2003—2004年,日本对赞比亚的ODA较少,没有进入主要援助国行列(外务省国际协力局,2007:507)。2005年,由于日本免除了赞比亚740亿日元的贷款债务,因此在援助国中排名上升。

始就一直在推进教育领域的合作。

本章以赞比亚为例,首先概观其初中等教育的现状与课题。其次将目前重视领域计划[①]、伙伴关系和主体性的援助政策与日本在教育领域的国际合作(国际教育合作)结合起来进行讨论。最后,从日本的视点来考察发展中国家主体性的内涵。

7.2　初中等教育的现状与展望

7.2.1　基本政策与财政

赞比亚在1996年颁布的基本教育政策中,提出了要改变偏重高等教育的做法,要将"基础教育"延长,实行9年制(Ministry of Education, 1996)。为此,政府具体设定了在2005年前全面普及7年制基础教育,在2015年前全面普及9年制基础教育的目标。另外,推进地方分权化也是一个很大的课题。相关政策文件中明确表示接受教育是国民的权利,政府有责任保障国民获得这一权利。同时提出了教育发展六原则(自由化、地方分权、平等公正、质量、伙伴关系、责任说明),意欲对以往政策进行大幅调整。

但是,家长应负担的教育费用超出了其所能承受的极限,再加上教育质量低,学生学习没有进步,即使接受了初等教育,就业机会也基本没有增加,诸如此类情况注定了要实现政府提出的在2005年前全面普及初等教育的目标是很困难的(Kelly, 1998)。然而,赞比亚政府在2002年2月实行了免费初等教育制度,促使2005年的毛入学率达到了111%,净入学率达到了89%,已经接近了全面普及初等教育的目标。在这一过程中,援助在国家教育支出中所占的比例超过了30%,其中仅在初等教育方面就超过了20%,赞比亚的援助依赖度(全世界第3位)非常高(UNESCO, 2006:95)。

教育预算在政府预算中所占的比例,截至1984年平均为12%,20世纪80年代后半期下降到9%左右,进入90年代之后上升至15%左右,从整体来看是在增加的(来自教育部资料)。而与1990年前后相比,2000年之后教育预算的比例急

---

① 领域计划又被称作全领域方式。其目标是基于教育领域整体的发展政策,各援助组织开展相互协调的活动。在以往的个别项目实施中,由于没有相互协调,援助效果不明显,受援国交易费用增多,援助效率不高。领域计划正是基于对以上问题的反思。非洲教育领域计划的特征和课题,详见山田(2004)。在赞比亚,"援助协调化"的行动于2005年开始急速展开(外务省国际协力局,2007:506)。

剧增加,是与国际援助政策的变化有关系的,这在非洲国家是一种普遍现象。

从赞比亚各教育阶段的经常性支出在20世纪90年代之后的变化可以看出,20世纪90年代前半期高等教育是优待对象,1997年之后,高等教育预算被削减,初等教育被放在最优先位置。在教育预算分配出现这种变化的前一年,即1996年,政府发布了以初等教育为最优先对象的政策,而且,世界银行正准备将领域计划导入教育领域。关于领域计划,下文将会详述。政策方面,尽管在21世纪初初等教育是最优先对象,但2005年之后政策重心又逐渐向高等教育倾斜了。①

初等教育的量的扩大与质的改善,是应该被最优先解决的教育课题。②但是,事实上只接受初等教育并不会增加就业机会,因此,可以预想到扩张中等教育的压力比以往任何时候都要大。初等教育、中等教育、高等教育,这些不同阶段的教育必须均衡发展。不能以牺牲初等教育为代价换取中等教育的发展,但过于受援助政策的影响,在短中期内优先发展初等教育,并将有限的资源投入初等教育中,这种做法从教育整体的健全发展角度来看,是有问题的。③

7.2.2　就学情况

赞比亚的初中等教育的分布结构是,初等教育7年、中等教育5年(前期2年、后期3年)。将来的目标是将前期中等教育的2年并入小学,从而形成9年制的"小学"。现在,这种被称作基础学校的9年制小学与原先的7年制小学是并存的。④实施这种9年制基础教育,主要是为了缓和人们对中等教育的期待,使学生在完成9年基础教育后,能够获得足以进入社会的学习能力和技能。小学七年级升中学一年级的升学考试,在未来中学数量增多后便会被废除。现在,实际能够升学的只有半数左右的学生。⑤

在授课安排上,一般是将学生分成两批或三批来上课。特别是在卢萨卡市

---

① 2004—2005年各教育阶段经常性支出比例变化为:初等教育(64%→59%)、中等教育(13%→15%)、高等教育(18%→26%)。可以看出初等教育的比例在减少,高等教育则是优待对象(来自联合国教科文组织统计研究所数据库)。

② 除此之外,艾滋病问题在赞比亚也非常严峻。例如,有815名(2000年)小学教师死于艾滋病,这个人数相当于一年培养出来的新教师人数的45%,对教师培养计划造成了严重影响(UNESCO,2004:114)。另外,孤儿问题和包含艾滋病健康教育在内的课程修正等问题也亟待解决。

③ 在笔者与赞比亚教育部次官的面谈(2000年1月)中,对方谈到,对初等教育的过度优待(预算和援助领域)有可能导致中等教育质量进一步下降。

④ 9年制基础学校的设立,是在1978年的教育改革中被提议并被实行的,在1992年约有1%的小学实行9年制基础教育。

⑤ 小学升中学的升学率由1998年的31%上升至2004年的55%,其间一直在上升(来自世界银行教育统计数据库EdStats)。

内,由于学校设施不足等,无法接收所有想要入学的孩子。在这种情况下,1992年在当地居民的主导下,一种有别于公立小学的被称作"共同体学校"的小学出现了,其数量在1999年达到了373所(学生数47276人)(根据Zambia Community Schools Secretariat资料)。共同体学校数量的急剧增加,得益于教育部的政策推动,但是,与公立学校相比,共同体学校在教育质量和学习环境等方面普遍较差,还有许多需要改善的地方。

赞比亚初等教育的毛入学率在1985年达到了104%,之后便一直下降。尽管在1995年之后政府对扩张初等教育采取了优先政策,但2001年的毛入学率还是跌到了75%(男性77%,女性72%)(来自世界银行教育统计数据库EdStats)。[①]2002年2月,政府实行了免费初等教育制度(7年制),2005年,毛入学率达到了111%(男性114%,女性108%),净入学率达到了89%(男性89%,女性89%),男女间的差距也几乎消失了(资料来源同上)。中等教育的入学率也有稳步提高,但2005年的毛入学率还只是停留在28%(男性31%,女性25%)的水平。

但是,赞比亚的教育质量,特别是学生的学习成绩一直都很差,这种情况在免费初等教育制度实行之前就已经出现了。20世纪90年代后半期施行的南非教育质量监测联盟调查显示,赞比亚小学六年级学生中,具备最低程度的读写能力的学生只占26%,而能达到期望水平的仅有2%(Nkamba & Kanyika,1998:65)。而在中等教育方面,学生数理科的毕业考试成绩非常差,政府文件中反复提及了改善这一情况的急迫性(Ministry of Education,1996:53-54)。

7.3 国际教育援助的方向

7.3.1 领域计划的展开

在赞比亚教育领域合作方面,1996年在世界银行的援助下开始实施的"统一教育领域投资计划"(Integrated Education Sector Investment Programme,ESIP)是非常重要、不容忽视的。最初的ESIP,不仅包括教育和职业培训,还包括非正规教育在内的广义教育。除了教育部,另有科学技术职业培训部、地方开发社会福利部、体育青年儿童开发部,共4个官厅参与了该计划(Republic of Zambia,1996)。但事实上,4个官厅很难做到相互协调,再加上世界银行又担心计划整体实施的滞后和资金不足,于是决定将基础教育领域放在最优先位置,于1997年8

---

① 在赞比亚,妨碍女性教育的主要原因详见大津(1999)。

月率先实施了"基础教育子领域投资计划"（Basic Education Sub-Sector Investment Programme, BESSIP）并施以支援。[1]但是, BESSIP是从1999年开始真正实施的, 这一计划的主要目标是增加入学儿童数量和改善学习效果。其中, 在2005年前全面普及7年制初等教育是该计划最重要的一项目标（Ministry of Education, 1998）。

　　关于领域计划, 世界银行提出了6点必备条件, 这6点必备条件也是领域计划的特点（Jones, 1997:9）。6点必备条件如下：①整个教育领域的活动都在领域计划范围内；②领域计划要以明确的领域发展方案为基础；③领域计划要由当地的政府、直接受益者组织实施；④领域计划要有所有主要援助组织的参与；⑤援助组织的手续统一化；⑥比技术合作更重要的是充分发挥当地的能力。当然, 这些具体条件的前提是宏观经济的稳定与政府有实施计划的能力。在具体的6点必备条件和两大前提不充分的情况下就推进领域计划, 其结果会违背受援国政府和援助组织最初的期待, 而做好这些准备需要相当长的时间（Jones, 1997:9）。

　　关于领域计划的参与, 有很多论调是主张将资金投入统一货币篮。这一主张虽然与上述第5点"手续统一化"有关, 但参与BESSIP与将资金投入统一货币篮还是各不相同的两件事。[2]以赞比亚教育部现在的能力, 不附加任何条件就向统一货币篮注入资金, 非但不能有效利用资金, 反而有可能给教育部增加过度负担[3]。BESSIP将以下8项作为优先援助领域：①所有与经营管理相关的事项；②基础设施；③教师教育、配置、薪酬；④所有与教材和资金筹备相关的事项；⑤公正与性别差异；⑥学校保健与营养；⑦教学课程开发；⑧能力建设与地方分权。援助组织在这些优先援助领域中, 一边进行着调整与合作, 一边实施着各自的援助项目（Ministry of Education, 1999c）。

7.3.2　日本的合作与领域计划

　　日本从很早以前就开始与赞比亚在教育领域有合作了。例如, 1980年开始的赞比亚大学医学部项目、1985年开始的赞比亚大学兽医学部项目、1987年开始的职业培训扩大计划项目, 这些都是以项目方式开展的技术合作。青年海外协

---

[1] 本章的内容是基于2000年实施的实地调查。

[2] 丹麦国际开发署（Danish International Development Agency, DANIDA）计划今后5年间向BESSIP投资3000万美元, 但即使条件齐备, 投入货币篮中的预定资金也只有100万美元, 且大部分资金计划用于自己在BESSIP中的独立项目。

[3] 对统一货币篮资金投入十分积极的爱尔兰援助署（Irish Aid）, 为了保证资金使用的透明性, 对资金的使用附加了各种条件。

力队的数理科教师的派遣,以及在职业培训设施中的援助活动也于20世纪80年代初期开启。1998年开始的以无偿资金合作方式进行的卢萨卡市近郊基础学校建设,其第二阶段于2004年和2005年陆续开工。

上述教育领域计划是真正在受援国政府和援助组织的协调下进行的,因此,以往传统型的个别项目很难被纳入领域计划。①每个国家都有各自不同的计划实施方案,赞比亚对此很少有强制要求,各援助组织也都展现出了积极合作的态度。但是,如上所述,向统一货币篮中投入资金,以赞比亚教育部现在的能力是很难对资金进行管理的,鉴于资金运用的透明性和责任说明的重要性,无论哪个援助组织对出资都很慎重。由统一货币篮形成的资金储备是领域计划的根基,但无条件地进行资金合作的援助组织是不存在的。日本无法直接向这一统一货币篮投入资金,是因为受国内法律的制约,并不是否认统一货币篮这一想法。这一点有必要向相关机构进行说明,以免遭到误解。

日本所处的立场很复杂,并非因为能否向统一货币篮注入资金这一问题,而是日本对BESSIP的资金投入已经通过基础学校建设(因为是设施建设,所以金额很多)达到了BESSIP整体的14%(根据1999年援助国会议资料)这一双边合作的最大出资额,但其效果和成果十分有限。②以统一货币篮为中心的BESSIP不仅要求赞比亚方面,而且要求援助组织在资金运用方面要透明,并且要共享信息,因此,BESSIP对日本方面提出高度透明性的要求是理所当然的。日本没有软件投入只有硬件投入的资助建设学校的做法,在不远的将来很有可能因其高成本而被质疑。③

如果能够确信项目型援助是有效果、有效率的,那么摆脱其他援助组织的影响,继续推进具有日本特色的项目型援助,这种做法也许可以作为日本未来的援助方式。但是,在全领域方式即将被导入的情况下,如果没有能客观说明项目型援助合理性的根据的话,其持续是很困难的。日本在参与领域计划并实施援助时需要在一定的组织框架中发挥自己的相对优势和独特性,尽量避免陷入因提供巨额援助而自以为是的境地。

---

① 横关(1999)详细说明了非洲的教育领域计划的特征和各援助组织的努力与日本的关系。

② 虽然日本的援助能力在今后必须要有所提高,但第一阶段日本在卢萨卡近郊的贫民聚居地帮助建设基础学校的援助方式是合理恰当的。但是,在BESSIP开始前,这类援助就已经开展起来了,今后同样的援助是否能够开展下去,或者是否应该开展下去,都是需要讨论的课题。

③ 不仅如此,由于没有考虑让当地人参加建设,在设施的维护管理方面,学校可能对日方抱有过度的期待。

7.4　日本的教育援助方式

7.4.1　以初中等教育为中心开展教育援助

为了进一步增加接受教育的人数,将学校变成对孩子和家长都更有吸引力的学习场所是很重要的,所以在增加就学儿童人数的同时必须改善教育质量。因此,不仅要进行教室等设施建设,还要采取能够顾及学生心理、健康的、站在学生角度的援助方式。

以日本协助建设的学校为中心,与包括共同体参与的保健活动等在内的社会发展领域的活动建立联系,对教师培养、教师教育进行协助,这些也都是顾及学生心理、健康的援助方式。特别是,由于BESSIP的实施,中等教育领域所接受的援助变得很少,在这种情况下,日本可以以派遣青年海外协力队队员的经验为基础,以数理科教育强化为中心,对中等教育展开全面支援,这一方式的可行性是值得探讨的。除此之外,地方分权化是最重要的课题,一些援助组织在此前提下开展了一系列先行活动,为教育委员会制度的制定做准备。日本可以在与这些援助组织合作的同时,通过开发调查、专家派遣的方式,对当地的能力培育进行先行支援,这一方式也是可以考虑的。

以牺牲基础教育为代价来强化中等教育是行不通的。但事实上,初等教育毕业生中有相当一部分人会进入中等教育阶段继续学习,而且中等教育毕业生会成为初等教育领域的教师,从这一情况来看,教育领域整体的均衡发展是十分必要的。另外,接受中等教育不仅会扩大学生的职业选择范围,而且这一阶段的教育也是使学生脱离贫困层的分界点(国际发展中心,1999:52)。因此,与初等教育相连接的中等教育的重要性,会得到进一步提升。

2005年,赞比亚中等教育的净入学率为26%,在非洲国家中是比较高的。但如果只强化初中等教育,在教育发展的均衡性方面就会有所欠缺。在未来,赞比亚对高等教育的需求会比以往更加迫切,但日本与赞比亚大学进行合作的前提是在要求学生承担适当成本的同时,谋求学校运营的效率化。如果不满足这些条件,只对学院的专业教育进行援助,那么日本所做的工作不过是一些孤立的、没有持续性的项目而已。因此,日本不仅要对赞比亚大学自己的教育、研究活动进行援助,还要考虑到大学对社会能提供什么样的服务,从多方面对高等教育的援助方式进行再评价。赞比亚大学中的教育学院,担负着培养教师的职责,对初中等教育有很大影响,这一点如果能够被明确认识到的话,日本就有在此方面进行援助合作的可能性。

7.4.2　积极参与领域计划

如上所述，目前BESSIP正在赞比亚实施。其他众多援助组织正按照原本的领域计划推进援助工作。但是，日本由于受本国的援助制度和形态的制约，需要慎重讨论一直以来对个别项目进行援助的做法是否受欢迎。对于日本来说，目前现实性的策略是，尽可能地使一直以来的项目运营具有可融通性，在BESSIP的组成要素中，使日本的援助得到一个正当的定位。

日本的援助如果脱离了领域计划，则不仅不会受欢迎，而且会非常困难（日本对中高等教育的援助，与BESSIP不是同一类型）。但从援助能力方面考虑，积极参与BESSIP对于日本来说也是十分重要的。通过这些援助活动，日本的援助范围会扩大，援助能力也会提高。日本的特殊情况，即缺乏灵活性的援助制度，是不被国际社会所理解的，因此，在参与BESSIP的过程中，灵活地运用现行制度，机动应对多样的援助需求，是备受期待的。但是，对于与日本的援助方针不符的事项，日本应该采取毅然应对的态度，因此，在国际理解的基础上牢固树立日本的援助理念，变得越来越重要。

7.5　主体性与文化考量

7.5.1　主体性论的时代背景

"主体性"与"伙伴关系"，作为一对美好的词语，散见于所有援助组织的政策文件中。[①]但是，如果只是了解这些文件的表面意思，那么对在以赞比亚为代表的众多非洲国家中所发生的事情仍然有很多不能理解之处。迄今为止，非洲各国的教育发展是基于多样的价值观与方针的，20世纪80年代之后，作为结构调整政策的一环，各国都采用了以经济效率为最优先考量的教育政策。从20世纪80年代开始到90年代初是结构调整政策带来的贷款条件性时代，从20世纪90年代前半期开始进入了主体性与伙伴关系时代。

但是，受援国的自由度与主体性并没有增加，事实上援助政策起到反作用的事例也并不少（泽村，1998）。以领域计划为代表的援助正在稳步推进，而从受援国方面看来，则会在基于各种开发经验的多样化援助中，失去选择最适合本国发

---

① King(1999b)收录了有关主要援助组织的伙伴关系和领域计划的评价，可供参考。

展方式的机会。对于接受援助的发展中国家来说,援助组织间的适度竞争对其发展是有积极作用的。尊重主体性这一原则,多数情况下并不是按照日式理解的"对自助努力的支援"这一方式实施的(参照第2章)。另外,需要注意的是,这种要尊重主体性的论调,是在20世纪90年代中期众多援助组织意欲减少援助资金的过程中被提出来的。

7.5.2　对文化与价值观的考量

传统上,日本比其他援助组织更重视受援国的自主性和主体性。同时,灵活应用日本的经验和相对优势也十分重要并且备受期待。在思考日本的国际教育合作方式时,有一个项目可以作为参考。该项目与秘鲁的水产加工相关,其目标是在没有吃鱼的习惯的地方普及日式鱼糜制品,以期改善营养状况。其结果是,食材没有得到有效的利用,项目没有充分考虑到文化差异,强加于人,以失败告终。[①]

秘鲁的这一事例,可以通过食材的利用程度这一眼睛可以看得到的客观标准来判断项目的成败,但是,在当今项目逐渐复杂化的情况下,评价援助效果的方式就没有那么简单了,将来援助组织很有可能不知不觉地在与教育相关的项目中犯下同样的错误。考虑文化因素对于国家的发展是不可或缺的,这一点虽然被反复提及,但是非洲各国所导入的教育政策基本都是不考虑文化因素的,反而是基于市场原理主义的。

现在,非洲各国的教育政策都十分相似。其背景在于一部分国际组织和援助国的影响十分强大。的确,非洲各国必须解决的教育课题是类似的,但是,即使教育课题相同,其改善对策也会因国家不同而各有差异。如果存在非洲各国共通的对策,那么这一对策中必定会潜藏着没有充分斟酌各国特殊国情和文化的危险性。因此,为了解决教育课题,除了经济分析之外,充分考虑这些国家的政治、社会、文化等因素也是十分必要的。

在当今国际合作的大环境中,有必要重新审视教育中的文化及价值观问题。这种重新审视,绝不是说教育领域的援助与国际合作不相适应,而是主张要贴近受援国的文化及价值观这些迄今为止一直被回避的事项。在关于教育内容的讨论中,文化方面的问题是一直被提及的,但是作为教育系统整体,不仅要注重经

---

① 很多没有进行仔细核实的评价说,是事先调查不足才导致了项目的失败。但事实上,这项援助计划在被日本政府采纳前,已经从各个角度被讨论和论证过了。

济效率,还要将文化、价值观反映在政策上,这种努力是更加重要的。①

赞比亚的国民性一向被认为是非常温和的,在讨论援助计划的过程中很少会遭到他们的强烈反对。在赞比亚教育部主办的援助国会议上,来自教育部的体现本国主体性的反对发言也非常少。这并不代表赞比亚认可了援助国的做法,而是与赞比亚文化有关。赞比亚当地的知识分子 Ngulub(2000:95)指出:"在赞比亚文化中,服从是最高美德,反抗是最大罪恶。服从与顺从是最值得称赞的。"

在这样的文化土壤中,如果援助国方面不采取适当的措施,那么向受援国要求主体性是不可能的。在推进领域计划的非洲各国,伙伴关系的重要性被大肆宣传,"援助国"这个单词正渐渐成为"死语",但是,援助组织主导的援助却比以往更多了。Brock-Utne(2000)指出,在世界全民教育大会(1990年举办)之后,非洲多国出现了"知识的再殖民化现象"。除去援助国的意志不谈,很多非洲国家对于不受殖民政策左右的独立发展都抱有很大的期待,但在教育领域的发展方面却不得不日益依赖于援助。

7.6 结语

非洲发展落后,其很大一部分原因在于非洲人自己,这是不容否认的事实。但是,自从1960年前后陆续独立以来,非洲国家就制定了与本国独特的文化与民众的价值观不相符的开发政策,"殖民地后遗症"直到现在依然存在。Braun(1999:4)比较了东亚现在的发展与非洲的发展,做出了如下论述:"非洲人固有的文化力量被隐藏了,被殖民地势力和其后继者的支配完全埋葬了。这一状况是与东亚完全不同的。"使非洲固有的文化发挥正面作用,这与非洲未来的发展有诸多关联。

日本在进行软件方面的教育合作时,由于许多非洲国家的教育制度是以旧殖民国的教育制度为标准的,所以许多人认为这不利于日本开展国际合作。但是,这种教育制度的差异反而会提供新的视点,这正是日本的优势,而这种优势以往很少被提及。非洲人对教育的价值意识与日本人有非常多的共同点。与日本相比,非洲现行的教育制度很明显是依据旧殖民国的制度制定的,这的确是历

---

① 世界银行为了发挥其作为国际金融机构的作用,以往都是依据市场原理把经济效率放在最优先位置的。但是在最近的教育援助政策文件中(World Bank,1999),在将教育援助与全球知识进行对比的同时,也阐述了制定顾及对方国家的价值观、文化、传统的政策的重要性。

史事实,但是,这种类似性并不意味着非洲人的教育观与旧殖民国的人相同。与欧美人相比,非洲人传统上的教育观更接近包括日本人在内的亚洲人。①

　　日本所发挥的作用,当然并不仅仅停留在教育经验的转移上。日本在主要援助国中是唯一经历了不同于西方近代化发展历程的国家,在这一过程中,教育所发挥的作用不尽相同,因此,日本与欧美的教育援助政策自然也不相同。非洲各国十分期待在这种背景下形成的日本的"国际教育合作文化"。为了实现这一合作,今后进一步提高日本在人员组织方面的"教育合作能力"是十分重要的。

---

① 肯尼亚首任总统肯雅塔的著作(Kenyatta,1938:121)中,将基库尤族的教育观作为与欧洲教育观不同的例子举了出来。从基库尤族的传统来看,"教育的目的是形成人格,而不应该是单纯的学习知识"。这种想法,与欧美的教育观相比,更贴近日本的教育观。

第Ⅲ部

肯尼亚的初等教育与学校调查——新研究手法的尝试

8　肯尼亚的初等教育开发与国际合作
——从失去的20年中复兴

8.1　引言

1963年,肯尼亚脱离了英国取得独立,在非洲国家中取得了不俗的经济发展成绩。独立之后,直到20世纪70年代中期,都保持着GDP年平均增长率8%的记录。但是,受20世纪70年代石油危机的影响,经济发展停滞,进入80年代后,GDP出现负增长,经济发展一落千丈。在这种状况下,肯尼亚政府于20世纪80年代初期接受了IMF和世界银行的援助,开始着手调整经济结构。20世纪80年代,援助经济结构调整的资金源源不断地流入肯尼亚。但是,进入20世纪90年代后半期,由于肯尼亚政治经济改革的延迟,很多援助组织暂停了对肯尼亚的援助,肯尼亚因此陷入严重的财政危机。①

这种与肯尼亚类似的经济社会状况,在其他非洲国家也能看到。肯尼亚的教育现状和发展过程,与非洲国家整体的状况是一致的,这是普遍认识。另外,与其他非洲国家相比,肯尼亚的入学率相对良好,因此,很少有肯尼亚教育比周边国家弱的观点。

本章将比较肯尼亚与邻国坦桑尼亚和乌干达的经济、教育指标,并在考察肯尼亚在20世纪90年代到2005年间初等教育开发状况的同时,探讨其国际合作的方式。

8.2　东非三国的比较

肯尼亚、坦桑尼亚、乌干达三国,作为区域经济合作机构东非共同体的一员,

---

① 在2002年末的总统选举中,莫伊总统卸任,新政权(齐贝吉总统)建立起来。2003年之后,肯尼亚的ODA接受金额急剧增加(DAC,2007:187)。另外,肯尼亚经济也实现了稳步增长。

相互之间有很深的联系。其中肯尼亚在经济方面的优势地位一直保持到了20世纪70年代,但进入90年代后,其经济发展几乎处于停滞状态。乌干达在经济结构调整方面被评为成功范例,进入20世纪90年代后,乌干达的GDP保持着年平均7%的增长率。坦桑尼亚也从20世纪90年代后半期开始达到了3%—7%的增长率(见表8-1)。与之相比,20世纪90年代,流入肯尼亚的援助资金减少,肯尼亚的GDP增长率陷入低迷。①

表8-1 东非三国GDP增长率的比较(1980—2005年)

单位:%

国家	1980—1989年平均	1990—1999年平均	2000年	2001年	2002年	2003年	2004年	2005年
肯尼亚	4.1	2.2	0.6	4.4	0.4	2.8	4.3	5.8
坦桑尼亚	—	2.7	5.1	6.2	7.2	7.1	6.7	7.0
乌干达	2.3	7.2	5.6	4.9	6.5	4.4	5.6	6.6

注:2005年的数据依据的是世界银行(World Development Indicators 数据库)提供的数值。一字线部分表示无此数据。

资料来源:World Bank(2006a:44)。

仅以GDP来评价各国经济发展并不一定合适,但肯尼亚的经济停滞确实对教育发展带来了不良影响。1980年肯尼亚的初等教育净入学率高达91%,但到了1998年,该数值下降到了57%(来自世界银行教育统计数据库EdStats)。

东非三国初等教育毛入学率的变化比较见图8-1。各国的入学率到20世纪90年代中期为止都处于下降趋势。②虽然90年代后半期入学率有所上升,但从80年代开始入学率就呈总体下降的趋势。这些国家入学率上升的转机是免费初等教育制度的实行。乌干达(1997年1月)、坦桑尼亚(2001年10月)、肯尼亚(2003年1月)先后实行了免费初等教育制度③。现在的毛入学率,三个国家都达到了110%左右,但其各自所经历的过程有相当大的差异。因此,只关注入学率的话,有许多情况是搞不清楚的。

---

① 但是,近年来肯尼亚经济复苏态势十分显著。另外,以2005年人均GNI进行比较,肯尼亚是530美元,坦桑尼亚是340美元,乌干达是280美元,肯尼亚遥遥领先。
② 乌干达在20世纪80年代出现入学率上升趋势,是70年代阿明总统(时任)高压政策的反作用力的结果。
③ 肯尼亚和乌干达在20世纪70年代也曾短暂实行过免费初等教育制度。

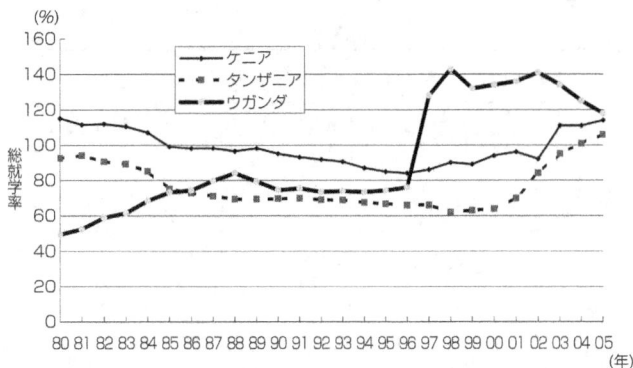

图8-1　东非三国初等教育毛入学率的变化（1980—2005年）[①]

（资料来源：本图是笔者依据联合国教科文组织统计研究所数据库及世界银行
教育统计数据库EdStats的数据制作而成。）

在此需要注意的是，免费初等教育所带来的入学率迅速提高有可能会遮蔽必须从根本上解决的教育问题。将实施免费初等教育之前，即20世纪90年代前半期三个国家的就学人数进行比较，我们会发现肯尼亚的就学人数增加很少，有些年份甚至出现减少的情况，与坦桑尼亚、乌干达相比，数值是明显偏低的（见表8-2）[②]。关于中等教育，肯尼亚的毛入学率在1996年达到了24%，而坦桑比亚、乌干达分别只有5%和12%（UNESCO，2000）。只把初等教育单独拿出来进行讨论并不是很合适的做法，但这与初等教育入学率增长停滞的理由无关。

表8-2　东非三国初等教育就学人数的变化（1990—1996年）

年份	肯尼亚		坦桑尼亚		乌干达	
	学生人数（千人）	增加率(%)	学生人数（千人）	增加率(%)	学生人数（千人）	增加率(%)
1990	5392	—	3379	—	2402	—
1991	5456	1.2	3512	3.9	2617	9.0

---

① 图8-1中「総就学率」「ケニア」「タンザニア」「ウガンダ」「年」对应的中译文分别是"毛入学率""肯尼亚""坦桑尼亚""乌干达""年份"。此外，图8-1中的"80、81、82……03、04、05"表示"1980、1981、1982……2003、2004、2005"，因图片版权问题，故对原图不做改动。（译者注）

② 肯尼亚入学率的迅速提高，与教育质量形成此消彼长的关系。入学率的迅速提高产生了很多恶劣影响，也带来了很多问题。乌干达和坦桑尼亚在实行免费初等教育制度之前，平均每年学生人数都有3%—5%的增长，与之相比，肯尼亚学生人数增长的停滞则十分明显。

续 表

年份	肯尼亚		坦桑尼亚		乌干达	
	学生人数（千人）	增加率(%)	学生人数（千人）	增加率(%)	学生人数（千人）	增加率(%)
1992	5555	1.8	3603	2.6	2404	-8.1
1993	5643	1.6	3737	3.7	2675	11.3
1994	5557	-1.5	3797	1.6	2790	4.3
1995	5536	-0.4	3878	2.1	2912	4.4
1996	5598	1.1	3943	1.7	3069	5.4
年平均	(34)	0.6	(94)	2.8	(111)	4.6

资料来源：本表是笔者依据世界银行教育统计数据库(EdStats)的数据制作而成。

在 1980 年，肯尼亚的初等教育毛入学率达到了 115%（男性 120%，女性 110%），但是，此后的约 20 年间，直到 2003 年实行免费初等教育制度为止，入学率一直处于低下或停滞的状态。[1]这种情况的出现并非是肯尼亚有意要限制教育的量的扩大以优先维持教育质量。20 世纪 80 年代，整个非洲都出现了入学率低的状况，其原因在于非洲各国经济的低迷，而进入 20 世纪 90 年代后，经济依旧处于低迷状态的国家，除了内战中的布隆迪之外，只有肯尼亚、赞比亚等几个国家了。

与周边国家相比，肯尼亚的绝对教育指标并不差，但这些主要归功于 1980 年之前的"遗产"。肯尼亚的主要问题是，1990—2003 年，免费初等教育制度实行前的这十几年，几乎看不到教育机会增加的征兆。[2]本章副标题中的"失去的 20 年"正是由此而来。肯尼亚的初等教育，是否处于自立而安定的发展进程中？

---

[1] 由于免费初等教育制度的实行，入学率得到了快速提高，但是 20 世纪 90 年代入学率停滞的根本原因依然存在。免费初等教育制度的实行只是减轻了家长的负担，学校却因无法应对激增的学生而出现了混乱。今后，教育质量的低下是不可避免的。

[2] 齐贝吉在选举公约中承诺的免费初等教育制度于 2003 年开始实行，2003 年初的毛入学率达到了 104%。因此在入学方面，肯尼亚的教育状况自 2003 年之后得到了相当大的改善，但同时也产生了很多问题。关于免费初等教育制度实行的现状和问题，详见本书第 9 章。

8.3　初中等教育概观

肯尼亚的教育制度由初等教育8年、中等教育4年、大学教育4年构成,被称作"8—4—4学制",是1985年教育改革时导入的。改革之前,初等教育是7年制,教育内容以理论为中心,这对于小学毕业后立即就业的大部分孩子来说并不合适。于是,新的课程中加入了斯瓦希里语和具有职业培训性质的实用科目(农业、商业、手工制作、家政学),以促使学生掌握生产技能。

肯尼亚全国的毛入学率如图8-1所示,而如果将不同地区的净入学率进行比较,会看到其差距非常明显(见表8-3)。其中,东北省属于半干旱地区,居住着很多以放牧为生且信仰伊斯兰教的牧民,这里的入学率远低于全国平均水平,男女间的差距也非常显著。另外,8年制小学的毕业率,由全国平均58%(2000年)上升到了76%(2004年),但男女间毕业率的差距相比入学率的差距更为显著(见表8-4)。①这一教育部公布的"毕业率",没有考虑留级人数,是机械性地计算出来的,并非正确的数值(参照第10章)。但作为整体倾向,内罗毕和东北省等入学率较低的地区其毕业率也低,而入学率高的地区其毕业率一般来说也高。

表8-3　各地区初等教育净入学率(2000—2004年)

单位:%

地区	2000年		2001年		2002年		2003年		2004年	
	男	女	男	女	男	女	男	女	男	女
海岸省	52.6	46.1	60.1	52.4	58.2	53.2	66.9	60.1	72.8	67.7
中部省	77.4	80.1	80.5	83.0	83.5	87.8	83.6	84.2	81.4	81.8
东部省	77.9	80.8	83.5	86.2	87.7	91.6	90.4	90.3	91.4	91.5
内罗毕	24.2	28.1	37.8	44.3	25.4	29.5	35.5	40.3	35.9	41.1

---

① 本书第10章中提到的学校事例研究表明,辍学者的比例可能并没有国家提供的非精确数据显示的那么多。其理由是,针对毕业率的统计数据,就小学而言,只是将某一年的一年级学生人数和8年后的八年级学生人数进行比较,并没有追踪每一名学生的具体情况,在留级人数比例高的肯尼亚(特别是在实行免费初等教育制度的2003年之前),是无法算出正确的毕业率的。

续　表

地区	2000年		2001年		2002年		2003年		2004年	
	男	女	男	女	男	女	男	女	男	女
裂谷省	70.2	68.8	75.0	74.3	81.1	81.5	84.1	82.0	87.8	85.4
西部省	78.4	75.3	91.8	87.2	95.4	91.7	97.5	93.2	99.3	97.2
尼扬扎省	80.2	79.8	90.9	89.2	88.9	89.6	96.2	95.4	96.9	96.2
东北省	19.3	11.0	18.8	11.3	19.6	14.1	26.1	16.2	23.6	14.9
男女各自平均	67.7	67.8	75.0	75.0	76.5	76.3	80.8	80.0	82.2	82.0
全国平均	67.8		75.0		76.4		80.4		82.1	

注:首都内罗毕的净入学率仅有30%—40%,虽然没有计入非正规学习中心和私立学校的就学人数,但这并没有反映出内罗毕就学的实际情况,应该是统计方面有问题。毛入学率可参照第9章表9-2。

资料来源:Ministry of Education(2006:14)。

表8-4　8年制初等教育各地区毕业率(2000—2004年)

单位:%

地区	2000年		2001年		2002年		2003年		2004年	
	男	女	男	女	男	女	男	女	男	女
海岸省	48.3	33.6	52.6	36.2	54.0	36.6	59.5	40.2	69.2	47.3
中部省	75.9	77.7	74.8	77.3	78.7	80.0	82.5	84.4	91.5	92.1
东部省	59.8	58.8	62.8	61.4	65.8	65.2	73.2	71.3	83.5	79.1
内罗毕	35.4	37.4	35.0	37.3	37.4	40.1	39.3	42.5	43.3	46.6
裂谷省	60.8	54.4	65.0	57.5	69.1	64.0	75.1	69.8	84.1	76.6
西部省	59.6	56.7	63.7	60.5	65.3	60.3	72.2	66.9	84.5	75.5
尼扬扎省	70.8	57.8	69.2	55.7	73.6	59.3	80.2	63.7	88.0	69.8
东北省	20.2	7.2	24.6	9.0	28.5	11.3	32.7	14.2	39.0	14.8

续　表

地区	2000年		2001年		2002年		2003年		2004年	
	男	女	男	女	男	女	男	女	男	女
男女各自平均	60.2	55.3	62.2	56.8	65.5	60.1	71.3	65.2	80.3	72.1
全国平均	57.7		59.5		62.8		68.2		76.2	

注：本表是教育部发布的毕业率。表中毕业率仅将1995年的一年级学生人数与2002年的八年级学生人数进行了简单比较，并没有考虑留级人数，因此精准率很低（只能说是表面上的毕业率）。另外，该毕业率与Ministry of Education & Science and Technology（2005a：10）发布的数值有相当大的差异。

资料来源：Ministry of Education（2006：17）。

　　2004年全国平均中等教育的净入学率为19%，将不同地区进行比较可以发现，其数值与初等教育的净入学率有关（见表8-5）。提高小学升中学的升学率，对于政府来说是个重要的课题，"2008年之前对女生有特别优待条件，目标是要将小学升中学的升学率由47%提升到70%"（Ministry of Education & Science and Technology，2005c：xiii）。但是，在最近政府发布的数据中，有故意将升学率和入学通过率混用的情况，于是2006年入学通过率达到了60%（Obwocha，2007）。但是，事实上升学率并没有上升，如果以这个入学通过率为依据，则得到了入学许可但并没有去上中学的小学毕业生有26%之多（2006年）。提升入学通过率以教育部的权限是可能的，但是，提升实际的升学率，要涉及教育费用负担等问题，只靠政策援助是无法实现的。[①]

表8-5　各地区中等教育净入学率（2000—2004年）

单位：%

地区	2000年		2001年		2002年		2003年		2004年	
	男	女	男	女	男	女	男	女	男	女
海岸省	7.3	7.8	8.2	8.4	9.6	9.4	12.2	11.4	14.3	12.2

---

① 肯尼亚政府计划从2008年开始实行免费中等教育制度（一年级学生人均1花费年3000先令，约45美元，由政府负担），但这一金额只是实际必要花费的1/10左右，对升学率究竟有多少贡献并不清楚。

续　表

地区	2000年		2001年		2002年		2003年		2004年	
	男	女	男	女	男	女	男	女	男	女
中部省	20.1	24.6	22.9	26.9	27.4	30.7	25.2	30.3	27.0	29.5
东部省	13.1	14.4	14.9	15.7	17.8	17.9	19.9	21.8	20.9	21.4
内罗毕	10.5	7.1	11.7	7.5	13.6	8.3	11.6	6.4	22.1	16.2
裂谷省	11.7	11.5	13.1	12.3	15.4	13.8	17.0	17.1	17.7	17.3
西部省	15.3	16.4	17.3	17.7	20.4	20.0	16.9	20.7	19.2	20.3
尼扬扎省	18.8	15.6	21.4	16.9	25.4	19.2	23.3	21.4	22.3	17.6
东北省	3.2	2.0	3.4	2.0	3.7	2.1	2.9	2.0	3.1	1.8
男女各自平均	13.9	14.0	15.7	15.2	18.5	17.1	18.2	18.9	19.7	19.1
全国平均	14.0		15.5		17.8		18.6		19.4	

注:本表中的数值,尤其是内罗毕的数值有不自然的增减,但本表以原始数据为依据,未做处理。
资料来源:Ministry of Education(2006:30)。

　　上述初等教育及中等教育的入学率,来源于教育部的统计资料,是在普查中得到的数据。但是,由于存在人口普查的可信度值得怀疑、对私立学校的学生人数掌握不准确等问题,教育部发布的入学率并不是绝对值得信任的数据。例如,在2003年实施的"人口保健调查"(Demographic and Health Survey)中所得到的入学率如表8-6所示。将这两套数据中各个省的入学率进行比较,我们会发现教育部数据中内罗毕的入学率异常之低。另外,"人口保健调查"将各个家庭的收入等级分为5级,并分析了其差距给入学率带来的影响。分析结论如下:除去最贫困阶层,初等教育入学率因收入不同带来的差距并不明显,但中等教育明显表现出收入越高入学率越高的趋势。也就是说,并非人人都有机会接受中等教育,它在很大程度上被家长的收入情况所左右。这种教育机会的不平等,进一步影响高等教育(仁村,2007)。

表8-6 根据人口保健调查对初中等教育净入学率的推测(2003年)

单位:%

地区和属性		净入学率					
		初等教育			中等教育		
		男	女	计	男	女	计
地区	海岸省	71.9	67.2	69.7	8.4	11.0	9.7
	中部省	90.6	91.1	90.8	19.0	19.4	19.2
	东部省	85.2	84.2	84.7	5.9	8.1	6.9
	内罗毕	85.9	84.1	85.0	35.5	28.9	32.1
	裂谷省	70.9	73.9	72.4	10.6	8.6	9.7
	西部省	86.5	86.1	86.3	9.8	15.9	12.9
	尼扬扎省	78.5	81.7	80.1	12.2	16.5	14.2
	东北省	44.6	26.5	36.3	2.8	1.4	2.2
住房	城市	82.4	82.5	82.5	26.8	21.8	24.2
	农村	78.0	78.1	78.0	9.1	11.6	10.3
收入等级	最下级	63.0	59.4	61.3	2.7	5.4	4.0
	下级	79.0	81.0	79.9	6.7	7.9	7.3
	中级	83.5	84.1	83.8	11.1	11.6	11.4
	上级	88.4	87.9	88.1	13.6	19.1	16.2
	最上级	85.5	86.4	86.0	31.9	25.0	28.2
平均		78.6	78.8	78.7	11.7	13.4	12.5

注:该调查是对9865户家庭共37128人的抽样调查。收入等级是以五分位数(quintile)确定的。

资料来源:Central Bureau of Statistics et al.(2004)。

8.4 教育费用与教师工资

8.4.1 教育费用

如上节所述,20世纪90年代肯尼亚初等教育的入学率低,对于教育来说是继80年代之后,又一个"失去的10年"。表面上免费制的教育,却在80年代开始向受益者征收费用。这是因为作为结构调整计划一环所导入的成本均摊政策,要求各个家庭承担教育费用。20世纪90年代的入学率低,是受到了1985年教育改革中所导入的职业培训科目的影响,但家庭经济负担的增加也是一个很重要的原因(Makau et al.,2000:17)。

初等教育阶段教育费用的3成左右由家庭负担,与中等教育要负担6成相比,负担还算较轻(见表8-7)。但是,家庭越是贫困,与粮食相关的支出所占比例就越高。另外,富裕阶层在医疗费用方面的支出比教育费用要高出近1倍,但贫困阶层所支出的教育费用与医疗费用所占比例基本相同(Republic of Kenya,1998:163)。因为医疗费用是比教育费用更加不可或缺的,因此,对于处于贫困阶层的家庭来说,教育费用已经超出了其所能支出的极限。Abagi(1997)也对20世纪90年代政府和个人对初等教育的支出进行了讨论,指出教育费用在家庭经济中所占的比例已经超出了极限,政府与家长以这种方式筹齐所有教育费用是很困难的。

表8-7 政府与家庭对教育费用的支出比例

单位:%

	学前教育	初等教育	中等教育	技术教育	大学教育
家庭经济负担	99.1	31	60	60	8
教育部负担	0.9	69	40	40	92

资料来源:Ministry of Education & Science and Technology(2001)。

8.4.2 教师工资

2004年,在肯尼亚政府的年度支出中,教育领域所占的比例为29%(来自世界银行教育统计数据库EdStats),教师工资占初等教育预算的98%。肯尼亚教育预算和教师工资所占比例之高,在众多非洲国家中也是非常突出的。肯尼亚的教师工会十分强大,因而学校教师的待遇改善演变了一个政治问题。例如,1997

年是总统选举年,同年10月份肯尼亚教师工会(Kenya National Union of Teachers,KNUT)举行罢工,最终于5年后的2002年迫使时任总统莫伊承诺将教师工资提高150%—200%(Abagi & Odipo,1997)。[①]但政府并没有财力来提高教师的工资。1998年之前(包括1998年),政府增加了教师人数(192306人),以减轻每位教师身上的负担,但这导致了教师工作效率的低下,1998年之后,教师人数反而减少了(Central Bureau of Statistics,2001:36)。2003年之后,因免费教育制度的实行,学生数量激增,但教师数量并没有增加(Kenya Bureau of Statistics,2007:47)。

1990年,无教师资格证的教师比例达到了30%,但2004年,这一比例减少至1%。另外,高职级的教师数量增加,从教师资格证持有率来看,教育质量确实提升了(见表8-8)。但是,教师的道德和干劲并没有提高,减少无教师资格证的教师人数以促进教育质量改善、提高入学率的策略并没有充分发挥效果。即使取得了教师资格证,教师所获得的也并不是教育学方面的技能或者以儿童为中心的教授法等直接能够改善教学的教育和培训内容(Makau et al.,2000)。

表8-8 小学教师的各职业等级和持有资格证的人数(2000—2005年)

单位:人

职级	2000年	2001年	2002年	2003年	2004年	2005年
学士	193	176	242	254	925	890
认定教师	2635	19223	19108	16760	49100	47202
S1/准学士	17970	691	629	1247	9167	8813
P1	121000	127538	127174	129785	99549	95701
P2	26262	25696	24579	24298	15775	15165
P3	4946	4428	4060	3972	1865	1793
有教师资格证	173006	177752	175792	176316	176381	169564
无教师资格证	5894	3108	2245	2306	1803	1469

[①] 肯尼亚政府与KNUT的协议最终于2007年4月由时任总统齐贝吉全面落实。实施期限是当初约定的2倍,即10年。政府在这一时期履行协议,可能与2007年12月的总统选举有关。

续　表

职级	2000年	2001年	2002年	2003年	2004年	2005年
合计	178900	180860	178037	178622	178184	171033

注:本表将职级按照学历分为从大学毕业(学士)到小学毕业后接受2年培训(P3)6个等级。中学(4年制)毕业后,再修完师范学校(2年制)课程,可以取得P1职级。在P1职级的基础上再积累一定的实践经验可以升级为认定教师。本表中的人数只包含公立学校。

资料来源:Central Bureau of Statistics(2003:40),Kenya National Bureau of Statistics (2007:47)。

　　肯尼亚的教师工资是根据教师职级(学历)决定的。教师的高学历化提高了教育质量,这是值得肯定的,但同时,这给教育财政增加了很大负担(见表8-9)。例如,雇佣学士学位的教师,需要支付的工资是师范学校毕业的教师(P1)的约2倍(约270美元)。其结果是教师工资之外的用于教材等方面的预算越来越少。这种情况同样存在于其他非洲国家。

表8-9　不同职级的小学教师的工资

单位:先令

职级	月工资
学士	18515
准学士	14800
认定教师	11125
P1	9870
P2	8900

注:本表是各职级最初的基本工资(2007年工资修订后的金额)。每年有2%—3%的定期加薪。除此之外,政府还要支付住房津贴、职务津贴、通勤津贴等。1美元=约68先令(2007年7月汇率)。

资料来源:Teachers Service Commission(2007)。

8.5 教育改革的动向

8.5.1 2002年之前（包括2002年）

肯尼亚教育制度咨询委员会(The Commission of Inquiry into the Education System of Kenya)成立于1998年5月(Republic of Kenya,1998),是随着《教育训练精通计划(1997—2010)》的制定而成立的。其作用是将普通国民和相关机构的意见集中、整理并制定提案。克奇(D. K. Koech)被指名为委员长,2000年公开发行的报告书(Totally Integrated Quality Education and Training,TIQET)被通称为克奇报告书(Republic of Kenya,2000)。这份报告书中提出了558个提案,其目标是将教育从现今的危机状态中解救出来。这558个提案中约有100个是需要财政支持的,其实施不仅需要肯尼亚政府,还需要家长、共同体、援助组织追加资金援助(Abagi et al.,2000)。

Abagi & Odipo(1997)认为,肯尼亚留级人数和辍学人数多,学生对老师比例低,整个教育体系需要进行根本性的改革。为此,Abagi & Odipo(1997)提出了以下6项提议[①]:

①进行整体性的教育制度评价,改变效率低下的做法,将损失控制在最小限度,要将现行8—4—4学制下的13门必修科目减半;

②即使增加了教育预算,入学率与毕业率依然持续下降,因此需要尝试新形式的初等教育;

③要将学生对老师比例上升至40比1,在保持现有教师数量的前提下增加学生人数;

④与8—4—4学制的课程修订相配合,在教师人数不足的情况下,将学生分成两批上课;

⑤对学校视察的作用、方法进行重新定义,对视察制度进行再建构;

⑥削减政府对教师的工资支出。

8.5.2 2003年之后

在2002年末的总统选举中,齐贝吉当选为新一任总统。肯尼亚所接受的

---

① 这6项提议是在20世纪90年代后半期的教育环境中由研究者提出的。之后,随着包括免费教育在内的政策的落实,①③⑤已经得到了部分实现,但是在教师工资方面,出现了与⑥相反的情况——教师的工资增加了。

ODA 金额出现了快速增长(见表8–10)。对普及初等教育的援助也进入正式阶段(参照第9章)。2005 年3 月,新的基本政策《教育训练研究政策纲领》(Ministry of Education & Science and Technology,2005b)开始实行,作为具体实施这一纲领的行动计划,KESSP 于同年7 月被公布(Ministry of Education & Science and Technology,2005c)。

表8–10　ODA净接受额的变化(2001—2005 年)

单位:百万美元

国家	2001年	2002年	2003年	2004年	2005年
肯尼亚	462	391	521	664	768
坦桑尼亚	1269	1230	1704	1761	1505
乌干达	790	710	976	1198	1198

注:2005年各国人口为肯尼亚3426万、坦桑尼亚3833万、乌干达2882万。

资料来源:DAC(2007:186)。

KESSP 中包含23 个投资项目,被盛赞为可以为国民提供各个阶段的教育机会。人们期待着教育发展会为国家的经济增长和雇佣机会的增加做出贡献。该计划如果能够成功实施,预计可实现下述目标:

①在2015 年之前全面普及初等教育;

②在2008 年之前对女性教育给予特别优待,将小学升中学的升学率由现在的47% 提高到70%;

③改善并维持初中等教育的入学率与质量;

④在2005 年年底之前,提升4.5 万名教育管理人员的能力;

⑤在2008 年之前,建设、改修干旱地区、半干旱地区和城市里的贫民窟的教育设施;

⑥在2005 年之前制定关于职业培训、技术教育的国家战略,在2008 年之前将相关设施配备齐全;

⑦在2010 年之前将成人识字率提高50%;

⑧在2015 年之前将各国立大学的固定人员增加5000 名,在2010 年之前使女性人数占学生总数的1/3,理科生人数占全体学生人数的50%。

在肯尼亚政府的积极倡导下,免费初等教育等政策纷纷落实,上述目标中与数量相关的目标也许能够实现。但是,如果不改善教育系统整体效率低下的局面,只是追加投入资金,可能产生为了教育的量的扩大而牺牲教育质量的后果。事实上,令人忧心的事态正在部分地区上演(参照第9章)。肯尼亚今后面临的课题是能否有效利用援助资金,不过度依赖援助,使教育事业得以长期、健全地发展。

8.6　国际合作的状况

世界银行和IMF以肯尼亚政府延迟经济改革和贪污问题等情况为理由,在1997年之后,冻结了对肯尼亚的结构调整融资。在20世纪90年代初期,肯尼亚的人均ODA金额还与坦桑尼亚、乌干达基本持平(30—40美元),1997年之后,肯尼亚的人均ODA金额由坦桑尼亚、乌干达两国的1/2下降到了1/3(来自OECD/DAC数据库)。近几年,国际社会对肯尼亚投入的ODA金额出现了快速增长,近3年增加了1倍,但肯尼亚对ODA的依赖度仍较低(见表8-10)。具有讽刺意味的是,国际社会以肯尼亚经济改革延迟等为由减少了ODA金额,由此却促使肯尼亚的国家财政具备了不依赖于援助的特质。

在DAC各国(OECD成员国)对肯尼亚的ODA金额方面,因上述肯尼亚方面的问题,欧美各国在20世纪90年代停止了援助,在此期间,日本的援助额居第1位。但是,进入2000年之后,英国和美国在金额方面成为主要援助国(外务省国际协力局,2007)。[1]在2002年之后,日元贷款回收额超过了贷款额,就净支出额来看,日本ODA金额出现了大幅减少。特别是2003年,即使加上无偿支援金额,贷款的回收额依然超过了贷款额,从整体来看,日本是在回收对肯尼亚的援助资金。

20世纪90年代的教育援助,一般是以个别项目的形式实施的,因此,形成了数量众多的项目型援助(见表8-11)。国际组织和双边援助组织在各个领域通过各个机构来实施项目,对于肯尼亚来说,仅管理这些项目负担就很重。如果再加上NGO主导的小规模活动,项目数量又会增加好几倍。另外,许多援助组织有自己的援助政策和优先领域,再加上援助目标是要消除整个援助地域的贫困状态,重视基础教育援助,因此,援助领域以初中等教育为核心,几乎没有针对高等教

---

[1] 日本的ODA供应金额,受日元贷款(有偿的政府贷款金额很大)影响,并不是供应金额第一就能在对肯尼亚的国际援助中取得主导权。

育的援助。日本从1998年开始在中等数理科领域实施在职教师研修项目,组织当地教师自己进行教材研究,培养他们的独立发展性。这种尝试与努力也正在向其他非洲国家推行(国际协力事业团,2003b:80)。

表8-11　教育部管辖下的国际合作项目一览(2000年)

序号	项目名 (援助组织与项目 开展时间)	目标	主要活动内容
1	小学管理运营 (英国DFID,1996—2000)	为提高教育质量,组织校长进行学校管理和运营的研修	·对1200名校长和教育视察官进行培训 ·依据研究结果对项目进展情况进行评价
2	初等教育强化 (英国DFID,1999—2003)	通过教材供应和在职教师研修等措施提高教育质量	·以51000名教师为对象,以远程教育为学习方式,以各个学校为单位实施研修 ·开发和制作教育视察官手册
3	非正规教育 (联合国儿童基金会,1999—2003)	通过非正规教育使未上学的儿童掌握基础职业技能	·非正规教育指导方针的制定和课程开发 ·对90所非正规教育中心的教师进行培训
4	艾滋病预防教育计划 (联合国儿童基金会,1999—2003)	减少艾滋病在就学者中的传播感染	·组织对培训师的培训,组织生活技巧教授法的培训 ·开展相关活动
5	学校保健与营养 (联合国儿童基金会,时间不明)	对就学儿童的保健和营养课题进行启蒙	·实施午餐供给和学校保健服务
6	中等数理科教育强化 (日本JICA,1998—2003)	通过在职教师研修,提高其数理科的教授能力	·教学法等能力开发 ·在试点地区确立数理科教师研修制度
7	初等教育实用科目强化 (德国技术合作署,1997—2000)	打好农业、家庭、绘画和制作等各科目的理论基础,提高实际操作技能	·对实用科目课程和考试的评价 ·指导在职教师研修,提供所需器材和指导书
8	女性教育计划 (联合国儿童基金会,1994—2000)	改善女性的学业状况,提高入学率和毕业率	·培养充分考虑到性别差异的教育管理能力 ·开展与性别差异相关的政策课题的社会性启蒙活动

续　表

序号	项目名 （援助组织与项目 开展时间）	目标	主要活动内容
9	初中等教育强化 （世界银行,1998—2008）	改善教育质量,对初等教育入学率低的状况进行控制,提高中等教育留存率	·进行课程评价和修订 ·构建教育信息系统等
10	后中等教育项目 （欧洲经济共同体等:1997—2001）	以实现工业化为目标,对中学毕业生进行必要的中坚管理者培训	·培训设施的建设和器材的供给 ·设立奖学金
11	南非教育质量监测联盟 （联合国教科文组织,时间不明）	对教育质量进行政策建言和调查	·分析调查对初等教育施加影响的主要因素 ·将调查结果通过研究会进行通报
12	就学前教育 （世界银行,1997—2002） 就学前教育 （联合国儿童基金会,1999—2003）	以贫困地区为中心,改善0—8岁儿童的保健和营养状况	·组织训练模块的开发和教师培训 ·在8个试点地区进行基线调查
13	干旱地区、半干旱地区小学食堂午餐 （世界粮食计划署,1997—2001）	增加入学者,减少退学者,维持稳定的出勤率	·提供项目专员 ·分配粮食
14	技术教育支援 （欧盟,时间不明）	将图书馆的设施配备齐全等	·购入图书、供给器材等,维修图书馆
15	职业训练(第3阶段) （德国技术合作署,1998—2001）	提高工业技术培训学校的财政独立发展能力	·在工业技术培训学校等34所学校中设立生产部门
16	远程教育计划 （DANIDA,1999—2002）	为了改善残疾儿童的入学率和教育质量,对教师等进行培训	·组织学习素材的开发和对学习素材开发者的培训

资料来源:Ministry of Education & Science and Technology(2000)。

　　肯尼亚也导入了领域计划,由各个援助组织独立施行的个别项目已经逐渐消失。现在的教育合作,如上所述,是在 KESSP 的领域内开展的合作,它决定了今后教育发展的方向。但是,这一计划正如画在纸上的饼,援助组织的援助是其前提。根据KESSP预算计划书,为了在2010年之前实现既定目标,计划需要的金额比现在已经承诺的援助金额大概多出1倍。另外,肯尼亚政府99%的教育预算用于经常性支出,在开展新事业所需的开发预算中,8—9成要依赖援助。

8.7 结语

受援国国家主体性的重要性,在20世纪90年代援助金额开始减少时曾被热烈讨论。就肯尼亚来说,20世纪90年代中期之后,来自世界银行的援助基本停止,其结果是肯尼亚政府很容易制定出由本国主导的独立的政策。这一情况反映在教育领域,则表现为教师人数的增加和教师工资的提高。这在援助组织支援经济结构改革的结构调整期是绝不可能被采纳的政策。但是,教师负担的减轻与工资的增加,并没有带来教师道德的提升和学生学习效率的提高。教师工资的提高给教育财政带来负担,无法增加教材购买和课程开发的预算,教育质量持续走低。

那么,现在是怎样的情况呢? 2002年末,齐贝吉当选为新一任总统,从2003年1月开始,免费初等教育制度开始实行。这一政策是为了实现UPE这一国际社会的目标,世界银行和英国为了支持这一政策,开始了新的援助。例如,世界银行从2003年6月至2004年12月,共计为援助免费初等教育提供了5000万美元,这一资金主要用于购买教科书(World Bank,2003)。另外,世界银行在2006年11月决定追加8000万美元的融资(World Bank,2006b),将其作为上述KESSP援助的一环。

以肯尼亚政府自己的财政收入将免费教育持续实施下去几乎是不可能的,因此肯尼亚自然需要依赖援助。针对UPE这一国际目标,积极提供援助的国际组织也为数不少。援助组织和肯尼亚政府形成一体,正在向2015年全面普及初等教育的目标突飞猛进。一般来说,这应该是十分可喜的局面。但是,将所有孩子都"塞进学校",这一做法究竟对本应是受益者的生活在贫困层的儿童、国民以及接收新生的学校有多少考虑呢? 在实际教育过程中,并没有出现中央的政策决定者所预期的反应(参照第9章)。肯尼亚政府应该再出台一些提高学校灵活性、增强教师教学能力的政策。

发展中国家和援助国双方相互关系的重要性在2000年的"世界教育论坛"上得以确认,现在肯尼亚政府与援助组织间的伙伴关系看上去十分理想。但是,若有人针对实行免费教育制度之后学生数量瞬间增加2成这一现象进行批判,也并不是不好的。对学校状况毫无关注的政策,很明显是无法维持教育质量的。即使能够保证孩子们平等地享有受教育的权利,但是,他们所接受的教育质量被家长的经济实力所左右,贫富间的差距将会越拉越大。我们应该根据不同国家的实际情况采取不同的方法,在有些国家要限制教育机会的增加,将教育质量的改善作为首要目标(Chimombo,2004)。本应是受益人的儿童及其家长,一定也希望初等教育的普及是以这种形式展开的吧。

9 肯尼亚全面普及初等教育的尝试
——免费初等教育的现状与问题点

9.1 引言

UPE是国际社会全体的目标。关于UPE这一目标,也曾经在20世纪60年代召开的联合国教科文组织地域会议上以1980年为目标年被设定过。[①]因此,以实现UPE为目标的国际行动,绝不是现在才出现的。1990年召开的"世界全民教育大会"具有现实性意义就是因为在这次会议上,EFA从理念上升为政策目标(内海,1996)。这次会议上通过的行动纲领,提出了在2000年之前实现EFA的目标。1996年在OECD/DAC上通过的"新发展战略"中,EFA演变为限定于学校教育的UPE,其目标年也延期至2015年。2000年在"世界教育论坛"上通过的《达喀尔行动纲领》和联合国制定的联合国千年发展目标,也提出要在2015年之前实现UPE。

虽然国际社会设定了带有完成期限的教育发展目标,但全世界仍有50%的未入学儿童生活在非洲(UNESCO,2006:29)。在初等教育净入学率方面,绝大多数入学率排名靠后的国家也位于非洲,其初等教育净入学率平均为63%(UNESCO,2006:269)。[②]据联合国儿童基金会的分析,预计在2015年之前难以实现UPE的国家,大部分是非洲国家(UNESCO,2002:97)。在这些国家的发展计划中,在2015年之前实现UPE目标是必备内容,肯尼亚也不例外。

在肯尼亚,2003年年初导入了免费初等教育制度并开始实行。这是齐贝吉在选举时承诺过的。以免费教育为突破口力图实现UPE的国家并不少,但这些国家的教育为政治所利用,其免费教育并不是以细致的计划为基础展开的,而且

[①] 这一系列会议,分别在卡拉奇(1960年)、亚的斯亚贝巴(1961年)、圣地亚哥(1962年)、特里波利(1966年)召开。在此之前,在联合国大会上通过了《世界人权宣言》(1948年)、《儿童权利宣言》(1959年),宣布教育是所有人(特别是儿童)的权利。

[②] 学龄期儿童每3人中就有1人无法读小学,而且教育质量非常糟糕。

教育财政实力明显不足,必须依靠援助组织援助。肯尼亚在2003年实行免费初等教育制度并不是第一次尝试。肯尼亚刚刚独立时,执政党肯尼亚非洲民族联盟(Kenya African National Union, KANU)的宣言中也包含免费教育的内容(Republic of Kenya, 1964:66)。在1974年,从一年级到四年级上学都是免费的(Sifuna, 1980:159)。在国家发展计划中,也经常将实现免费初等教育作为目标提出(Otiende et al., 1992)。问题是,政府的教育计划为政治所利用,计划并不是在调查的基础上精心制订的(Amutabi, 2003)。

20世纪90年代,在非洲国家中率先导入免费初等教育制度的是马拉维(1994年),其次是乌干达(1997年)。在马拉维,1994年是实行多党制后的首个选举年,免费初等教育制度是时任总统穆卢齐在选举时承诺的。在经济方面,马拉维年度通货膨胀率为25%,GDP成长率为-10%,均创下了最差纪录(World Bank, 2003),因此,完全没有财政后援来支持免费初等教育制度的实行。在乌干达,1996年总统穆塞韦尼擅自发布了免费初等教育制度,但在此之前并没有制订推进免费教育的具体计划(前田,2002)。只不过,两国都得到了世界银行和英国国际开发署的援助,目前仍在推行免费初等教育制度。[①]在这些国家,入学率取得了惊人的提高,但在教育质量方面仍然存在很多问题。

本章的目的是从肯尼亚免费初等教育制度的现状中挖掘问题点,批判性地讨论为实现UPE所采取的方法策略,多角度论述实现UPE的意义,尤其关于免费教育,学校现场是如何反应的,迄今为止很少有微观层面的调查。教育问题不仅仅是国家政策,对于孩子们来说UPE具有怎样的价值呢?本章将穿插纳罗克县2所小学(A校和B校)的事例,对此问题展开讨论。UPE不仅是非洲国家的问题,也是国际社会全体的问题。关于这一问题,本章首先对非洲国家所做的种种努力进行整理。其次,具体讨论肯尼亚政府是基于过去怎样的经验来推进免费教育的。最后,从肯尼亚的现状来探讨实现UPE所面临的问题。

9.2　非洲国家的教育发展

大部分非洲国家是20世纪60年代初从英国、法国等旧殖民国中独立出来的。独立之后,这些国家的入学率得到了持续性的快速提高,但是,20世纪70年代的石油危机和初级产品国际价格的下降致使非洲国家经济成长停滞,在此影

---

① 2007年,乌干达开始实行免费中等教育制度。

响下,20世纪80年代,很多国家经济发展陷入低谷,GDP出现负增长。这也是将20世纪80年代称作"失去的10年"(在经济发展方面)的原因。

这样的经济状况也影响了教育普及,再加上人口的急速增长,入学率得不到提高,教育质量低下。1980年,非洲整体的初等教育毛入学率为80%,但到了1990年,这一数字下降到了74%①(World Bank,2003:323)。经历了这样的时代之后,在20世纪90年代,入学率取得了让人意外的改善的非洲国家是乌干达和马拉维。其原因都是实行了免费初等教育制度。马拉维在实行免费初等教育制度前的学生人数是190万人(1993年),1994年实行免费初等教育制度后,学生人数便迅速增加到了286万人(Malawi Ministry of Education,1998);乌干达的学生则由274万人(1996年)迅速增加到了530万人(1997年)(Uganda Bureau of Statistics,2000:27)。查阅一下2005年之前实行了免费初等教育制度的非洲5国的毛入学率的变化情况,该制度的巨大影响力便可一目了然(见表9-1)。

表9-1　实行了免费初等教育制度的非洲5国的毛入学率的变化(1991—2005年)

单位:%

国名	年份														
	1991	1992	1993	1994	1995	1996	1997	1998	1999	2000	2001	2002	2003	2004	2005
马拉维	79	84	<u>89</u>	<u>134</u>	134	131	—	143	139	139	141	135	—	125	122
乌干达	75	74	74	73	74	<u>76</u>	<u>128</u>	120	126	127	130	134	134	125	119
坦桑尼亚	70	69	69	68	67	66	66	63	64	66	<u>72</u>	<u>87</u>	95	101	106
赞比亚	99	95	93	91	89	87	—	77	75	75	75	<u>78</u>	—	<u>99</u>	111
肯尼亚	93	92	90	87	85	84	86	94	93	98	—	<u>94</u>	<u>111</u>	111	112

注:每个国家在下划线数值所对应的年份前后开始实行免费初等教育制度。一字线部分表示缺少对应数据。

资料来源:世界银行教育统计数据库(EdStats)。

如表9-1所示,免费初等教育制度的导入使得入学人数增加,入学率十分轻易地上升了。但是,免费初等教育制度的实行并没有财政预算支持,教室数量和

---

① 除去人口较多、入学率较高的南非和尼日利亚的数据,初等教育毛入学率分别为72%(1980年)和66%(1990年)。

教师人数也不足,在城市里的低年级班级里,出现了学生人数太多班里坐不下的情况。与此同时,教育质量也十分低下。有报道称,78.4%的马拉维小学六年级学生连最低程度的读解能力都不具备(Milner et al.,2001:60)。另外,免费初等教育制度的本来目的是减轻贫困层的家庭经济负担,扩大初等教育入学途径,但是低年级的班级规模太大,教材数量也不足,连最基本的教育质量也难以保证。在这样的情况下,力图以普及初等教育来削减贫困的策略并没有发挥作用(Kazamira & Rose,2003)。

在《达喀尔行动纲领》中,第6个目标作为前5个目标的总括,提出了要改善教育质量。在1990年的"世界全民教育大会"上,"学习"一词的频繁使用揭示了教育质量的重要性。如此这般明确揭示出教育质量的重要性,其背景是近10年来,虽然入学途径得到了一定程度的改善,但作为牺牲品的教育质量持续低下的现状已经引起了国际社会的反省。

9.3　初等教育的现状与教育改革

9.3.1　初等教育普及的现状

肯尼亚的现行教育制度,被通称为"8—4—4学制",是在1985年的教育改革中被导入的学制。小学入学之前,大部分儿童会在幼儿园接受至少1年的教育(学前教育),不过将学前教育并入小学的情况也很多。另外,学生们在接受完初等教育和中等教育后要参加国家统一考试,下一教育阶段的学校依据考试结果对学生进行选拔(参照第6章)。

在非洲,肯尼亚的入学率与其他国家相比是相当高的,但是,从1990年到免费初等教育制度实行前的2002年,初等教育毛入学率呈基本停滞状态。在海岸省和东北省,女性入学率很低,但在其他地区,男女入学率的差距并不明显。另外,不同地区的毛入学率差距非常显著,与索马里接壤的东北省属半干旱地区,游牧民很多,毛入学率只有20%—30%,与之相对,拥有大片肥沃农田的西部省的毛入学率远超100%(见表9-2)。除了教育质量问题之外,辍学和留级也是很大的问题。

表9-2　各地区初等教育毛入学率(2000—2004年)

单位:%

地区	2000年		2001年		2002年		2003年		2004年	
	男	女	男	女	男	女	男	女	男	女
海岸省	71.9	61.8	70.8	60.3	70.3	59.4	86.9	73.7	97.3	83.7
中部省	99.3	101.9	95.9	97.9	92.2	93.3	102.3	100.9	102.2	99.9
东部省	100.6	104.6	99.9	103.7	103.0	105.2	116.3	114.9	120.6	117.4
内罗毕	33.2	37.2	29.4	33.0	32.3	36.2	39.1	43.9	41.0	45.8
裂谷省	89.4	85.5	92.0	87.9	92.3	88.1	109.5	102.7	113.0	104.2
西部省	107.2	106.1	105.8	104.9	112.6	108.0	137.4	123.2	143.3	125.9
尼扬扎省	108.7	105.7	105.6	102.8	104.8	102.3	127.8	122.8	126.2	117.4
东北省	26.0	13.7	24.7	13.2	25.3	13.3	32.4	18.8	33.5	18.5
男女各自平均	89.0	88.4	88.0	87.3	88.9	87.5	105.0	100.5	108.0	101.6
全国平均	88.7		87.6		88.2		102.8		104.8	

注:首都内罗毕的毛入学率仅有30%—40%,这并没有反映出内罗毕就学的实际情况,应该是统计处理方面有问题。本表中的数值与第8章图8-1(世界银行提供的数据)中的毛入学率并不是完全一致的。净入学率可参照第8章表8-3。

资料来源:Ministry of Education(2006:13)。

对于肯尼亚来说,一个很大的问题是,在1980年之后几乎看不到初等教育入学率的提高,而且,教育质量也持续恶化。由于免费教育的实施,入学率出现了大幅改善,尽管如此,人们并没有对20世纪80—90年代这"失去的20年"(参照第8章)进行充分的反省,教育扩张也只是以追加资金投入的形式进行的。这种情况,对于中长期的健全的教育发展是不利的。

9.3.2　教育改革的动向

如上所述,2003年的免费初等教育制度并不是基于某项计划而实行的。在实行免费初等教育制度的5年前(1998年),肯尼亚政府成立了教育制度咨询委员会,它是为了完成"教育训练精通计划(1997—2010)"而成立的。2000年公布的该委员会的最终报告书聚焦于教育质量的改善,详细记录了教育体系整体有效运营的重要性和对与教育相关的民间活动进行支援的重要性(Republic of Kenya,2000)。当然,其前提是认识到只靠国家财政是难以实现UPE的。当时的肯尼亚政府因为存在经济改革延迟和贪污等问题,对很多援助国来说,并不是一个理想的援助对象。因此,依靠外来援助扩充教育这一想法本身是很难实现的。而且,现在的免费初等教育制度也不是基于这种现实性的讨论而诞生的。

肯尼亚的教育,如教育制度咨询委员会最终报告书所分析的那样,留级人数和辍学人数很多,而且学生人数对教师人数的比例很低,也没有对教师进行有效率利用(Abagi & Odipo,1997)。另外,虽然增加了教育预算,但是入学率与毕业率依然持续降低。因此,教育系统整体的根本性改革是十分必要的。但是,除了削减考试科目之外,改革基本没有涉及其他内容,从2005年开始,肯尼亚在接受援助组织支援的同时,实施了KESSP,该计划仍在实施中(参照第8章)。

由于免费初等教育制度的实行,学生人数在2003年出现了急速增加,而教师人数基本没有变化(Central Bureau of Statistics,2005)。学生人数对教师人数的比例提高,从这一角度来看,效率是提高了,但是,如下所述,在学校出现了各种问题。为了复兴肯尼亚的初等教育,充分发挥教师的作用是非常重要的。但是,并不能将教师作为开展有效活动的单纯的劳动力,应当进行更多顾及学校的、对教师进行鼓励的、提升学校整体教育实力的尝试。

9.4　20世纪90年代的问题分析与免费初等教育

在肯尼亚"失去的20年"中,最初的20世纪80年代的停滞,是因为在那之前基本都是免费教育,随着结构调整政策的实施,政府开始向受益者征收教育费用(Makau et al.,2000:17)。这一政策转变的影响确实很大,但它并不是入学率停滞的主要原因。实际上,正是由于过分强调家庭经济负担增加带来的影响,从而未能对其他造成教育停滞的主要因素进行充分分析,也未能对其进行彻底改善。只要减轻经济负担就可以促进就学,这一主张是导入免费初等教育制度的前提,但是为了实现UPE并使之具有持续性,仅靠这种经济方面的援助政策是不够的。

尽管肯尼亚政府在20世纪90年代增加了教育预算,但肯尼亚初等教育的入学率与毕业率依旧持续下滑(Abagi & Odipo,1997)。肯尼亚在没有财政保证的情况下提高了教师工资,还增加了教师人数,减轻了教师身上的负担(1998年之后开始控制教师人数的增加)。1990年,无教师资格证的教师比率达到了30%

(Central Bureau of Statistics, 1993:187)，到了1998年，这一数值减少到了3%（Central Bureau of Statistics, 2001:36）。

Makau等人从以下7个视点对20世纪90年代教育停滞的主要原因进行了分析(Makau et al., 2000)。[①]笔者对这些事项在免费初等教育制度实行后出现了怎样的改善进行了粗略评价，其结果见表9-3。

表9-3　20世纪90年代阻碍教育发展的主要原因和对其在
免费初等教育制度实行后改善程度的评价

①传统文化价值观与风俗习惯 ×共同体及家长依然对女子教育持有固定观念 ×对小学必修科目——宗教教育这门课持有错误的先入观 ×干旱、半干旱地区的放牧等传统经济活动方式与学校教育不兼容 ×传统文化的某些方面与当代教育间有摩擦
②费用与财政 ○政府和家庭间的伙伴关系由于民众医疗费用的激增而崩溃 △教师工资之外的教育预算不足，学校设施、教科书不合适
③课程 ×在现行的8—4—4学制下，科目数量和科目内容过多 ×课程与学生的学习需求并不十分契合
④学校运营 ×家长教师协会等自治组织薄弱，学校运营基本交由校长负责
⑤宏观、微观政策与计划 △社会体系并非对全体民众都是公平且有效的 △政策实施并没有有效促进社会经济发展
⑥教师问题 △教师人数增幅比学生人数增幅多1倍，教育预算的大半用于教师工资的发放 ×教师配置方面有相当大的地区差异，有些地区出现了教师过剩的情况 ×教师工资及社会地位低，这导致了教师道德低下、缺乏干劲
⑦援助资金的效果 △促使受援国的发展需求与援助组织的要求、目标相一致 ○援助组织的计划和实施方法，与受援国的整体计划没有关联性 ×援助资金有意无意地增强了共同体及官员的援助依赖性

免费教育实施后的变化：○——得到了相当大的改善，△——得到了某种程度的改善，×——基本没有改善。

注：以Makau et al.(2000:89-92)的主要原因分析为依据，笔者对其在免费初等教育制度实行后的改善程度进行了判定。

---

① 这项研究是由NGO实施的，因为公正地考察了肯尼亚教育，其成果得到了相关人士的高度评价。

　　由表9-3可以看出,Makau等人分析的阻碍教育发展的主要原因,在免费初等教育制度实行后,只有极小部分得到了改善。获得了相当大改善的是"费用与财政"。政府和家庭间的伙伴关系,由于免费初等教育制度的实行,反而会导致家庭对学校参与度的降低。另外,教师工资之外的教育预算确实是增加了,这一数字与之前家长所负担的金额基本相等,对国家财政造成了压力。关于"教师问题",如何有效地发挥教师的作用要看今后的计划安排。关于"援助资金的效果",免费初等教育制度的实行是肯尼亚主导的,从这一立场来看,肯尼亚的教育停滞状况的确有所改善,但就援助本身来看,判断其效果的有无是很困难的。

9.5　免费初等教育制度的妥当性与其影响

9.5.1　国家层面

　　肯尼亚教育部长Saitoti自己制作的公开资料显示,小学生人数由590万人(2002年)上升到了720万人(2003年),增加了130万人(22%)。[①]近年来,学生人数每年都有2%的增加,由此可以推定,有20%的学生是以免费教育为契机进入小学学习的。对于把在2005年之前实现UPE作为国家目标的肯尼亚来说,全国整体的毛入学率超过100%是有政治意义的。[②]在入学率原本很低的海岸省、内罗毕和东北省,入学率出现了大幅提高。因此,肯尼亚的教育普及度在非洲国家中被归为最高等级。

　　但是,如表9-4所示,由于教师人数没有增加,教师每人所负责的学生人数增加了,1名教师平均对应40名学生,这一情况从提高教师工作效率的角度来看并非坏事。但这里的问题是低年级的班级人数。将全国学生中的一年级和八年级的人数进行比较,在免费初等教育制度实行之前,八年级的在籍学生人数大致只有一年级的一半。换言之,低年级的班级规模会比40人更多。特别是伴随着免费初等教育制度的实行,在2003年,有些学校的一年级的班级人数有100多人,教室挤都挤不进去。

---

① 来源于Saitoti教育部长公布的关于免费初等教育制度实地调查的资料(Saitoti,2003)。政府公布的年报显示,2002年的学生人数为637万人(Central Bureau of Statistics,2003)。
② 肯尼亚的毛入学率已经多次超过100%。迄今为止的最高值是1980年的115%。

表9-4　各地区免费初等教育的影响（2003年）

地区	毛入学率(%)	同比增加率(%)	每名教师对应的学生数(人)
海岸省	82	20	43
中部省	102	7	36
东部省	110	9	35
内罗毕	62	42	48
裂谷省	103	8	38
西部省	119	13	46
尼扬扎省	120	16	44
东北省	25	22	53
平均	104	15	40

资料来源：Saitoti（2003）。

入学人数激增、入学率上升给教育质量带来了负面影响，尽管政策文件中声明不应该牺牲教育质量，但正因为就学人数的增加不是计划性的，今后有可能会有更大的问题浮出水面。例如，辍学者会比现在更多，大规模班级的学习效果也令人担心。教育系统有可能出现效率低下的情况。从有效利用有限预算的立场来看，应该在构建有效率的教育体系的基础上再进行量的扩张。不从根本上解决妨碍入学的结构性问题，只在金钱方面给予支持，这样即使提高了名义上的入学率，其结果也只会带来社会混乱，是难以持久地推动教育发展。

9.5.2　学校层面

在学校层面上，存在从国家层面的统计资料来看难以理解的各种问题。其中尤其显著的是，在贫困程度高的地区出现的一年级学生人数急速增加的状况。B校在2003年10月，八年级学生仅有5人，二年级学生也仅有30人，但一年级学生达到了77人。一年级学生适应学校生活是需要时间的，班级规模不应太大，77人的这种规模很难让学生进行有效学习。但是，要分成2个班上课的话，既没有教师，又没有教室。学生虽然注册入学了，但学校环境并不适合他们学习。

关于教育费用，在免费初等教育制度实行之前，各学校一般都是每学期向家长收取一定费用用于学校运营。这种自助努力在肯尼亚一直存在，被称作

"harambee"（参照第2章）。A校每学期收取200先令（约3美元），每年收3次。由于免费初等教育制度的实行，这种行为被禁止，学生平均每人每年的1020先令（约15.3美元）教育费用由政府负担，其中633先令（约9.5美元）由政府支付给学校。以A校为例，在金额方面，政府已经划拨了与之前从家长那里收取的总额基本相同的经费，A校用这些经费购买了教科书等。

但是，在学校层面正发生着如下3个问题。首先，在以前，学校所需要的物品是经由学校运营委员会协商，由学校进行判断、自主购买的。但现在，资金用途受到了限制，有些地方的资金使用出现了与当地实情不相符的情况。[①]例如，在A校，虽然有规定要求至少每3人就要购入1本教科书，但崭新的教科书只是被陈列在受到严格管理的书架上，并没有被频繁使用。很多教师没有使用教科书来有效推动课堂教学的经验，因此不懂如何有效地使用教科书。

其次是家长对学校运营的参与度问题。之前，由于家长负担教育费用，自然有机会参与学校运营。但免费初等教育制度的实行被家长理解为教育是国家无偿提供的，因此，对学校教育的关心程度反而降低了。以往依靠自助努力"harambee"进行的教室建设等设施扩充项目，逐渐得不到家长的支持。以上两点是免费初等教育制度实行后，在国家层面上得到改善的事项，但其对学校层面的影响是出人意料的。

最后是学生整体学习程度的问题。以往由于经济原因无法就学的儿童得到了学习机会，但适应学校环境是需要相当长的时间的。例如，在A校，2003年二年级和三年级学生中只有3%—4%（各3人）没有接受过学前教育，但115名一年级新生中，却有10%（12人）没有接受过学前教育。据分析，接受过学前教育的学生，在上小学期间辍学率低（Lockheed & Verspoor，1991）。因此，今后辍学和留级的概率令人担心。

另外，在主要设立在城市里的且被称作"academy"的私立小学中，有以贫困层儿童为对象的基督教学校，它们对公立教育起到了补充作用，支撑着教育的最底层。但是，由于免费初等教育制度的实行，有些地方出现了相当多的私立小学学生转校至公立学校的情况。国家有责任无偿实施初等教育，但是，在实行免费初等教育制度之前，政府是支持这些私立学校发展的，这样看来，私立小学的衰退对实现具有独立性的UPE是一个负面因素。

---

① 教科书、练习簿、铅笔等的使用比例要按照全国统一标准严格执行，这项规定由教育部发函，再由地方教育办公室通知到各个小学。但是学校运营委员会的部分委员会私自决定资金的用途，由此产生了贪污等问题。

9.6　免费初等教育制度的独立的可持续发展性

9.6.1　从财政方面进行讨论

肯尼亚经济持续增长、政府收入显著增加的可能性非常小。在肯尼亚政府的普通预算中,教育预算所占的比例高达 35%—40%(Central Bureau of Statistics,2003:97)。初等教育预算的98%用于教师工资的发放,肯尼亚的教育预算和教师工资所占比例之高,在非洲国家中也是非常突出的。包括教师在内的公务员工资,与GDP的比值明显高于周边国家(Republic of Kenya,2000:250)。

肯尼亚没能够确保实行免费初等教育制度的财政预算,其追加资金自然要依赖国际援助。为此,肯尼亚政府将25亿先令编入2003年的补正预算中,这一金额是2002年教育预算的4倍多。肯尼亚为免费初等教育制度的实行合计编制了36亿先令(约5400万美元)的预算(Central Bureau of Statistics,2003:37)。与之呼应,英国(12亿先令)、世界银行(38亿先令)、石油输出国组织(11.7亿先令)纷纷表明要给予支援。[1]于是,实行免费初等教育制度所需的大部分预算都可以得到外部的援助。

在此可以明确的一点是,如果没有来自海外的援助,免费初等教育制度是难以为继的,因此,肯尼亚的免费初等教育制度不具备独立的可持续发展性。支援免费初等教育制度的援助组织很多,其中一个原因在于免费初等教育制度与注重援助效果短期可见性的援助组织的利害关系一致。肯尼亚从1988年开始实施的向受益者征收教育费用的想法好不容易受到认可,传统型的自助努力意识也正处于高涨阶段,这时肯尼亚政府却宣布初等教育费用再次由国家来承担。尽管可以将肯尼亚政府的这一行为看作国家在履行原本应当履行的职责,但是,因为教育体系本身未能有效发挥功能,因此免费初等教育制度的实行尽管具有政治意义,但能否有效使用有限的国家财政仍不确定。

9.6.2　从教育方面进行讨论

由于学生人数急速增加,低年级的学习环境逐渐恶化。班级规模变大,教室等学校设施与学生人数不匹配。教师人数没有增加,这是出于对教师过去工作

---

[1] 英国、世界银行的金额数据来源于 Central Bureau of Statistics(2003:45);石油输出国组织的金额数据来源于《民族日报》(*Daily Nation*)。

效率低的反省而对招聘人数进行了控制。学生的年龄差比以往更大,授课也变得越来越困难。学习效率差,学生达到最低程度的识字水平的年数也比以往要长。也就是说,即使家庭不要需负担教育费用,但如果教育质量低,学生学不到知识,那么把他们送进学校的大部分意义也就丧失了。如果任何人都能上学,那么将会产生学历膨胀的后果,接受教育的学历优势也就在社会上消失了。另外,辍学和留级的学生人数增加了,最受影响的是本应因免费初等教育制度的实行而获得最大裨益的贫困家庭的孩子,尤其是女生。

与男生相比,个人因素,例如年龄、母亲的受教育程度、宗教等在女生辍学方面产生了更大影响(Lloyd,2000)。反过来说,要减少女生辍学,只靠学校方面的努力是有限的。只从学校方面来看,即使学生和家长不需要负担教育费用,让学生继续求学也是不容易的。

表9-5是A校和B校在免费初等教育制度实行前后3年间的新生人数的比较。在实行免费初等教育制度的2003年,新生人数增加是理所当然的,但详加考察会发现,有8—9成的入学者于前一年就在学校附近的学前班接受教育。这表明他们在免费初等教育实施之前就已经在接受学前教育了。B校校长表示,出现这种局面是因为2002年和2003年比之前的年份降雨量丰沛,儿童们不需要做家务劳动,经济上也多少变得宽松一些。2003年的入学者中女生比例低是因为家长有优先送男孩上学的倾向,另外,贫困家庭家畜少,不需要男子的劳力,因此,家长会把不需要从事家务劳动的男孩送到学校。

表9-5　纳罗克县A、B两校2001—2003年新生人数比较

单位:人

年份	A校			B校		
	男	女	合计	男	女	合计
2001年	23(50%)	23(50%)	46	13(52%)	12(48%)	25
2002年	36(55%)	30(45%)	66	12(46%)	14(54%)	26
2003年	55(55%)	45(45%)	100	51(69%)	23(31%)	74

注1:本表比较的是不包括留级生在内的新生人数。
注2:括号内的数值为男女新生占总人数的比例。(译者注)

对儿童个体来说,只有最低程度的教育质量能够得到保证,上学才是有意义的。否则,本应受益于免费教育的儿童,有可能只是在学校虚度时光。这一点是

不容忽视的。①

9.7　结语

　　免费初等教育,应当在所有国家都实现。肯尼亚教育系统整体有很多问题,而且有很多效率低下之处。肯尼亚虽然正确认识到了这些问题,但是未对这些问题进行解决就推行了免费教育政策,这种做法除了政治意义之外,对儿童而言并没有益处。另外,减轻家庭经济中教育费用的负担,是促进就学的一大重要因素,但传统习惯、价值观、课程等复合因素并不会因为免费初等教育制度的实行而得到改善。也就是说,儿童不入学的理由并不仅仅是贫困,对学校和社会的不信任也是一大因素。接受教育是基本人权之一,所以从财政、经济角度谈论初等教育是不对的,认为将儿童强制送进学校就会有教育效果的想法也是错误的。在提高入学率的同时还应该考虑教育质量,学习没有成效的话,贫困家庭是不会让孩子继续上学的。

　　要全面普及初等教育,没有家长和共同体的积极合作是不可能实现的。在传统上自助精神根深蒂固的肯尼亚社会,其教育文化是将民众的力量在教育中充分发挥作用。因此,需要有国家政策支持这种教育文化。另外,我们需要继续关注免费初等教育在学校层面上带来了怎样的影响,每个学生是怎样升学的,辍学、留级的原因是什么,还有必要以家庭的视角重新探究学校对于各个家庭的意义和价值。

---

① 若不考虑学习效果,只将学校视作保护儿童不成为童工的避难所,定期上学也许本身就是有意义的。

10 肯尼亚小学的留级与辍学情况
——以对学生的追踪调查为依据

10.1 引言

如果只从初等教育入学率来看的话,肯尼亚在非洲国家中可以归为教育普及度较高的国家。但是,虽然肯尼亚的初等教育净入学率在1980年达到了91%,可到了20世纪90年代后半期,净入学率还不足60%。[①]出现这一状况的原因是多方面的,但首先要提及的是肯尼亚经济的低迷。将教育作为立国之本的肯尼亚政府,在第9个国家发展计划(2002—2008年)中,提出了在2005年之前实现UPE的目标(Republic of Kenya,2002:56)。[②]肯尼亚已经将国家预算的约3成用作教育支出,对于肯尼亚来说,将就学者的留级与辍学控制在最小限度内,提高教育的内部效率,是实现UPE的前提,也是一项重要的方针政策。[③]

但是,肯尼亚政府并没有准确地掌握留级和辍学的实际情况。他们所做的只是追踪每年公布的各学年的就学人数,以此来推算初等教育毕业率和各学年间的升级率而已。例如,1998年实施的关于初等教育的基线调查(以下简称基线调查)报告书中,明确记载了毕业率和升级率两项内容(Ministry of Education & Science and Technology,1999a:11)。但是,这些数据只是将各学校不同学年的学生人数进行机械统计,或是在某一时期大量发放调查问卷得出的调查结果,这些数据并不足以用于正确把握学生升级的情况。在不同的学校,不同的学生

---

① 此处引用了Ministry of Education & Science and Technology(1999b:viii)的预估值。Makau et al. (2000:88)的结论是,约1/3的学龄期儿童现在没有上学。世界银行教育统计数据库EdStats的数据显示,1980年初等教育净入学率为91%,20世纪90年代初等教育净入学率的最低值为57%(1998年)。上述依据与此处所述内容是一致的。

② 肯尼亚政府在这一时期将2005年定为实现全面普及初等教育的目标年,这一设定比联合国千年发展目标提早了10年。

③ 这一观点从教育经济学的角度来看属于一般论。肯尼亚政府在2003年实行免费初等教育制度之前,为了教育系统整体的有效运转,曾将减少留级和辍学的学生人数作为重要对策手段,但实行免费初等教育制度之后,伴随着新的援助资金的流入,关于这一问题的讨论便很少听到了。

是如何升级或是如何留级、辍学的,这些情况迄今为止并没有被准确把握。

笔者认为这些依赖统计分析的调查方法是有问题的,于是决定在学校重新考察留级和辍学的情况。笔者在2000—2002年的3年间在纳罗克县选取了2所小学,追踪各个学生的升级情况,并在此基础上对校长、教师、学生、家长进行了访问。[①]

本章的主旨是基于对上述问题的认识,进一步接近学校和学生,剖析留级和辍学的实际情况及结构。以下,首先以留级和辍学问题为中心概观肯尼亚初等教育的现状,然后论述作为此次考察对象的学校的现状和调查方法,最后考察学生的升级结构。此外,在本次调查中,笔者使用了内海等(2000)倡导的以个人档案制作为核心的用于追踪学生履历的IST(Individual Students Tracing Method)法。

10.2 初等教育的现状与课题

1963年肯尼亚从英国获得独立后快速实现了教育普及的目标。1980年,肯尼亚的初等教育毛入学率达到了115%(男性120%,女性110%),净入学率达到了91%(男性92%,女性89%)。[②]但在此之后,由于经济停滞和负增长,入学率持续下降,这一状况一直延续到实行免费初等教育制度前。受20世纪70年代的石油危机和初级产品国际价格下降的影响,肯尼亚经济出现停滞,进入80年代后GDP出现负增长,这是肯尼亚入学率持续下降的主要原因(国际协力事业团,1992:52)。在这样的经济背景下,从20世纪80年代到90年代的20年的时间里,几乎看不到初等教育有扩张的迹象。

20世纪80年代,整个非洲在发展方面都没有取得成效。关于肯尼亚90年代的教育发展低迷状况,Makau et al.(2000)指出了下述两点原因:一是20世纪80年代,在教育领域中导入了向受益者征收教育费用的成本分担方式;二是1985年教育改革将初等教育延长至8年,制定的课程中包含了以就业为目标的具有职业培训性质的实用科目。前者是伴随着以世界银行和IMF为核心进行援助的结构调整政策的实施而采取的措施,尽管教师工资由政府负担,但学校仍向学生家长

---

① 肯尼亚在政策上原本采用的是自动升级制。2003年免费初等教育制度开始实行后,政府要求学校严格执行自动升级制,留级率大幅降低。

② 1980年的净入学率比2005年的净入学率(约80%)还高。

征收部分费用。[①]基线调查结果显示,平均来看,整个教育费用的65%由家庭负担,余下的35%由政府负担(Ackers et al.,2001:365)。Abagi(1997)就政府及个人在20世纪90年代对初等教育的支出情况进行了分析,他指出,教育费用在家庭开支中所占比例已经超出了极限,想要以现行方式由政府和家长筹齐全部教育费用是很困难的。后者的教育改革,是将初等教育的修学年限延长1年,这是为了使初等教育毕业生掌握进入社会后能够获得工作的最起码的实践能力。但是科目数过多,教学内容过难,与学生的学习需求并不十分吻合。

在上述背景下,肯尼亚最严重也是最迫切需要解决的问题,是教育财政使用效率低下。教育预算在肯尼亚政府的普通预算中所占比例高达38%(1998年度)(Central Bureau of Statistics,2002:34,89)。但是,初等教育预算的绝大部分被用于发放教师工资,能够用于学校设施建设及教材支出的经费,则必须依靠海外援助和共同体支援。正如Abagi & Odipo(1997)所指出的,肯尼亚初等教育呈现效率下降的局面,在耗费了相当多的国家财政预算的同时入学率依旧持续下降,而且留级和辍学人数众多。[②]

10.3 关于留级与辍学的论点

留级和辍学是在很多发展中国家都可以见到的普遍问题。Lockheed & Verspoor(1991)在对以往研究进行整理的基础上,将其原因分为以下3类:①与家庭相关的因素,如低收入、家长低学历;②与学生自身相关的因素,如对教育的期待不高、学习动机不明;③与学校相关的因素,如上学距离、教室环境。这些以往研究将大部分责任归咎于家庭和学生,而忽视提供包括教师在内的学习环境的学校方面的责任。另外,以往研究也很少站在学生现实生活的立场上,将传统的家务劳动与学习时间的关系等因素考虑在内进行分析。因此,将以往研究作为分析非洲各国留级与辍学情况的依据是不恰当的。

非洲各国的小学留级率,受到了旧殖民国课程的深刻影响。20世纪70年代的调查结果显示,英语国家与法语国家相比,留级率一般较低,肯尼亚是3%—7%(Psacharopoulos & Woodhall,1985:210)。这一结果表明,留级并不只是由于学习程度低下,它与教育体系有着深刻的关联。由肯尼亚教育部实施的基线调查

---

① 尽管不收学费,但学校要征收教室建设和教材购入等经费。于是,学生所接受的教育受家长的经济实力左右,经常会出现所受教育不平等的状况。

② 由于免费初等教育制度的实行,2003年之后,这一状况发生了改变。

结果显示,一年级升二年级的升级率和七年级升八年级的升级率分别为81%和61%,与这两项低数值相比,其他年级的升级率为87%—99%,这一数值并不低(Ministry of Education & Science and Technology,1999a:11)。[1]关于辍学的情况,完成小学8年学业的学生只有40%多,也就是说,半数以上的学生入学后无法毕业(Ministry of Education & Science and Technology,1999a:11)。

在这里需要留意的一个问题是,这些指标是如何算出来的。计算"升级率"和"毕业率"的基数看似是存在的,但它们是相当不精确的近似值。也就是说,以某一年的一年级人数为基数,将其作为下一年二年级的人数,以这种方式来推算全体人数,算出学年间的"升级率",再将某一年的一年级人数和7年后的八年级人数相比较算出"毕业率"。这种计算方式只是"纸上谈兵",没有考虑到学校的实际情况。因此,考虑到中途留级的学生,这些数值与原本的"净升级率"和"净毕业率"是不同的。

表10-1是以1994年的一年级学生人数(肯尼亚全国)为基数,按升级顺序逐年追踪计算出的就学人数和近似升级率[2]。这种计算方法常被使用,计算出来的数值与基线调查报告(基线调查报告是以1990年的一年级学生人数为基数)中的数值没有大的出入。纳罗克县小学每学年减少的就学人数,以及各个学年的升级率与全国平均数值相比要低3%—8%,但总体倾向大致相同。依照这种计算方法,除了升二年级和升八年级的升级率,其他学年的升级率都远远超过了90%。但是,问题是这一表面上的近似升级率只有在留级人数少到统计上可以忽略不计的前提下才是有意义的,如果留级人数的比例超过了一定的百分比,这一数值便没有意义。最近 Ackers et al.(2001:365)在研究中使用了上述基线调查的结果,得出了一年级升二年级、七年级升八年级的升级率低这一结论,暗示了一年级和七年级有留级或辍学的可能性,但这一分析需要再讨论。

---

[1] 这些数值只是对各年级学生人数按照时间顺序进行统计,并不是对每一名学生进行追踪所得到的结果,也没有将辍学与留级进行区分,因此只是预估值而已。

[2] 近似升级率是根据统计资料算出的表面数值,不能表示各个学生实际的升级状况,只是"近似的"升级率。例如,一年级升二年级的整体的近似升级率(87.2%),也被称作"总升级率",是将1995年的二年级人数(832600人)除以前一年即1994年的一年级人数(954400人)得到的数值。

表10-1　肯尼亚全国小学就学人数和近似升级率

学年(调查年份)	就学人数(人)			近似升级率(%)		
	全体	男	女	全体	男	女
1(1994)	954400	491000	463400	—	—	—
2(1995)	832600	426800	405800	87.2	86.9	87.6
3(1996)	771700	397000	374700	92.7	93.0	92.3
4(1997)	751900	379500	372400	97.4	95.6	99.4
5(1998)	703600	351300	352300	93.6	92.6	94.6
6(1999)	670800	333600	337200	95.3	95.0	95.7
7(2000)	665100	330400	334700	99.2	99.0	99.3
8(2001)	510700	262400	248300	76.8	79.4	74.2

资料来源:本表是笔者依据Central Bureau of Statistics(1997:197;2002:38)制作而成。

如上所述,使用统计调查方式很难掌握留级和辍学的准确信息。其最主要的原因在于各个学校没有将留级者和辍学者的信息向县教育办公室进行特别汇报的义务,学校也没有留存相关记录。自动升级是肯尼亚政府的基本政策,学校也不希望有很多人留级。但是,在全国范围内开展的基线调查,以问卷形式调查了六年级学生的留级状况,结果显示有61%的学生有过留级经历,其中有23%的学生还留级过2次及以上。肯尼亚政府应该也能推测出留级问题的严重性(Ackers et al.,2001:366)。

另外,将肯尼亚各地区有过留级经历的学生比例进行比较,最高的是尼扬扎省(75%),最低的是东北省(23%),这一事实使得留级问题更加复杂化(Ackers et al.,2001:366)。①肯尼亚的入学率地区间差距非常大,尼扬扎省是教育指标比较好的地区,而东北省是最差的地区。也就是说,教育的普及程度与留级率是呈负相关关系的。

---

① 据教育部统计,2003年留级率低的依然是东北省(4.7%),此外还有内罗毕(0.6%)(Ministry of Education,2006:17)。

10.4　考察学校的现状

调查对象选定了位于城市近郊且学校教育普及程度落后的纳罗克县。纳罗克县位于首都内罗毕西部,靠近坦桑尼亚。①纳罗克县和东邻的卡贾多县被称作马萨伊地区,大部分居民是以放牧为生的马萨伊人。关于这一地区教育状况的正式调查研究始于King(1972),之后Holland(1996)做了关于教育与就业结构的研究。马萨伊地区的入学率比其他地区低,过着传统生活的马萨伊人是如何接受学校教育的,其原因与背景是研究者关注的重点,因此,马萨伊地区成了教育研究的对象。肯尼亚的平均初等教育毛入学率是81.9%(1999年),而同年纳罗克县的初等教育毛入学率是62.4%,这一数值明显低于全国平均水平(UNDP,2001:96)。

在纳罗克县,拥有8个年级的小学有195所,就学人数为56916人(2001年)(来自纳罗克县教育办公室资料)。该县的小学生人数占全国的0.9%。就学者中女性所占比例为44.5%,与全国平均值49.3%相比低了5%左右。本次研究考察的2所小学,是经由笔者与县教育办公室商讨后选定的,它们在学校规模和环境方面都不相同。2所学校的教师人数、学生人数及其特征如表10-2所示。A校是规模较大的学校,学校设施齐备,还有宿舍。它是当地的KCPE成绩排名靠前的学校,女教师所占比例高。②与A校相比,B校规模较小,学校设施也不充足,学生全部是走读生。但是,在平均1名教师所对应的学生数上,B校比A校稍微少一些。

表10-2　考察学校的比较

考察学校	A校	B校
注册学生人数(人)	455(男性273,女性182)	130(男性79,女性51)
女生比例(%)	40.0	39.2
教师人数(人)	11(男性3,女性8)	8(男性5,女性3)

---

① 纳罗克县县政府所在地纳罗克城距离内罗毕3—4小时车程(约150千米)。
② 肯尼亚全国小学教师总数为180860人,其中有74491人(41.2%)为女教师(Central Bureau of Statistics,2002:39)。从该项数据来看,A校的女教师所占比例大大超过了平均值。

续　表

考察学校	A校	B校
班级数(个)	11(一至三年级各2个班，四至八年级各1个班)	8(每年级各1个班)
每名教师对应的学生数(人)	41.4	16.3
建校时间(年)	1978	1987
KCPE排名(位)	49(前列)	150(后列)
教室状况	较好(有窗玻璃)	不好(无窗玻璃)
学校周边环境	距干线道路、城镇较近	距干线道路、城镇较远

注：各数值来源于2001年的相关资料。

10.5　调查方法

现场调查是在2000—2002年每年的7月或9—10月进行的。选择这个时间是因为新学期是从1月份开始的，到了这一时期学生数量已经比较稳定了，而且这一时期没有考试等重要活动，不会给学校增加负担。遵循上述IST法，我们为每名学生制作了个人档案，而且为了和学校共享信息，每名学生的个人档案都制作了2套。档案中包含记录了学生父母职业和上学时间的个人信息表、记录了身高体重的体测表和照片。我们在2000年完成了基本档案的制作，到了2001年，我们又为一年级新生和2000年调查时遗漏的学生制作了档案，为了能对每名学生进行追踪，我们做了很多努力。[①]在制作档案并进行追踪的同时，我们还对校长、教师、家长、学生进行了采访，提问内容是以这些与学校教育相关人员的意识为中心的。

我们开展这项研究的目的是探究在传统社会中学校教育起到了怎样的作用，产生了怎样的价值。于是，我们聚焦于生活在学校里的每一名学生，力图把握他们学校生活的实际情况。但是，在初期阶段，我们遇到了如下问题。首先，学生登记在出勤簿上的名字会发生变动。其次，由于学生不知道自己准确的出

---

① 2002年10月在进行调查时，因教师工会罢工、学校封闭，调查人员无法确认学生的留级和辍学情况，因此，只能以8月份第二学期期末考试参加者名单和对教师的采访为依据确认学生的留级和辍学情况。

生年月日,我们只登记了他们的出生年份,但是本应不会发生变化的出生年份也经常会发生变化。[1]如果学生姓名和拼法不发生变动,那么对其进行3年追踪并不是什么难事,但事实上并非如此。结果,照片成为判断是不是同一个人的重要资料。最后,留级人数比例之大也是当初始料未及的,这一点下面还会再提到。此外,我们想要调查出席率与学习程度的关系,但出席簿上的记录有时与实际出席情况不相符。

如上所述,学校里各类记录的种种错误反映了使用这些记录的目的还未被相关教育人员认识到。出席簿是由各任课教师管理的,通常这种记录并不能用于改善什么,所以有关学生缺席情况的记录经常是没有的。校长定期向教育办公室汇报的只有男女生人数和各年级的学生人数,因此,县和国家无法正确把握留级人数、辍学人数、学生年龄等信息。[2]这样的话,升级情况并不清晰也是理所当然的了。

10.6　留级与辍学的实际情况

这次我们进行了一系列调查,明确了学生的升级结构。为了将这一结果简洁易懂地呈现出来,我们以参与考察的A、B两校的数据为依据,制作了各自的学生升级流程图,见图10-1和图10-2。[3]图中纵向是调查年份,横向是学年,首先将作为调查对象的各年级学生人数用方框框起来,第二年的升级人数用右下箭头表示,留级人数用下箭头表示。方框右上角的数字表示辍学人数,其中不包含转学至其他学校的学生。另外,从其他学校转入的学生,为了图表的简洁化也不计算在内。因此,可能存在留级人数和升级人数的合计值与年级总人数不符的情况。括号内的数字表示女生人数。

---

[1] 在马萨伊社会,与实际年龄相比,在同一时期接受割礼的年龄组/年龄群更加重要。这种习俗也是造成学生的出生年份经常发生变动的原因(Ole Sankan, 1989)。

[2] 现在,各个学校于每年2月、5月、9月都要向县教育办公室提交《学校数据报告》,一年共提交3次(每学期1次)。报告内容包括学年、男女生人数、不同年龄学生人数、班级数、教师的个人信息等,因此,教育统计的精准度提高了。但是,数据报告中不包含留级和辍学的信息。

[3] 笔者对Mingat & Tan(1988:45)的流程图进行了改良,在其基础上制作出了学生升级流程图。

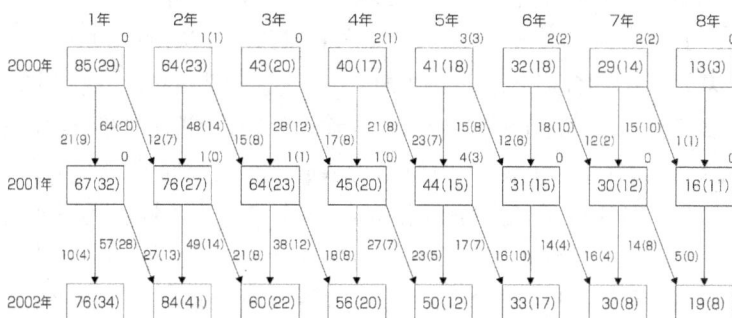

图10-1 A校学生流程图（2000—2002年）

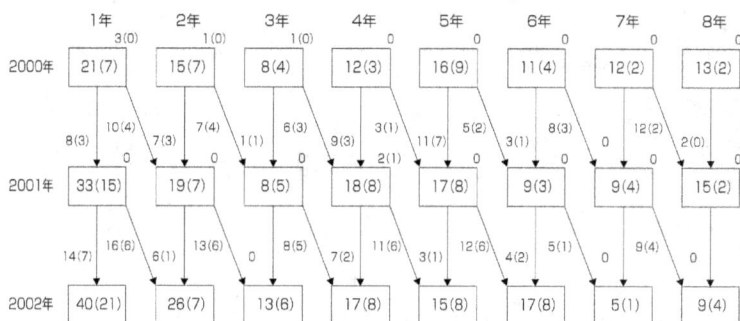

	1年	2年	3年	4年	5年	6年	7年	8年
2000年	85(29)	64(23)	43(20)	40(17)	41(18)	32(18)	29(14)	13(3)
2001年	67(32)	76(27)	64(23)	45(20)	44(15)	31(15)	30(12)	16(11)
2002年	76(34)	84(41)	60(22)	56(20)	50(12)	33(17)	30(12)	19(8)

图10-2 B校学生流程图（2000—2002年）

	1年	2年	3年	4年	5年	6年	7年	8年
2000年	21(7)	15(7)	8(4)	12(3)	16(9)	11(4)	12(2)	13(2)
2001年	33(15)	19(7)	8(5)	18(8)	17(8)	9(3)	9(4)	15(2)
2002年	40(21)	26(7)	13(6)	17(8)	15(8)	17(8)	5(5)	9(4)

关于留级与辍学的实际情况，从图10-1和图10-2中可以明确以下3点。

第一，留级人数比以往报道出来的要多得多，而且形成了常态化。[1]平均起来每年都有3—4成的学生留级，不少学年留级的人数占班级人数的一半以上。基线调查中被计量化的"升级率"，显示出的最大问题是一年级升二年级，以及七年级升八年级的升级率差，在这次调查中，只追踪图中方框内的学生人数也可以得到同样的结论。但是，实际的升级率在四年级和五年级时就出现了下降趋势，这与以往所知的结论是不同的。

将这种各个学年的表面升级率与实际升级率进行比较的结果见图10-3。全国平均升级率（表面）引用了 Ackers et al.(2001:365) 的数值，其对政府实施的基

---

① 伴随着免费初等教育制度的实行，留级人数减少了，但即便如此，在对A校八年级的73名学生（2007年）进行调查时发现，其中49人（67%）都有过1次以上的留级经历。

线调查结果进行了学术性整理，即对1990年入学的一年级学生进行统计追踪。该调查以1990年的一年级学生人数为基数，而基线调查以1994年的一年级学生人数为基数，差别仅此而已，因此两者的各年级升级率非常接近。为了将表面升级率与实际升级率进行比较，笔者从参与考察的学校中选出学生人数较多的A校，以2000—2001年各年级的学生人数为依据，算出了表面升级率和实际升级率，其结果见图10-3。在这里可以明确的是，全国平均升级率与A校表面的各年级升级率呈现出类似倾向，但是，A校的表面升级率与实际升级率之间存在着很大的差距。这种情况暗示了全国的实际升级率有可能像A校一样，比以往了解到的要低得多。

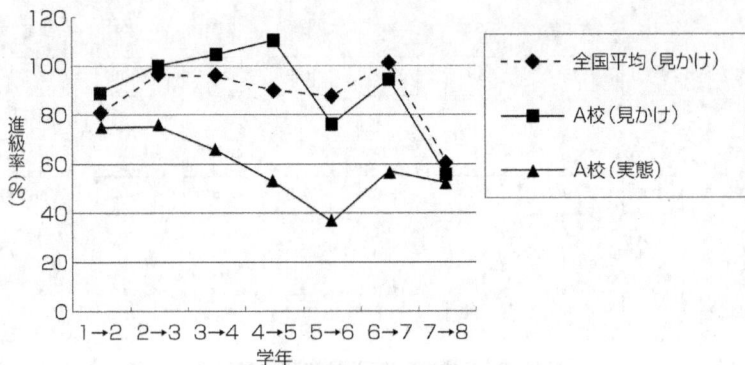

图10-3　各年级升级率比较(表面升级率与实际升级率)[1]

(资料来源:本图由笔者制作而成。)

如上所述，表面升级率与实际升级率之间产生了如此大的差距，是因为以通常的统计手法无法统计出大量留级学生，因此实际升级率比以往了解到的数值要低10%—60%。[2]升级率低即留级率高与从四年级开始授课语言变成了英语有关。另外，到了四年级和五年级，以KCPE为目标的真正有强度的学习开始了，因而学校对学生的筛查越来越严格。

---

[1] 图10-3中「進級率」「見かけ」「実態」对应的中译文分别是"升级率""表面""实际"。(译者注)

[2] 例如，A校2001年一年级升二年级的表面升级率与实际升级率是以如下方式计算出来的。表面升级率：76(2001年二年级学生人数)÷85(2000年一年级学生人数)=89.4%。与之相对，实际升级率：64(2001年从一年级升级至二年级的人数)÷85(2000年一年级学生人数)=75.3%。也就是说，计算实际升级率时，作为分子的学生人数，需要把在2000年本应是二年级的学生(留级者)去掉。

第二,很多高年级女生因结婚或怀孕等个人及家庭原因辍学。这一情况在A校特别明显,能够追查到的17名辍学者中,有13名是女性。除上述情况之外,因其他事由辍学的人非常少,这也是一个显著特点。此次调查的A、B两校的辍学率都非常低。A校是2.0%(2000年)和1.9%(2001年),B校是4.6%(2000年)和1.6%(2001年)。以2001年为例,在A校,学生的注册人数和能够追踪的学生人数(82%)之间存在较大差距,因此在本次调查中那些无法追踪到的缺席次数多的学生也有可能会辍学。但是,在B校,基本上所有学生(98%)都可以追踪到,在此情况下得到的结论依然是辍学人数很少,由此可以判断出,辍学的学生总体上是极少数的。另外,以往有这样一种推测,说留级是辍学的原因,但是,通过本次调查可以知道,在留级人数多的年份的第二年,升级率会上升,而且几乎看不到因留级而辍学的事例。

第三,将A校与B校进行比较,可以看到两校在学习环境和KCPE成绩上都存在很大差距,但是在留级和辍学方面看不到显著差距。由这一情况我们可以了解到,并不是学习程度没有达到某一标准的学生留级,而是各个学校根据自身的情况定下来3成左右的学生留级。[①]另外,七年级升八年级的升级率一般被认为是最差的,B校虽然是小规模学校,但七年级升八年级的升级率连续2年达到100%,可见B校与KCPE排名靠前的A校相比,会对学生进行更加严格的筛选。这种情况与位于条件较好地区的学校留级率显著的倾向是不矛盾的。换言之,学生留级不是因为教育质量低、学习效果差,而是学校为了避免KCPE合格率低而肆意筛选学生的结果。[②]

如上所述,通过本次调查,我们了解了学校学生留级与辍学的实际情况是留级人数多、辍学人数少,明白了留级与考试制度间是存在紧密联系的。以放牧为生过着传统生活的马萨伊人的学习欲是很旺盛的,他们知道,接受学校教育,升学至上一级学校,是他们进入现代社会的唯一手段。高桥(2003:283)曾采访过马萨伊女生,调查学校教育对她们的意义。调查结果显示,马萨伊女生认为学校

---

① A校整体的留级率为32.6%(2000年)和36.5%(2001年),B校则为38.0%(2000年)和26.6%(2001年)。笔者以此为依据推测出并不是学习程度没有达到某一标准的学生留级,而是各个学校根据自身的情况定下来3成左右的学生留级。另外,根据基线调查的结果,全国的六年级学生中有过留级经历的占61%,其中留级2次及以上的占23%,每年平均2成以上的学生要留级。因此,A校和B校的留级率虽然比全国平均要高,但并不算特别(Ackers et al.,2001)。

② 县内学校的排名依据是KCPE的结果,这一排名标准非常明确。KCPE制度对留级产生了深刻影响。但是,笔者在对校长等人的采访中得到的回答是,如果学生学习程度"低"会让他们留级,这种做法也得到了家长的认可。何谓学习程度"低",这个"低"的标准是相对的,在不同学校的各个年级有不同的标准,因此,并非成绩差的学校留级率就高。

是帮助她们得以在现代社会生存下去的知识场所,"是打开她们世界的知识场所",而小学是"人一生中必须要去经历一次的地方"。这就是她们对小学的定位。

Holland(1996:127)在纳罗克县所做的研究表明,马萨伊人辍学大多是出于支付不起学费等经济方面的原因,放牛、割礼等社会文化方面的理由未被提及。在肯尼亚北部,居住着与马萨伊人同样的以放牧为生的桑布鲁人,湖中(1996:144)对桑布鲁人的研究表明"牧童和学童根据放牧的轮换机制,创造出适应学校教育的放牧方式",这是一个将学校教育合理融入放牧生活的很好的事例。

从上述事例中我们可以看到,儿童在守护传统文化的同时也接受学校教育,即使生活在传统社会,也积极接受现代教育并将其灵活应用。今后,为了进一步深入了解学生的就学情况,我们要走进马萨伊人的生活,关注他们的变化。

10.7 结语

在本章中,为了说明肯尼亚小学的留级和辍学情况,笔者以两所学校为调查对象,对学校的实际情况进行了调查。结果显示,依靠以往的统计资料对学生的升级结构进行的考察分析,只是参考了十分不精确的表面升级率,而对实际升级率的把握是十分不充分的。另外,笔者还强调了,不仅需要宏观调查,追踪个别学生也是必要的;不要只考察某个时点的状况,持续性地对学生和学校进行微观观察也很重要。此次调查的一个特点是由多人组队进行资料收集,这也保证了调查的持续性。在对肯尼亚这样的非洲国家进行教育研究时,若在限定的时间内进行实地调查,并且极度依赖资料、文献,往往是十分危险的。[①]在与当地教育相关人员访谈时笔者还发现,不要说中央的教育部了,就连县教育办公室也很少有人熟悉学校的实际状况。学校不信任国家、县级的教育主管部门,学校认为上级部门是监督管理者,不会援助自己。因此,肯尼亚还没有形成学校把自身的实际情况如实报告给县办公室这样的基本体系。

人们已经认识到留级者、辍学者众多是肯尼亚教育体系的问题,但以往研究和政府文件将留级和辍学这两种不同的概念混用,并没有充分把握其实际情况。如今,笔者通过调查已经明确了留级和辍学的实际情况。据笔者所知,此次调查

① 涩谷(2001)指出,由于无法保证非专业研究者所提供的信息的充分性和准确性,因此在地域教育研究领域中,非专业研究者有必要转变为合作伙伴。另外,涩谷(2001)还指出了以往地域教育研究中的问题点。

中使用到的制作学生流程图的方法,在肯尼亚是首次使用,在其他非洲国家也几乎没有使用过,但在亚洲很早就开始使用了。其原因在于,欧美研究者关于非洲教育的以往研究,多是依靠援助组织的资金资助的,而纯粹的、长期的、出于学术目的的研究基本是没有的。

此次调查通过制作学生流程图的方法,对肯尼亚小学生升学和辍学状况进行考察,得出了以下3点结论:①表面升级率与实际升级率之间存在着巨大差异,实际的升级结构与迄今为止所知的表面的升级结构有着很大的不同;②除了高年级女生,其他学生辍学情况较少,以留级为理由辍学的学生只是少数;③学生是升级还是留级,取决于各个学校的相对的成绩评价标准,这一标准和现行的考试制度有着密切的关联。上述3点与以往所认识的升级结构是不同的,因此此次调查不仅具有政策意义,在学术研究方面也提供了新的分析视角。

此次调查的整体目标是要全面了解社会生活和学校教育的动态,本章的关注点是学生的升级结构。由于考察对象只有两所学校,所以我们必须避免将调查结果简单地一般化。但是,从全国规模的基线调查结果可以看出,留级者绝不是少数,因此本次考察的两所学校的实际情况也不算特例。在分析留级、辍学与教育质量的关系及其原因的过程中,还有很多我们没有触及之处,这些地方也存在很多课题。关于升级结构的分析,今后我们有必要进一步进行理论化整理。另外,关于家庭生活与在校学习的关系,学业成绩与学习时间的关系等内容,笔者希望以学生与教师的实际生活情况为基础,贴近社会生活,继续今后的研究。

附记

此次追踪调查所涉及的数据,是笔者在与山本伸二先生(当时是广岛大学大学院国际协力研究科学生)、高桥真央女士(当时是大阪大学大学院人类科学研究科学生)和内海成治教授(大阪大学大学院人类科学研究科)所做的共同调查中收集、分析得来的。

11 从肯尼亚小学教师的生活史中学习
——教育开发的新的知识建构

11.1 引言

针对非洲最贫困国家的教育状况的调查研究,多是从该国的一般现状入手分析课题及问题点。原因在于,对这些国家教育领域的分析,基本都是在援助组织的主导下实施的。这些调查的目的在于,把握现状,讨论援助项目的设立及其妥当性以弥补不足。实地调查的时间一般是数周至半年,以数量法为主要调查方法。调查人员收集与国家和地区教育指标相关的数据,采访当地教育行政官员和校长,但是迄今为止没有在学校周边实施的持续性的微观调查研究。

这种情况表明,现有的教育发展研究是有限的。①调查数据收集得快,但调查成效有限,没有扎扎实实地开展实地调查。调查者没有时间用自己的耳朵直接去听,没有时间一处处走访,他们只是忙着收集眼睛看得到的数据,至于出现在事先预定的调查范围之外的数据和没有形成数据化而是要亲身去体会的"氛围",则舍弃了。在这种状况下,个体的活动是不受关注的,以个体的"话语"为中心进行的质量研究就更少又少了。

从2000年开始至今,笔者等人对肯尼亚纳罗克县的小学及其周边共同体开展了持续调查,切身体会到了以计量分析把握教育实际情况的困难(参照第10章)。②与此同时,笔者等人的关注点从学校转移到了组成学校的学生和教师身上,并进一步认识到,如果不从社会生活角度来了解个人的生活,要正确考察学校教育的各种问题是十分困难的。于是,笔者等人开始关注在社会调查中常被

---

① 在与以往的教育发展研究的特征和数量研究法进行比较的同时,探讨质量研究法的特色及实地调查的必要性,并对实地调查进行展望,详见泽村(2007)。
② 这些情况详见内海等(2000)、内海(2003)。

使用的个人生活史调查法。①

虽然这种方法存在种种问题,首先是事例的代表性和可信性,其次是对个人生活史的建构、解释也各有千秋,但是该方法能够体现出社会的普遍性、规律性。也有一些实证性研究是以个人生活史来检验假说正确与否的。与其用抽象的平均化数值来研究学校,不如深入追踪若干个具体事例,在现实生活中摸索教育方法。另外,用微观数据来解释以数量为基础的宏观分析结果,经常会取得很好的效果,事实上,个人生活史调查法能够提供毫不逊色于数量研究的信息。

本章首先考察对发展中国家进行教育发展研究时,使用个人生活史调查法的可行性,其次尝试建构肯尼亚小学教师的个人生活史,并考察从中能够学到些什么。②

11.2 教育发展研究中的个人生活史调查法

迄今为止,关于发展中国家的教育研究,不仅有关于宏观教育指标及教育政策的分析,还有关于学校的调查研究。在学校里,教师在提高教育质量方面发挥着重要作用,这是毋庸置疑的。但是,迄今为止在非洲各国所做的关于教师的调查都是单方面批判教师授课水平低、道德水平低、缺勤率高等,有助于教师提升能力的研究和政策几乎是空白。教师平时是怎么生活的,他们是怎样成为教师的,他们的举动有着怎样的背景,等等这些都没有人愿意付出努力去调查了解。因此,教师在学校之外的日常生活不为人所知,也没有人关注。因为涉及个人隐私,进行这种访谈需要建立相互间的信任、友好关系,但是,对于这种信任、友好关系的建立也是没有人关注的。非洲与亚洲情况不同,亚洲的特点是地域研究色彩浓厚,而在非洲,在以援助组织为中心实施的调查研究中,调查者是不会屡次走访同一所学校的。

11.2.1 个人生活史调查法的特征

一般说来,个人生活史调查法就是个人生活的记录,也被称作生活史调查法。这种调查法的特点是意识到现在的生活是建立在过去的积累之上,而它们

---

① 加藤(2006)等人曾尝试将个人生活史调查法应用于教育发展研究。最近,将个人生活史调查法用作教育学研究的译著《个人生活史的教育学》也出版发行,在日本引发的关注度也越来越高。

② 笔者所做的关于教师个人生活史研究的尝试尚处于萌芽阶段,采访的方式和内容也有很多不成熟之处,敬请各位相关人士给予批评指正。

又构成了未来生活的基础,个人要在时光流逝的积淀中把握自己的生活。简单说来,就是这种方法能够再现过去的状况。其主要手法是听对方口述,此外还有收集书信、日记等个人记录的做法。其基本作业形式是将对方口述的内容录音,形成文字,进行编辑。个人生活史调查法被应用于社会学、民俗学、人类学等各类学科中,但在对发展中国家的教育状况进行研究时,这种方法很少被使用。①

从20世纪20年代至40年代前半期,个人生活史调查法在社会调查中居主流地位。但是,研究的实证性逐渐备受重视,随着电脑的普及,调查问卷被大量分发、回收、处理,对问卷的计算结果进行统计性分析的方法取代了个人生活史调查法,在社会调查方法中成为核心。也就是说,在社会调查中,集体优于个人,分析社会结构成为调查目标,但是,个人生活史调查法从20世纪70年代开始重新受到了重视(中川,2000)。关于个人生活史和与之类似的"个人故事"之间的区别,樱井(2002:9)做了如下解释:"以作为调查对象的讲述者为基准,调查者用各种辅助数据对讲述者的话语内容进行补充,按时间顺序对讲述者讲述的事件的顺序进行调整替换。像这样,经由调查者的编辑再构成的讲述者的话语内容就是个人生活史。与之相对,除了记录讲述者的口述内容,调查者也成为调查的重要对象,这就是'个人故事'。"②

对"生活"的认知方式多种多样,因此,到底要把握哪些方面,调查者的问题意识是很重要的。说话对象不同,说话人的话语内容自然不同,对生活赋予意义的方式也不相同。在说话人与听话人两者的相互作用下话语才能产生,因此,听话人的个人资质与能力的差别也决定了话语内容的数量与质量。个人生活史调查的目标多着眼于辨明规定着个人生活的社会的构造及其变化过程,另外个人生活史调查的目的在于明晰个人的主观想法,理解现实生活中人们的活动。

11.2.2　个人生活史调查的有效性

在经济性、统计性或政策科学性分析占据优势的教育发展研究中,以口述内容为中心的论文是非常少的。将教师的个人生活史引入学校研究,可以帮助调查者在分析每位教师在实践中遇到的问题时,将研究范围从学校内部延伸到了

---

① 但是,在将个人生活史调查法应用于教育发展研究时,是否应该将发言内容以文字化形式准确表述出来仍有待商榷。将英语等语言翻译成日语时,很难将微妙的语感差别再现出来。另外,研究者无法向说话人确认其讲话内容,也无法与说话人共享研究成果。因此,笔者在此并非主张应该将作为研究方法论的个人生活史调查法忠实地应用于教育发展研究领域。

② 本章采用的是"个人生活史"一词,作为一种调查方法,"个人生活史"是比"个人故事"更加普遍化的用词。

教师的生活中,以此来寻找解决这些问题的线索(Goodson,2001)。Goodson对至今与教师生活相关的数据不被使用的理由做了如下说明:"最常见的理由就是,与教师生活相关的数据与既存的研究模式不相符。如果是这样的话,错误的是既存的研究模式,而不是这些数据,这些数据的价值及质量是不容抹杀的。"(Goodson,2001:36)

山田在《教师的个人生活史——从"实践"到"生活"》的译者后记中写了如下一段文字:

> 通过与教师对话的方式向前推进个人生活史调查,这种调查能够直接反映教师的心声。这意味着相关研究并不是从研究者所关注的问题出发,而是以教师自身的问题为出发点的。尤其是,如上所述,就日本而言,研究者所关注的问题多是从欧美拿来的,并且很难直接听取教师的声音。考虑到日本这样的状况,可以说个人生活史调查在推进以教师为中心的研究方面是非常有效的。(山田,2001:199)

将上述内容的意义放置非洲而言,可以说教育研究要研究的不是援助组织所关注的问题,而是要以教师为中心。个人生活史调查作为以教师为中心进行教育研究的方法是有效的,不使用与教师生活相关的数据,有可能是研究框架或研究方法出现了错误。追踪个人的人生经历所得到的事实,很多是带有社会普遍性的,从中可以发现从平均数值中看不出的重要因素。如果构建出教师的个人生活史,再加上与教师直接相关的问题,就能够理解在学校里产生的各种问题的背景,就有可能找到解决这些问题的现实性方法。[1]

11.3　小学教师的个人生活史

讲述者(被采访者)是喜好马萨伊人的传统生活并在当地交友很广的A校的K老师。A校位于纳罗克县,它坐落在一个缓坡上,旁边是一条距离干线道路3千米左右的未整修道路。A校的KCPE成绩在纳罗克县内位居前列,是一所规模

---

[1] Goodson和Sikes的《个人生活史的教育学》是一部备受好评的著作。在这本书的译者后记中有如下一段内容:"希望本书能够帮助各位读者理解教育实践的复杂性,也希望本书能够为解决教师们所直面的困难尽一些绵薄之力。为此,我们衷心希望能够将应用了个人生活史调查法的教育研究进行有效利用。"(高井良,2006:182)

较大的学校。校舍并不豪华,但设有宿舍,一些住得很远的优秀学生也会来此就读。此次接受采访的K老师,是A校创立时最早一批入学的学生中的一名。

采访分两次进行,时间分别是2004年7月17日(星期六)傍晚和18日(星期日)早晨。整个采访包括闲谈在内用时3—4小时,这不能称为真正的个人生活史建构,谈话内容中也包含夸张或记忆错误之处。但是,能听到这些内容是建立在笔者与K老师有着近5年交往的基础上的。笔者作为听话人,有不成熟之处,工作做得并不十分完善,但是通过向某位教师的生活经历学习,笔者学会了用以往的研究中所没有的切入点来重新把握教育应有的方式。谈话也许包含着与"生活"无关的内容,但重要的是笔者通过谈话了解了K老师在自己的人生经历中对各种各样的事情是如何认识的。

11.3.1 K老师的家庭

K老师,男,1970年出生于A校所在的地区。父亲娶了2个妻子。第1个妻子生了包括K老师在内的7个孩子,第2个妻子生了10个孩子(见表11-1)。在K老师的兄弟姐妹中,接受过学校教育的人并不多。K老师和他的母亲不住在一起,但都住在同一片住宅区内。

表11-1 K老师的兄弟姐妹

第1个妻子的孩子	第2个妻子的孩子
第1个孩子 男 未入学(照料家畜)	第1个孩子 男 未入学
第2个孩子 男 未入学(照料家畜)	第2个孩子 男 未入学
第3个孩子 男 K老师(师范学校毕业)	第3个孩子 男 中学四年级肄业
第4个孩子 女 未入学	第4个孩子 女 未入学
第5个孩子 男 未入学	第5个孩子 女 未入学
第6个孩子 女 小学七年级肄业	第6个孩子 男 未入学
第7个孩子 男 小学八年级肄业	第7个孩子 女 未入学
	第8个孩子 女 未入学
	第9个孩子 男 未入学
	第10个孩子 女 小学六年级在读

11.3.2 从小学入学到师范学校毕业

A校是依靠国际NGO的援助于1978年建立的。某一天,酋长和警察出现在K少年居住的窝棚(马萨伊传统房屋)里,碰巧在家的K少年(哥哥因为放牧不在家)和住在同一窝棚群的少年,共计12人,被强迫带去学校上课。K少年于1978年进入学前班,1980年进入一年级学习。当初被强行带走时,K少年本人和父母都哭了,但学校提供饭食,K少年花了2周时间便适应了学校生活,父母也在1个月后对学校给予了肯定。当时的12个人基本都考上中学,进而得到了接受高等教育的机会。A校的援助供应方NGO在K少年小学五年级时转去援助别的学校,因而五到八年级的学费是K少年的妈妈靠在旱田里劳作赚得的钱支付的(每年10000先令)。

因为没有灯,学生只能在火旁边或月光下学习,这是学校生活中非常折磨人的一点。在考试期间,K少年一回自己家就会被吩咐干活,所以会躲到别人家的窝棚里学习。因为窝棚会随家畜一起迁徙,离学校远的时候,有时单程就需要步行3小时左右。这种时候,K少年会累得在上课时睡着。

四年级的时候K少年接受了割礼。[①]虽然很痛但必须忍受。之后,他在家里疗养了3个月。在1984年3月之前,K少年一直作为马萨伊人的战士和狮子搏斗,还与基库尤人争夺牛。他所在的年龄组有2000多人。同年4月,他重回学校,没有留级。

之后升入中学,幸运的是一到三年级的学费还是由之前资助过自己的NGO承担。四年级的学费(30000先令)是由妈妈负担的。1992年,他接到了医科大学的入学通知书,但因为学费太高只能作罢。同年父亲去世。1994年,他进入师范学校学习。第1年的学费(27000先令)是用长年积攒下来的存款交的。第2年的学费部分是靠卖牛筹得的15000先令,余下的12000先令是朋友帮忙支付的。

11.3.3　教师生活

1998年从师范学校毕业之后,K老师先在K校工作了2年,之后调到了M校。在M校,他于1999年1月至8月担任教学工作,从9月开始的3个月,参加了特殊教育(手语等)研修。2000年1月调任至现在的A校。2003年3月22日与L(1984年出生,小学毕业)结婚。作为教师,可以帮助当地人,教学本身也很快乐。与其他职业相比教师这份职业是受人尊敬的,而且假期也能领到工资,但工作量大而工资少。8月份的假期,K老师会与几名朋友在丛林中过2周左右的吃肉生活(马萨伊人的传统)。另外,作为教师,需要挑战的事情太多,太辛苦。学生成绩不

---

① K老师在采访中说自己是在1983年2月7日星期二上午7点接受的割礼,但该时间明显有误,可能是K老师记忆有误。(译者注)

好,有时还会受到家长的指责。在同事关系方面,K老师与基库尤人出身的同事之间不存在部族对立。将来,K老师想辞职重新进入校园学习,成为大学讲师。

K老师从父母那里继承了30英亩土地,其中5英亩作为旱田种植玉米、豆类等。K老师还没有孩子,但要照看已故哥哥的正在上八年级的女儿,以及丈夫患有酒精依赖症的妹妹的3个孩子,其中大的2个孩子才上一年级。这几个孩子的学费是免交的,但是每人每半年平均需要1200先令的校服费,每年需要买2次新衣服。

11.3.4　马萨伊的传统文化与近代化的矛盾

女性割礼(Female Genital Mutilation,FGM)随着学校教育的普及渐渐消失。在马萨伊人传统的婚姻模式中,女性是没有选择丈夫的自由的。若迎娶接受过学校教育的女性,男方必须支付高额聘礼。K老师就付给了L共75000先令的礼金。

西方教育的缺点在于年轻人变得不尊重老人了,但年轻人的权利意识在增强。除了学校教育,教会还带来了很多事物,但制造本地啤酒、割礼、一夫多妻都是被教会所反对的。一夫多妻在马萨伊人看来是拥有财富的象征。此外,FGM虽然是传统习俗,但K老师是反对的。与其他部族通婚也削弱了马萨伊的传统(与其他部族通婚本身并没有被否定)。对马萨伊文化起到强大冲击作用的是学校教育、教会和政府的政策。

由于土地分割私有化的推进,共有土地减少,传统的放牧生活也越来越难以维持了。另外,店铺林立的小街的出现也带来了很多问题。非法毒品买卖在那里进行,给青少年带来了恶劣影响。

11.3.5　对学校教育的期待

能够自由放牧的土地减少了,家畜数量也减少了,又没有能够从事政府工作的机会,上过学的人和没有上过学的人过着不同的生活。没有上过学的马萨伊人只知道增加家畜的数量,却不懂得改善自己的生活,有时还会饿肚子。K老师在旱季到来之前会把所有家畜都卖掉。进行家畜买卖的马萨伊人大多是接受过教育的。1—2月是旱季,所以要在10—12月把年老瘦弱的家畜卖掉。3—4月再重新买来年幼的家畜。他们一边观察市场的价格波动一边进行买卖。上过学的马萨伊人正在影响着没有上过学的马萨伊人。

从20世纪70年代后半期到80年代前半期,当地人普遍认为接受学校教育得不到任何好处。因此,丈夫都是把自己不太喜欢的妻子所生的孩子送去上学。但是,随着学校的价值被逐渐了解,丈夫又开始把最爱的妻子所生的孩子送去上学了。K老师打算生4个孩子。第1个孩子如果是男孩,K老师打算让他照管家畜,如果是女孩,就让她上学,让之后生下来的第1个男孩照管家畜。但他表示即便生4个女孩也没关系。

11.4　从个人生活史中了解到的新视点

上述的个人生活史,只是某一个教师的个人经历,不能把这些经历普遍化,并以此来讨论围绕学校教育的社会制度和规范。但是,笔者从K老师的个人生活史中了解了以往完全不知道的现实和观点,这是非常宝贵的。与此同时,个人生活史又可以催生新的疑问,并帮助人们解除被固定观念所束缚的想法和先入为主的观念。这样的调查如果积累起来的话,能够对以往没有被明确认识的事实进行实证,也能够对其他教育研究的实施方式施加影响。

例如,针对下列事项,研究者会做出如括号内的解释或发现以往没有察觉的问题。

①K老师的兄弟姐妹中,有2个哥哥从事着马萨伊人赖以为生的畜牧业。(在马萨伊,长男不能上学。在一个家庭中起着重要作用的长男,为了照管家畜,都不会积极主动地去上学。从马萨伊当时的生活状况来看,上学基本是没有意义的。)

②白天偶然待在窝棚里的K少年与其他孩子一起被强制带去学校。(K老师接受学校教育是来自外部的压力,并不是本人想去,也不是家长想送他去。)

③由于受到国际NGO的持续援助K少年才能够维持学业。其他的同级生也大多升入了中学。(当时的中学入学率比现在要低得多,位于偏僻之地的这所小学为何升学率这么高呢?这所学校里实施的是什么样的教育呢?)

④在NGO援助中断期间,小学和中学的学费是K少年的妈妈设法筹集的。妈妈把马萨伊人视作财产的牛也卖掉了。(对于不同于以往生活的学校教育,或许母亲比父亲更能够理解它的重要性。此外,家庭收支可能是由母亲来管理的。)

⑤选择上师范学校是因为学费比较便宜。(K少年并不是依照自己的意愿选择教师这个职业的,而是因为学费压力才无奈选择的。将教师作为第一志愿的孩子依然还是少数的吧。)

⑥K少年接受割礼之后休学了1年多,但没有留级。(当时实施的是什么样的

教育呢？在留级十分普遍的今天是想象不到的。）

⑦在自己家里很难抽出专门的时间学习。（能让学生产生如此干劲的学校环境，和现在有怎样的不同呢？据说当时体罚是十分普遍的，与现在相比，当时的教师对教育有更大的热情吗？）

⑧为了上学要花费相当多的时间在路上。（那么努力地坚持上学，其背景到底是怎样的呢？）

⑨学生成绩不好，教师会被家长责备。（大部分家长没有上过学，即使接受过教育，与教师相比程度应该也是相当低的。学生家长真的会责备老师吗？）

⑩教师这份职业的好处就是，虽然工资不高，但假期也可以领到工资。（学校放假期间教师可以自由休息，因此教师们对这个职业在某种程度上是满意的。但是，在放假期间，不付津贴就让教师参加教师研修就有些强人所难了吧。）

关于谈话内容的可信性，笔者综合了K老师的同事和亲戚提供的各种信息，推测出谈话内容中有部分夸张的内容，此外，K老师可能编造了一些笔者听了会高兴的内容。例如，K老师在讲述和狮子作战的经历时，是一边让笔者看他手臂上的伤一边讲述的，但K老师的一位同事对此事一笑置之，说现在偶遇狮子的概率几乎为零。K老师之所以编造这个故事，可能是因为马萨伊人在历史上曾与狮子搏斗过，这个话题会让听自己谈话的外国人感到高兴吧。另外，K老师将接受割礼的日期、时间，包括星期几都清楚地告诉了笔者，但是笔者用日历进行确认，发现接受割礼的当天（1983年2月7日）是星期一，第二年1984年的2月7日才是星期二，据此可以推测这个时间有问题。还有，关于当时的学费是多少，K老师回答得非常清楚，但这个"记忆"是准确的吗？这么清楚的回答反而让人有些不安。另外，K老师提到在照料兄弟姐妹的孩子时，因为孩子的衣服很快就会穿坏，所以每半年就要买新制服，这很有可能只是在描述一种理想状况。

这样的谈话内容是在听话人与说话人的相互作用中形成的，所以会产生某种偏差。学费的金额可以向K老师当年的同学确认，但其实金额的多少并不重要。在K老师的谈话中，重要的是他在主观上认识到能够接受学校教育，母亲的支持是不可或缺的，并且他也把自己的想法在谈话中体现了出来。正是由于NGO的援助，再加上K老师的母亲努力筹措学费，K老师才能顺利完成学业。

11.5 结语

这次尝试，谈不上建构了个人生活史，但是告诉我们，在我们探寻一个个事例时,会发现我们以往深信不疑的教育发展"论"的常识也有可能是不对的。个人生活史调查法可以帮助我们理解复杂的教育实践,解决教师、教育问题,但这次尝试并没能充分发挥个人生活史调查法的长处。这次调查建构起来的就像是一座新的充满疑问的大山。在调查过程中,笔者产生了一些观点,以这些观点为基础,也许能够建立新的假说。

在由这次谈话引发的疑问当中,最大的一个疑问是关于K老师的小学母校是如何实现高升学率的。K老师在入学时,学校虽然是新创建的,但设施并不齐全,可学生升中学的升学率很高。那么现在,学校周边的环境和授课方法,与当时相比有哪些不同呢? 距离那时已经过去了1/4个世纪,社会发生了很大变化,即使是地方上的村落,也迅速现代化了起来。现在的教育与25年前的教育,在哪些方面有所不同呢? 如果能够复原当时的学校和授课场景,那么也许能够在现在的关于教育质量的讨论中融入一些新观点。

管窥非洲教育发展研究,我们可以看到不仅是个人生活史调查法,依靠小规模访谈记述人们话语的研究也几乎是空白的。使用各种教育指标等二手数据来"分析"教育现状,其结论多是没有新意的。另外,现在还有一股风潮,就是不努力去理解作为教育主体的学生和老师的实际生活,只是沉溺于方法论中,这样即使没有独到的发现,只依靠操作数字研究者也能完成论文。个人生活史调查法的意义与价值在于,可以将研究者引向仅凭实证统计方法和分析接触不到的领域。另外,笔者还想要将民族志等研究方法积极应用到今后的教育发展研究中。

一般来说,教育学研究者要以学校为基点了解学生家庭的状况。但是,在非洲,研究领域大多停留于学校这一范围,研究者基本不开展家庭访问这类调查。如果只以这种方式从学校看家庭,是无法真正贴近社会生活的。家庭是人们生活的基础,进入家庭,从另一个方向观察孩子所在的学校,这正是笔者想要尝试的研究方式。

终

章

12　新的国际教育合作的展开
——研究的意义与价值

12.1　引言

　　综观国际教育援助动向，可以看出日本对非洲的教育合作变得越来越重要。20世纪90年代中期之后，日本扩大了对非初中等教育的合作，与此同时，新的合作也在非洲各地出现了。曾经，日本只知道以无偿资金合作的形式建设造价昂贵的小学，但合作方式如此单一的时代已经结束了，现在，日本正在开展考虑到居民参与度的、有利于普通民众的对非合作。这些都是相关人员、相关机构一直以来积极努力的成果。

　　但是，如果没有能够在当地开展援助活动的具备国际竞争力的人才，日本只会被国际社会和受援国冷眼相待，因此，日本今后需要更进一步提升自身的专业知识能力、调查分析能力、交际能力等。同样，以国际合作相关内容为研究课题的研究者也必须提高自身素质，大学等研究机构如果在国际教育合作领域方面积累了丰硕的研究成果，就可以对实践活动起到指引、调整作用，同时实践活动又可以提高研究质量。作为研究者，具有独立的看法和想法是很重要的，此外还要对国际合作事业的实践活动提出批评，这是必要的，也是责任和义务。

　　日本ODA预算呈削减趋势，国际合作事业取得的成果也受到了严格评判。因此，日本的国际合作事业要有效果、有效率地开展，这一要求比以往更加强烈。大学参与国际合作事业的方式也发生着急遽的变化。20世纪90年代之前，大学是受援助组织的委托来参与国际合作事业的，但是今后，大学独立的国际贡献、社会贡献会越来越受关注，期待大学能够作为国际合作的伙伴机构积极为国际合作事业做出贡献。

　　在本章中，笔者将对前文进行概括，最后讨论本书所收录的一系列研究成果的意义与价值。

12.2　日本新的国际教育合作的展开

日本制定对发展中国家实施教育合作的政策的过程十分复杂。与政策制定相关的机构，除了外务省、文部科学省，还有JICA。JICA是技术合作的实施机构，储备了与开发援助相关的大部分知识。与国际教育合作相关的专业人员主要来自JICA，但政策决定取决于外务省和文部科学省的意向。与之相对，在美国、英国等一些国家，国际教育合作的政策制定是由与国内教育行政没有直接关系的专门负责开发援助的国际开发署承担的，具体实施则委托给大学、NGO、民间企业等。在日本，国际教育合作的一大特点是负责教育行政的文部科学省的参与，但是，这也使得日本的国际教育合作更加复杂。日本以往的国际合作，其人才都是来自身为公务员的国立大学（2004年4月之后，国立大学成为独立法人）的教师。借鉴了日本教育经验的国际教育合作，在国际社会看来是有违和感的，但是基于上述背景来看，这种合作方式也是容易理解的。在非洲等地，尊重受援国自助努力的教育合作已经展开，这类合作已经超越了关于政策本身的议论，也不仅仅只是停留于日本教育经验的单方面提供。期待这类尊重受援国自助努力的合作有更好的发展。（第Ⅰ部第1章）

对自助努力的支援，是日本实施开发援助的基本原则，是将日本的援助理念与欧美各国进行对比时，必定会提到的观点。在新ODA大纲（2003年修订）中，这一观点被赋予了更加明确的定位，援助基本方针的第一条就明确揭示了"要支援发展中国家的自助努力"。这一援助理念起源于日本近代自身的发展经验和在此基础上对东亚的援助经验。换句话说，欧美实施开发援助是基于基督教的慈善精神，而日本则希望通过援助为受援国的经济增长做出贡献。自助努力原本就是深深扎根于日本社会的传统文化，是自下而上的，是自发的。相反，最近作为国际援助思潮的主体性原则，是基于自上而下的想法，因此，自助努力和主体性是两个不同的概念。在行政能力脆弱的非洲，基于自助努力的援助有效果吗？现在的援助环境是否容许需要长期忍耐的自助努力的存在呢？日本对自助努力支援的有效性需要在非洲进行证实。（第Ⅰ部第2章）

与亚洲其他发展中国家相比，对非洲的国际支援，在金额投入上是十分巨大的。尽管如此，非洲经济基本没有增长，贫困也没有消除。日本对非洲各国的开发援助始于20世纪80年代初。在资金方面，日本给予了非洲不少援助，但就教育合作经验而言，直到20世纪90年代中期，日本都不如欧美国家经验丰富。

1990年"世界全民教育大会"之后,基础教育援助成为主流,日本先是向其他援助国和国际组织学习,随后开始探索本国独立的教育合作之路。1993年日本召开了第一届东京非洲发展国际会议,从20世纪90年代后半期开始,日本在肯尼亚、加纳、南非等国设立、实施了教育合作项目,以此为契机,日本自己的教育合作项目开始在非洲各国展开。非洲各国与日本在教育体系上有所不同,这种不同以往被视为两者合作时的一块短板,但现在,这种不同转化为了日本的相对优势。日本的目标是学习对方的教育经验,促进非洲国家自助努力,建设扎根于非洲大地的互惠型教育合作机制。(第Ⅰ部第3章)

12.3　非洲各国为教育开发所做的尝试

消除非洲的贫困是国际社会全体的课题。教育对这一目标的实现会起到非常重要的作用,因此,国际组织和援助国长期以来一直致力于非洲教育开发。除了南非等部分经济条件较好的国家之外,其他非洲国家很难做到自主地按照自身节奏推动教育发展,教育援助一般都是以援助组织进行的调查为依据开展实施的。以这种方式形成的援助项目、计划自然以国际教育援助政策为基础。现在,初等教育领域是被最优先援助的对象,支援高等教育的援助组织并不多。但是,只接受初等教育是找不到工作的,初等教育毕业人数的增加也给中等教育、高等教育带来了压力。目前这种优先援助初等教育的做法促使就学人数大幅增加,但这种情况只会导致高学历者失业,很难为社会经济发展做出贡献。

加纳的事例就显露了如下这对矛盾,一方面是致力于全面普及初等教育的国际社会,另一方面是必须为中学毕业生提供相应的高等教育机会的迫切需求。加纳较早地在初等教育和中等教育方面实现了教育机会的扩大,因此可以预想,与其他非洲国家相比,高等教育阶段的种种问题在加纳也会较早地显露出来。高学历失业变得普遍化,政府在财政方面没有余力,在这种情况下,除了创办私立大学,增加具有浓厚的职业培训色彩,对政府不形成财政负担,能够提供新的高等教育机会的职业技术学院,在政治方面也是极富魅力的选择。于是,扩大高等教育机会的计划就此展开。但是,制订符合产业界人才需求的职业技术学院的教学计划,并将此计划付诸实施,在教育现场进行实践,这些愿景实现之前还需闯过许多难关。(第Ⅱ部第4章)

埃塞俄比亚的事例体现了在为全面普及初等教育而努力奋斗的过程中,要把握好量的扩大与质的改善之间的平衡是很困难的。埃塞俄比亚的入学率全世界最低,它接受了国际社会的援助,正在实施教育领域发展计划。援助组织为使资金能够得到有效利用,重视监测评价,埃塞俄比亚政府正将地方分权化作为国家政策大力推进。这两者的统一意味着教育机会的量的扩大(就学人数的增加)被放在优先地位,教育质量则很难被顾及。就学人数的增加对于国家来说也许有意义,但对于那些连基础学习能力都没有掌握就毕业的孩子来说,援助并没有帮助他们实现自我价值。在2015年全面普及初等教育的目标设定本身就忽略了一些阻碍教育系统整体健康发展的隐患。教育的量的扩大和质的改善不应该是此消彼长的。(第Ⅱ部第5章)

肯尼亚的事例则介绍了非洲教育中很常见的一种现象,即学生为了从初等教育升学至中等教育,不得不过着以应试教育为中心的学校生活。小学按照学生毕业时参加的统一考试的成绩来确定位次,地区间的差距、私立学校和公立学校间的差距都很大。因此,教育质量也有很大差异,并不是所有孩子都能平等地接受最基本的教育,学生所受教育的质量,受家长经济实力的左右。有很多国家是将全面普及初等教育作为国家目标的,但学生所学的内容未必是需要掌握的生活技能。肯尼亚教育部及援助组织相关人员十分热衷于扩大教育机会,但是他们没有将关注点放到比学习能力更加重要的教育质量上,例如对于每一个孩子而言教育的价值及意义是什么,这是他们没有关注的。他们是不是被眼前的数字迷惑住了,而认不清教育的本质究竟是什么呢?援助组织奉行的评价指标至上主义及教育质量难以指标化的状况都与上述情况有关,对于非洲儿童而言,今后受难的日子会一直持续下去。(第Ⅱ部第6章)

日本在政策层面表示了要将对非教育援助放在优先地位,赞比亚也是日本的援助对象国之一。领域计划等援助协调工作正在推进中,日本要制定、实施独立的援助项目是有难度的,援助制度的差异也导致日本与其他援助国、援助组织的协调存在困难,因此两者对待援助的基本立场(日本强调"自助努力",欧美强调"主体性")是不同的。但是,意见的分歧之处也存在合作协调的可能性,一定程度的紧张关系也是日本发挥独特性的机会,这也有利于日本援助能力的提升。这种独特性并不是单纯的日本教育经验的转移。以赞比亚为代表的非洲国家与日本的教育制度是不同的,但是非洲的学校文化和教育观,与欧美相比更加接近包括日本在内的亚洲国家,这一点可以说是日本开展教育合作的有利条件。(第Ⅱ部第7章)

对发展中国家实施的教育调查,与在学校层面进行的观察、研究相比,更关注教育政策和教育系统整体。本书的国别研究也属于这类调查。但是调查国家政策对学校施加了怎样的影响、详细记述学校状况之类的研究是很少的。在日本,关于授课和教育实践的研究成果非常多,但是,为什么在发展中国家这类研究很少呢？因为对非洲等地所做的教育调查是依靠援助组织的支援实施的,这类调查是为了把握教育现状、评价援助实施的妥当性,因此基本都是从国家层面进行的调查。世界银行等开发性金融机构,在提供贷款时会做事前评价调查,因而以经济视点或统计手法所做的分析是主流。虽然有人主张说实施调查有利于受援国机构的能力开发,但大多数调查是关于政府的教育财政分析,即使包括学校层面的数据,也多是收集起来的能够计量化的指标。可以说,大部分研究是为实施援助所做的信息收集,关于学生个体是如何学习的、教师是如何工作的这样的基础事例研究非常少。由此不禁使人想到,国际教育合作取得成功、事业成果扎根于当地、对教育发展做出贡献的事例极其少见,其原因便在于上述情况吧。换言之,援助组织相关人员和受援国高官具有学习不足的一面,这是不容否认的。

12.4　在肯尼亚的实地调查

肯尼亚于1963年从英国取得独立。独立之后,直到20世纪70年代中期,其都保持着GDP年均增长率8%的记录,取得了不俗的经济发展成绩。但是,伴随着全球经济低迷,进入20世纪80年代,肯尼亚GDP出现负增长,经济发展一落千丈。在这种状况下,肯尼亚政府接受了IMF与世界银行的援助,开始着手调整经济结构。这种状况,在其他非洲国家也能够看到。但是,进入20世纪90年代后半期,由于肯尼亚政治经济改革的延迟,很多援助组织暂停援助,肯尼亚周边的坦桑尼亚、乌干达的教育指标由下降转为上升,但肯尼亚在20世纪90年代一直处于下降趋势。肯尼亚的初等教育,在20世纪80—90年代的20年时间里几乎没有取得发展。2002年末,齐贝吉新政权诞生,齐贝吉总统在选举时承诺过的免费初等教育制度于2003年开始实行。其结果使得就学人数一举增加了2成,但是让儿童上学这件事本身变成了目的,涉及学校的政策则不被采纳。另外,仅依靠政府的财政收入是很难将免费教育持续推进的,于是,很多援助组织对肯尼亚实施了援助,但是学生人数的急速增加不可避免地导致了教育质量的下降。即便儿童享有平等的入学权利,但是他们接受的教育的质量受家长的经济实力左右,而且其差距正在拉大。以这种形式全面普及的初等教育对于作为直接受益者的学生和他们的家长来说,未必是受欢迎的。(第Ⅲ部第8章)

这种免费教育导致肯尼亚的小学生人数急速增加,2003年全国平均毛入学率超过了100%,其影响非常大。但是,各个学校陆续出现被平均入学率掩盖的问题。其中最大的问题是在贫困度高的地区,一年级学生人数的急速增加。在这些地方,既没有能够分班教学的师资,也没有能够分班教学的教室,学生尽管上学了,但无法进行正常的学习。由于免费教育的实施,每年每名学生平均15美元的费用由政府负担,同时传统的自助努力被禁止。但是,用于学校运营的政府补助金在使用时有很大限制,学校不能按照自身的需求自由使用,补助金的大部分被用于购买教科书。由于自助努力在原则上被禁止,因此学校在运营方面很难得到学生家长的配合,同时学生家长对学校教育的关注程度也降低了。免费教育促进就学的一个重要原因是减轻了家庭收支中用于教育费用的负担,但是由于传统、价值观、课程等复合因素,教育状况只靠免费是得不到改善的。很多学校无法提供能够满足家长和社会期待的教育。在改善入学情况的同时还要关注教育质量,如果学习没有效果,贫困家庭是不会坚持送孩子上学的。关于学校的意义与价值,我们应该站在有孩子的家庭的立场上,在不同的社会活动中重新审视。(第Ⅲ部第9章)

在学校进行持续性的追踪调查,这种研究方式几乎还没有在非洲的教育研究中得以应用。只以计量化、平均化的指标来进行研究,是无法清楚地认识到学校的实际情况的。在肯尼亚,教育体系经济效率低的问题值得重视,因此,将学生的留级和辍学控制在最小限度,提高内部效率,是全面普及初等教育的前提,也是一项重要策略。尽管如此,肯尼亚政府所掌握的只是依靠每年追踪各个年级和地区的学生人数所得到的非常不精确的毕业率和升级率,或者是将某个时期在援助组织的协助下进行的问卷调查的结果机械性地合计后得到的数值,对各个学校的升级结构也没有进行抽样调查。人们已经认识到了留级多、辍学多是肯尼亚教育体系的问题,但是在以往研究和政府文件中,这两种不同的现象是被混淆在一起的,留级和辍学的实际情况究竟是什么并没有被充分理解。笔者做了3年的实地调查,并在此基础上开展了事例研究,通过这些事例研究,明确了以下几点内容:①以统计性方法分析出的表面的升级结构与实际的升级结构之间存在着巨大差距;②除了高年级女生,其他学生辍学的情况是比较少的,以留级为理由辍学的学生只是少数;③学生是升级还是留级,取决于各个学校的相对的成绩评价标准,和考试制度有着密切的关联。上述研究成果,与以往所认识的升级结构是不同的,这些研究成果不仅具有政策意义,而且为学术研究提供了新的分析视角,为国际教育合作做出了贡献。(第Ⅲ部第10章)

　　管窥非洲教育发展研究,我们可以看到不仅是个人生活史调查法,依靠小规模访谈记述人们话语的研究也几乎是空白的。对小学教师的个人生活史进行调查,是为了弥补以往调查研究中的不足,是对人们的生活进行实地调查的一个尝试。研究者不仅要理解学校这样一个机构,还要理解构成学校的教师和学生的生活,如果做不到这些,那么要正确考察学校教育的各种问题将会是十分困难的。因此,理解与教师直接相关的问题以及发生在学校里的各种问题的背景,就有可能找到解决这些问题的现实性方法。个人生活史调查法的优点是能够使我们理解复杂的教育实践,告诉我们解决教师、教育问题的途径。尽管不是十分周全,但笔者尝试着对个人生活史进行建构,其结果是产生了很多新的疑问。这次尝试告诉我们,我们以往深信不疑的教育发展“论”的常识也有可能是不对的。个人生活史调查法的意义和价值在于可以将研究者引向仅凭实证统计方法和分析接触不到的领域。另外,笔者还想要将民族志等的研究方法积极应用到今后的教育发展研究中。目前,大多数研究的研究领域只停留在学校这一范围,但是,一些新的尝试也渐渐开始了。家庭是人们生活的基础,进入家庭,贴近真正的社会生活,从另一个方向观察孩子所在的学校,就属于这类新的尝试。(第Ⅲ部第11章)

　　迄今为止,关于表面事实的调查研究很多,而深入的调查研究很少,其最大的原因在于,在学校做质量调查十分辛苦,不但无法有效收集数据,而且数据整理十分不易。特别是观察、分析发生在学校里的事情的发展变化,是需要实地调查的,如果在时间、资金方面没有余力是做不到的。实地调查与以援助组织为中心实行的调查处于两个对立面。另外,也有观点认为,使用计量化指标进行统计分析是具有实证性、科学性的,具体事例即便深挖也缺乏客观性,是否有代表性也存在疑问,这样是做不成研究的。但是,我们要清楚质的调查和量的调查各自的特点和缺点,使两者相互补充并深入挖掘问题,分析、解释复杂的教育现象,这才是最重要的。

　　正如经济学有微观、宏观之分一样,在教育发展研究中,研究者也要考虑使用哪种合适的分析方法,要将它适用于把握哪个部分、哪个层面的教育实际情况,在清楚认识这一点的基础上再将横向联系放入考虑范围内,以此推进各类研究。如果将研究分为政策、学校、家庭三大类的话,则非洲的大部分以往研究都是关于政策和学校的,而且学校研究中也几乎没有以实地调查为基础观察长期发展变化的研究。至于从家庭角度观察学校教育方式的研究,除了人类学领域之外几乎没有。其原因在于,越是深入家庭,越难收集数据,因而无法进行有效率的调查。非洲的教育研究,多是受到援助组织的援助而展开的,对援助组织来说,没有时间去等待需要长期调查分析才能产生的研究成果,而且,如果研究成果不是宏观政策论或关于学校的量的研究的话,就很难作为援助指南加以应用。我们要明确社会与学校、学校与家庭通过孩子连接后的关系,我们需要的不仅仅只是用统计方式处理过的数据,如果不去追踪每一名学生、教师的个人生活史,就无法分析、讨论多样化社会中的教育应该是怎样的。更难的是,这种关系因地域不同而不同,随时代变化而变化,并不是一成不变的。

12.5　结语

　　笔者一边进行一系列的研究,一边思考从事非洲教育开发和国际合作工作的研究者的作用。笔者的目标是取得以往以援助组织为中心实施的围绕非洲教育和开发的调查研究中没有的、独立的研究成果。因此,笔者需要独立的分析视角和独立的数据。最终,笔者决定在肯尼亚的学校做持续性的实地调查。通过调查,笔者摸清了用近似的数量分析难以了解的实际情况,包括留级和辍学在内的学校的升级结构,揭示了在教育开发和国际合作中政策研究的界限和实地调查的重要性,或者说是相互平衡与协作的重要性。研究者要以新的构想为基础,进行独自研究。如果这样做,研究与实践就可以相互补充,能够提升教育合作质量的教育开发研究便会展开;如果不这样做,教育开发研究就会孤立化,或者变成教育合作的附属物。

　　笔者所做的研究以政策研究与实地调查的结合为目标,在对教育开发研究方法施加影响的同时,整理分析国际教育合作以往的知识与经验,并为未来国际教育合作事业的展开做出贡献。很多援助组织很用心地想要把教育合作的成果惠及每一个普通人。因此,要以距离儿童学习场所近的地方(不是教育部和地方教育办公室,而是学校或家庭)为立足点,在这些地方产生的构想是很重要的,尽管如此,实地调查等实践活动依然做得很不够。本文虽然是以非洲为中心展开的讨论,但对于亚洲等其他发展中国家的教育合作实践,以及对教育合作实践起到支撑作用的研究方法而言也是有意义的。

　　如今,"人类的安全保障"对象正在从国家向社会扩展,安全保障的焦点正在向人类生活及共同体生活转移,在这种形势下,教育成为比以往更加重要的课题。为了在社会整体中重新认识教育应有的样子,就必须在距离人们生活场所近的地方进行实地调查。这种长期的实地调查,也是对以往援助组织未能涉及的部分进行的研究。不是从学校看家庭,而是从家庭观察学校,这一方向性正是此次研究实施的基础之一。就这一方向性而言,此次研究还有很多不足之处,今后依然要以实地调查为基础,不断推进贴近人类世界及社会生活的关于教育开发、教育合作的研究。

非洲国家的教育开发与国际合作的环境正发生着翻天覆地的变化。作为一名研究者,能为非洲教育开发做出的贡献是极其有限的,如果本书能够帮助读者了解非洲各国的社会与教育情况,以及重新认识国际合作的开展方式,那笔者将感到非常荣幸。同时,笔者也衷心希望通过国际教育合作,能够进一步加强非洲各国与日本之间的交流。

撒哈拉以南非洲各国基础数据

国家	人口（百万人）2004年	国土面积(千平方千米)2004年	人均GNI		平均寿命（年）2004年	初等教育净入学率（%）			人均ODA（政府开发援助）纯接受额（美元）2004年
			换算成美元的金额2004年	年平均增长率(%)2000—2004年		合计	男	女	
安哥拉	15.5	1247	930	4.6	41	—	—	—	74
贝宁	8.2	111	450	1.2	55	83	93	72	46
博茨瓦纳	1.8	567	4360	5.7	35	82	80	84	22
布基纳法索	12.8	274	350	0.3	48	40	46	35	48
布隆迪	7.3	26	90	0.0	44	57	60	54	48
喀麦隆	16.0	465	810	2.7	46	—	—	—	47
佛得角	0.5	4	1720	40.0	70	92	92	91	282
中非	4.0	623	310	0.3	39	—	—	—	26
乍得	9.4	1259	250	3.6	44	57	68	46	34
科摩罗	0.6	2	560	−0.1	63	55	60	50	42
刚果民主共和国	55.9	2267	110	0.0	44	—	—	—	32
刚果共和国	3.9	342	760	−0.5	52	—	—	—	30
科特迪瓦	17.9	318	760	−2.4	46	56	62	50	9
吉布提	0.8	23	950	0.0	53	33	36	29	82

续　表

国家	人口（百万人）2004年	国土面积(千平方千米)2004年	人均GNI		平均寿命（年）2004年	初等教育净入学率（%）			人均ODA（政府开发援助）纯接受额（美元）2004年
			换算成美元的金额2004年	年平均增长率(%)2000—2004年		合计	男	女	
赤道几内亚	0.5	28	—	0.0	43	59	61	58	60
厄立特里亚	4.2	101	190	−3.4	54	48	52	44	61
埃塞俄比亚	70.0	1000	110	1.3	42	46	49	44	26
加蓬	1.4	258	4080	0.3	54	77	77	77	28
冈比亚	1.5	10	280	0.8	56	73	76	70	43
加纳	21.7	228	380	2.4	57	58	58	58	63
几内亚	9.2	246	410	1.0	54	64	69	58	30
几内亚比绍	1.5	28	160	3.8	45	45	53	37	50
肯尼亚	33.5	569	480	0.3	48	76	76	77	19
莱索托	1.8	30	730	1.9	36	86	83	88	57
利比里亚	3.2	96	120	−2.8	42	66	74	58	65
马达加斯加	18.1	582	290	−1.5	56	89	89	89	68
马拉维	12.6	94	160	−0.3	40	95	93	98	38
马里	13.1	1220	330	2.3	48	46	50	43	43
毛里塔尼亚	3.0	1025	530	4.0	53	74	75	74	60
毛里求斯	1.2	2	4640	2.9	73	95	94	96	31
莫桑比克	19.4	784	270	6.2	42	71	75	67	63
纳米比亚	2.0	823	2380	3.2	47	74	71	76	89

续　表

国家	人口（百万人）2004年	国土面积(千平方千米)2004年	人均GNI		平均寿命(年)2004年	初等教育净入学率(%)			人均ODA（政府开发援助）纯接受额（美元）2004年
			换算成美元的金额2004年	年平均增长率(%)2000—2004年		合计	男	女	
尼日尔	13.5	1267	210	0.0	45	39	46	32	40
尼日利亚	128.7	911	430	2.7	44	88	95	81	4
卢旺达	8.9	25	210	0.3	44	73	72	75	53
圣多美和普林西比	0.2	1	390	2.3	63	—	—	—	218
塞内加尔	11.4	193	630	1.6	56	66	68	64	92
塞舌尔	0.1	0	8190	−2.3	—	100	100	99	124
塞拉利昂	5.3	72	210	5.3	41	—	—	—	67
索马里	8.0	627	—	0.0	47	—	—	—	24
南非	45.5	1214	3630	2.2	45	89	88	89	14
苏丹	35.5	2376	530	7.5	57	43	47	39	25
斯威士兰	1.1	17	1660	−0.7	42	77	76	77	104
坦桑尼亚	37.6	884	320	4.6	46	86	87	85	46
多哥	6.0	54	310	−0.7	55	79	85	72	10
乌干达	27.8	197	250	1.8	49	98	97	99	42
赞比亚	11.5	743	400	0.3	38	80	80	80	94
津巴布韦	11.9	387	620	−6.2	37	82	81	82	14
合计/平均	726.4	23619	600	1.7	46	64	68	60	33

资料来源：World Bank & African Development Indicators（2006）。

后 记

1982年10月,我作为青年海外协力队数理科教师队队员被派遣到马拉维,途中经停内罗毕,这是我第一次踏上非洲的土地。道路两旁的蓝花楹正盛开,凉爽的气候令人吃惊。在卡拉奇没人懂的英语在内罗毕讲得通了,当地人正确理解了我讲的英语并热情接待了我,对他们,我至今仍心存感激。此外,内罗毕市内的治安也比现在好得多。

当时,我对国际合作和开发问题并没有像现在这样关心。大学时我隶属探险部,对非洲的憧憬也许就是探险精神的延伸吧。在马拉维,我即将去的学校是位于马拉维南部与莫桑比克接壤的国境线上的姆万扎第二学校。莫桑比克正处于内战中,尽管与马拉维是邻国,但我没有去过。姆万扎第二学校比我在日本时想象得还要气派。与当时荒废的日本学校相比,这里的孩子学习欲十分强烈,他们安静地听我笨拙地授课,这两年的经历成为我考虑从事教育开发与国际合作工作的起点。

在被派遣到马拉维周边国家的队员看来,马拉维是个物资丰富,没有任何不便的国家。马拉维是种族隔离制度统治下的南非在撒哈拉以南非洲建交的唯一国家。马拉维的超市里摆放着红酒,生活必需品的购买也没有什么不便。即便如此,我还是从日本带来了粉末装的酱油。马拉维的邻国坦桑尼亚、赞比亚,不仅治安不好,生活必需品也缺乏。当时在黑市兑换美元,价格是正规汇率的4—5倍。如今,非洲各国的经济取得了长足的进步,上述现象已经很难看见了,但非洲的贫困并没有被消除,而是日常化了。

大部分协力队队员在任期结束一段时间之后,都会想再度造访派遣地。但是自费去马拉维的机票太贵了,于是我参加了JICA的调查项目,于2000年得到了重返马拉维的机会。当时,我利用周末时间,从首都利隆圭驱车奔赴曾经工作过的姆万扎。我第一次到非洲的时候,那里的道路都是未经整修的,如果是那种路,一天内往返利隆圭和姆万扎是不可能的,但现在出现在我眼前的是整修好了的道路,崭新得甚至让人怀疑自己的眼睛是不是看错了。城镇充满活力,位于边境的城镇还建起了小规模的宾馆。我曾经任教的学校是否也能像这个城镇一样发展得令人耳目一新呢？我心中怀着淡淡的期待。但是，一旦离开干线道路，出现在我眼前的还是与过去几乎没什么两样的未整修的道路。学校变得怎么样了呢？我心中的期待在膨胀着。然而，学校并没有新建教学楼，原有的建筑更加老旧了。附近的医院也是同样的情景。与道路的整修情况相比，学校等地依然没有变化，这也让我切身体会到了教育发展的困难。

自我接触非洲起至今正好25年了，本书正值此时出版，令我感慨良深。我生于1960年，也许是巧合，这一年也是很多非洲国家取得独立的"非洲年"。本书的出版也许多少可以满足一些我对非洲"报恩"的心愿。副标题中有"实地调查"的字眼，我第一次在非洲进行实地考察是在2000年，虽说事出偶然，但我要向引领我走上这条道路，并且在今后的研究中给予我诸多帮助与建议的大阪大学大学院人类科学研究科的内海成治教授表示深深的谢意。本书的内容，特别是第Ⅲ部分，包含了很多我与内海成治教授在肯尼亚开展共同调查的过程中得到的信息。我之所以要在距离人们生活场所近的地方开展实地调查，开展具有生活气息的教育开发研究，正是源于这样的经历。

广岛大学于1997年成立了教育开发国际协力研究中心，以此为契机，我进入这个研究中心，成为大学教师。在此之前，我在JICA工作期间，因偶然的机会认识了英国爱丁堡大学非洲研究中心的Kenneth King教授，并受惠于海外长期研修制度，于1993年起在爱丁堡大学非洲研究中心度过了2年留学生活。我原本的专业是地球科学，这是我第一次系统地学习社会科学方面的内容。对于当时已经33岁的我来说，全英文学习的每一天都是痛苦的，因为压力过大，我开始胃痛，饭也吃不好。虽然现在回想起来很是怀念，但当时我甚至怀疑自己的选择。但是，在留学生活中获得的知识和经验，对我来说是宝贵的财富。我在马拉维开展援助活动之前还没有去过英国等发达国家，所教的非洲学生在数理科方面素养很差，当时我深信不疑地认为这是在非洲才会出现的情况，但是在留学期间，我发现英国也是这样，因此心里无比愧对以前的学生。

对非洲教育与开发课题开展自由的研究活动，在我现在任职的广岛大学教育开发国际协力研究中心是会获得奖励的。研究中心自成立之日起就把非洲作为研究的中心内容，从2005年起还实施了"为了基础教育发展的非洲—亚洲大学间对话项目"，研究中心由此成为关注非洲教育开发的国内外研究者交流的场所。在此过程中，二宫皓教授、石井真治教授、黑田则博教授、长尾真文教授和吉田和浩副教授给予我难以计量的知识方面的启发，并且温暖守护着长期驻非工作的我。自研究中心成立以来,我就和现就职于早稻田大学的黑田一雄教授一起工作,我们有着很多共同的回忆,我从黑田一雄教授那里学到了很多知识。在之前的任职单位JICA参与技术合作和无偿资金合作项目的过程中,我积累了宝贵的经验和知识。特别是冈崎刚一郎先生、中野武先生、松冈和久先生在我遇到了几个重要的分歧点时,给了我宝贵的建议和支持。横关祐见子女士(现于联合国儿童基金会任职)给予我很多研究方面的帮助。

协助我完成调查研究工作的非洲各国的老师和孩子,以及教育部和大学的相关人员,在给予我诸多关照的同时还给了我很多启发。特别是允许我开展研究的纳罗克县小学校长及相关人员,他们在百忙之中还为我提供了很多方便。如果没有他们的帮助,作为本书基础的一系列研究是无法开展的。

我于2005年12月向大阪大学大学院人类科学研究科提交了博士学位论文《非洲教育开发与国际合作——政策研究与实地调查的结合》,本书是在博士论文的基础上进行改写的。内海成治教授很爽快地接受了我的学位论文审查工作,并一直给予我温暖的鼓励。另外,同一研究科的平泽安政教授、中村安秀教授、草乡孝好副教授在对我的论文进行学位审查时,提出了很多有益的意见与建议,这些都为我提供了考察非洲教育的新视点。另外,JICA的上司、同事和广岛大学及其他国内外大学、研究机构的诸位老师,时常会对我提出非常中肯的建议,说这些建议的成果都汇集在本书中也不为过。

本书所收录的一系列研究成果,是在日本学术振兴会持续提供的科学研究费补助金的支持下才得以完成的。另外,明石书店的大江道雅先生非常爽快地接受了本书的出版发行工作。在此,我要向各位帮助过我的人表示衷心的感谢。

最后,我要感谢我的妻子亘子。我出差多,回家晚,但妻子一直十分支持我的工作。我在进行非洲教育开发研究的同时,还作为长子拓和次子周的监护人,亲身体验了日本的学校与地区间的关系,以及教师、学校与监护人的立场,这些体验对本书产生了很大影响。非洲与日本,教育状况完全不同,但父母对孩子教育的期待与想法是相通的。

泽村信英

2007年10月

各章节出处一览

0 非洲教育开发与国际合作——问题之所在

「アフリカ地域における教育開発の現状と課題—国際協力は貧しい人々のために役に立っているのか—」,『比較教育学研究』2005年第31号,第68—79頁。

1 国际教育合作的日本特征——复杂性与优越性

「国際教育協力の日本的特質—その複雑性と優位性—」,『国際教育協力論集』2003年第6巻第1号,第83—90頁。

2 日本开发援助的非欧美特征——对自助努力的支援

"Japan's Philosophy of Self-Help Efforts in International Development Cooperation: Does It Work in Africa?" *Journal of International Cooperation in Education*,2004,7(1),pp.27-40.

3 对非洲教育援助的展开——日本的作用与可能性

「対アフリカ教育援助に関する一考察—日本の役割と可能性をめぐって—」,『国際教育協力論集』2001年第4巻第2号,第135—145頁。

4 加纳——职业教育改革的展望

「ガーナ共和国におけるポリテクニック教育の現状と展望」,『国際教育協力論集』2000年第3巻第1号,第53—63頁。

5 埃塞俄比亚——初等教育量的扩大与质的改善

「エチオピアにおける初等教育の普及と質的改善—地方分権化と国際援助のインパクト—」,『国際教育協力論集』2007年第10巻第2号,第91—102頁。

6　肯尼亚——考试中心主义的初等教育

「受験中心主義の学校教育―ケニアの初等教育の実態―」,『国際教育協力論集』2006年第9巻第2号,第97—111頁。

7　赞比亚——国际教育合作与主体性

「ザンビアの教育と日本の国際協力―オーナーシップの含意をめぐって―」,『国際教育協力論集』2000年第3巻第2号,第143—155頁。

8　肯尼亚的初等教育开发与国际合作——从失去的20年中复兴

「危機に立つケニアの教育―失われた20年―」,『国際教育協力論集』2004年第7巻第2号,第69—80頁。

9　肯尼亚全面普及初等教育的尝试——免费初等教育的现状与问题点

「ケニアにおける初等教育完全普及への取り組み―無償化政策の現状と問題点―」,『比較教育学研究』2004年第30号,第129—147頁。

10　肯尼亚小学的留级与辍学情况——以对学生的追踪调查为依据

「ケニア初等学校生徒の進級構造―留年と中途退学の実態―」,『国際開発研究』2003年第12巻第2号,第99—112頁。

11　从肯尼亚小学教师的生活史中学习——教育开发的新的知识建构

「ケニア小学校教師のライフヒストリーから学ぶ―教育開発の新たな知を構築する試み―」,『国際教育協力論集』2005年第8巻第2号,第89—96頁。

参考文献

日文文献

アイヴァー・グッドソン，2001. 教師のライフヒストリー—「実践」から「生活」
　　の研究へ—[M]. 藤井泰，山田浩之，編訳. 東京: 晃洋書房.

アイヴァー・グッドソン，パット・サイクス，2006. ライフヒストリーの教育
　　学—実践から方法論まで—[M]. 高井良健一，山田浩之，藤井泰，他，訳.
　　東京: 昭和堂.

内海成治，1996. 開発と教育[M]//国際協力事業団. 地球規模の課題(国際協
　　力概論). 東京: 国際協力出版会: 52-91.

内海成治，2001. 国際教育協力論[M]. 東京: 世界思想社.

内海成治，2003. 国際教育協力における調査手法—ケニアでの調査を例にし
　　て—[M]//澤村信英. アフリカの開発と教育—人間の安全保障をめざす国際
　　教育協力—. 東京: 明石書店: 59-81.

内海成治，高橋真央，澤村信英，2000. 国際教育協力における調査手法に関
　　する一考察—IST法によるケニア調査をめぐって—[J]. 国際教育協力論
　　集，3(2): 79-96.

絵所秀紀，1994. 開発と援助[M]. 東京: 同文社.

大津和子，1999. ザンビアにおける女子教育の阻害要因[J]. 国際教育協力論
　　集，2(2): 55-68.

大林稔，2003. アフリカの挑戦NEPAD[M]. 東京: 昭和堂.

オレ・サンカン S S，1989. 我ら、マサイ族[M]. 佐藤俊，訳. 東京: どうぶ
　　つ社.

外務省，1990. 外交青書[M]. 東京: 大蔵省印刷局.

外務省，2003. 2002年版政府開発援助(ODA)白書[M]. 東京: 国立印刷局.

外務省，2004a. 2003年版政府開発援助(ODA)白書[M]. 東京: 国立印刷局.

外務省，2004b. 2004年版政府開発援助(ODA)白書[M]. 東京: 国立印刷局.

外務省，2005. 2005年版政府開発援助（ODA）白書［M］. 東京：国立印刷局.

外務省，2006. 2006年版政府開発援助（ODA）白書［M］. 東京：国立印刷局.

外務省経済協力局，1988. 我が国の政府開発援助：上巻［M］. 東京：国際協力推進協会.

外務省経済協力局，1990. 我が国の政府開発援助：上巻［M］. 東京：国際協力推進協会.

外務省経済協力局，1994. 我が国の政府開発援助：上巻［M］. 東京：国際協力推進協会.

外務省経済協力局，1995. 我が国の政府開発援助ODA白書：上巻［M］. 東京：国際協力推進協会.

外務省経済協力局，1996a. 我が国の政府開発援助ODA白書：上巻［M］. 東京：国際協力推進協会.

外務省経済協力局，1996b. 我が国の政府開発援助ODA白書：下巻（国別援助）［M］. 東京：国際協力推進協会.

外務省経済協力局，1997. 我が国の政府開発援助ODA白書：上巻［M］. 東京：国際協力推進協会.

外務省経済協力局，1998. 我が国の政府開発援助ODA白書：上巻［M］. 東京：国際協力推進協会.

外務省経済協力局，2001. 我が国の政府開発援助2000：上巻［M］. 東京：国際協力推進協会.

外務省経済協力局，2002. 政府開発援助（ODA）国別データブック2001［M］. 東京：国際協力推進協会.

外務省経済協力局，2006. 政府開発援助（ODA）国別データブック2005［M］. 東京：外務省経済協力局.

外務省国際協力局，2007a. 政府開発援助（ODA）国別データブック2006［M］. 東京：外務省国際協力局.

外務省国際協力局，2007b. 2006年版政府開発援助（ODA）白書（ポイント）［EB/OL］.（2007-06-01）［2018-08-01］. http://www.mofa.go.jp/mofaj/gaiko/oda/shiryo/hakusyo/pdfs/2006_point.pdf.

加藤貴子，2006. ケニアの女子教育に関する一考察—マサイの女性教師のライフヒストリーを通して—［J］. 大阪大学大学院人間科学研究科. ボランティア人間科学紀要（7）：95-108.

北村友人，2004. 基礎教育への国際的な資金援助の試み―EFAファスト・トラック・イニシアティブ導入の背景と課題―[J]. 国際協力研究，20(1): 53-63.

黒田則博，1998. 日本の大学における教育開発国際協力人材―広島大学教育開発国際協力研究センター・教育開発国際協力人材データベース登録者の分析から―[J]. 国際教育協力論集，1(1): 99-109.

黒田則博，澤村信英，西原直美，1999. 国際教育協力派遣専門家に関する一考察―JICA派遣教育専門家に対するアンケート調査の分析から―[J]. 国際教育協力論集，2(2): 155-171.

国際開発センター，1999. 経済協力計画策定のための基礎調査―国別経済協力計画―[R]. 東京: 財団法人国際開発センター.

国際協力機構，2003. 日本の教育経験―途上国の教育開発を考える―[R]. 東京: 国際協力機構国際協力総合研修所.

国際協力機構，2004a. 国際協力機構年報[R]. 東京: 国際協力出版会.

国際協力機構，2004b. エチオピア連邦民主共和国住民参加型基礎教育改善プロジェクト実施協議報告書[R]. 東京: 国際協力機構社会開発協力部.

国際協力機構，2006. 国際協力機構年報[R]. 東京: 国際協力出版会.

国際協力機構，2007. キャパシティ・ディベロプメントに関する事例分析 ケニア中等理数科教育強化計画プロジェクト[R]. 東京: 国際協力機構国際協力総合研修所.

国際協力事業団，1992. ケニア国別援助研究会報告書[R]. 東京: 国際協力事業団.

国際協力事業団，1994. 開発と教育―分野別援助研究会報告書―[R]. 東京: 国際協力事業団.

国際協力事業団，1997. サブ・サハラ・アフリカ諸国における基礎教育援助の現状と日本の教育援助の可能性[J]. 国際協力研究，14(1): 9-18.

国際協力事業団，2000. 南部アフリカ援助研究会報告書: 第1巻[R]. 東京: 国際協力事業団.

国際協力事業団，2003a. 基礎教育協力の新しい潮流[J]. JICA Frontier，44(3): 4-15.

国際協力事業団，2003b. 国際協力事業団年報[R]. 東京: 国際協力出版会.

国際協力事業団，パシフィックコンサルタンツインターナショナル，2001. ガーナ国技術教育計画開発調査ファイナルレポート[R]. 東京: 国際協力事業団社会開発調査第一課.

湖中真哉, 1996. 牧畜的世界に読み換えられた近代的世界—牧畜民サンブル
の社会変化—[M]//田中二郎, 掛谷誠, 市川光雄, 他. 続自然社会の人類
学—変貌するアフリカ—. 東京: アカデミア出版会: 117-145.

小浜裕久, 2000. ODAの経済学—日本の援助と政策—[M]//渡辺利夫. 国際開
発学I アジア国際協力の方位. 東京: 東洋経済新報社: 283-309.

齋藤みを子, 黒田一雄. 2000アフリカ7カ国における初等教育就学児童の読解
力の男女間格差に関する統計的考察—教育の質調査のための南アフリカ諸国
連合(SACMEQ)の調査結果から—[J]. 国際教育協力論集, 3(1): 25-39.

堺屋太一, 2002. 日本の盛衰—近代百年から知価社会を展望する—[M]. 東
京: PHP新書.

桜井厚, 2002. インタビューの社会学—ライフストーリーの聞き方—[M]. 東
京: せりか書房.

澤村信英, 1998. アフリカ諸国における初等教育政策とオーナーシップ[J].
国際教育協力論集, 1(1): 65-77.

澤村信英, 1999a. 理数科教育分野の国際協力と日本の協力手法に関する予備
的考察[J]. 国際教育協力論集, 2(2): 173-181.

澤村信英, 1999b. 日本の基礎教育援助の経験と展望—小学校建設計画を中心
として—[J]. 国際教育協力論集, 2(1): 75-88.

澤村信英, 2003. 南アフリカ—ポスト・アパルトヘイト教育改革の現状と展
望—[M]//澤村信英. アフリカの開発と教育—人間の安全保障をめざす国際
教育協力—. 東京: 明石書店: 357-370.

澤村信英, 2005. 初等教育無償化における学校選択—ケニアの事例から—
[C]//日本アフリカ学会第42回学術大会(東京外国語大学)研究発表要旨
集: 77.

澤村信英, 2006. 学歴社会化の受験中心主義の学校—ケニア—[M]//二宮皓. 世
界の学校—教育制度から日常の学校風景まで—. 東京: 学事出版: 176-185.

澤村信英, 2007. 教育開発研究における質的調査法—フィールドワークを通
した現実への接近—[J]. 国際教育協力論集, 10(3): 25-39.

澤村信英, 山本伸二, 高橋真央, 他, 2003. ケニア初等学校生徒の進級構
造—留年と中途退学の実態—[J]. 国際開発研究, 12(2): 99-112.

篠塚徹, 2000. 日本のODA戦略[M]//渡辺利夫. 国際開発学I アジア国際協力

の方位. 東京: 東洋経済新報社: 311-329.

下村恭民, 中川淳司, 齋藤淳, 1999. ODA大綱の政治経済学—運用と援助理念—[M]. 東京: 有斐閣.

渋谷英章, 2001. 地域教育研究の可能性—「地域教育事情」からの脱皮—[J]. 比較教育学研究(27): 16-28.

首相官邸, 2007. 第8回海外経済協力会議結果[EB/OL]. (2007-09-06)[2018-08-01]. http://www.kantei.go.jp/jp/singi/kaigai/index.html.

世界銀行, 2004. 世界開発報告(2004年)[M]. 田村勝省, 訳. 東京: シュプリンガーフェアラーク東京.

高井良健一, 2006. 訳者あとがき[M]//アイヴァー・グッドソン, パット・サイクス. ライフヒストリーの教育学—実践から方法論まで—. 東京: 昭和堂: 176-183.

高橋真央, 2003. ケニア—伝統社会における近代的学校教育の意味—[M]//澤村信英. アフリカの開発と教育—人間の安全保障をめざす国際教育協力—. 東京: 明石書店: 255-288.

高橋基樹, 1998. 日本の対後発開発途上国向け援助の再検討—援助の理念と自助努力支援—[M]//今岡日出紀. 援助の評価と効果的実施. 東京: アジア経済研究所: 73-119.

ディーパ・ナラヤン, 2002. 貧しい人々の声 私たちの声が聞こえますか? [M]. 翻訳グループ, 訳. 東京: 世界銀行東京事務所.

長尾眞文, 又地淳, 2002. 教育分野における新たな技術協力モデル構築の試み—南アフリカ・ムプマランガ州中等理数科教員再訓練プロジェクトから—[J]. 国際教育協力論集, 5(1)83-100.

中川ユリ子, 2000. ライフヒストリー調査[M]//中村尚司, 広岡博之. フィールドワークの新技法. 東京: 日本評論社: 57-76.

ナボス・ングルーベ, 2000. アフリカの文化と開発[M]. 塚田幸三, 訳. 東京: 荒竹出版.

仁村野百合, 2007. 経済格差と教育機会の不平等—ケニアの高等教育の現状を通して—[M]//山内乾史. 開発と教育協力の社会学. 東京: ミネルヴァ書房: 125-136.

服部正也, 2001. 援助する国される国—アフリカが成長するために—[M]. 東京: 中央公論新社.

平野克己，2002. 図説アフリカ経済[M]. 東京: 日本評論社.

廣里恭史，2005. 日本における教育開発研究の系譜—過去、現在、そして未来
　　への展望—[J]. 国際開発研究，14(1): 91-105.

広島大学教育開発国際協力研究センター，2005. 第2回国際教育協力日本
　　フォーラム—報告書自立的教育開発に向けた国際協力—[M]. 広島: 広島
　　大学教育開発国際協力研究センター.

マイケル・ブラウン，1999. アフリカの選択—世界銀行とIMFの構造調整計画
　　を検証し提言する—[M]. 塩出美和子，佐倉洋，訳. 東京: つげ書房新社.

前田美子，2002. セクターワイドアプローチにおけるオーナーシップ形成—
　　ウガンダの教育セクターを事例として—[J]. アフリカ研究(61): 61-71.

牧野耕司，2003. 援助アプローチ・戦略に関する一考察[J]. 国際協力研究，
　　19(1): 16-28.

峯陽一，1999. 現代アフリカと開発経済学—市場経済の荒波の中で—[M]. 東
　　京: 日本評論社.

村田敏雄，2001. 国際教育協力の現状と課題—日本のODAによる技術協力を
　　中心として—[R]. 京都: 日本比較教育学会第37回大会.

文部科学省，2003. 平成14年度文部科学白書[M]. 東京: 財務省印刷局.

文部科学省，2006. 平成17年度文部科学白書[M]. 東京: 国立印刷局.

山田肖子，2004. アフリカにおける教育セクタープログラムの特徴と課題
　　[J]. 国際開発研究，13(2): 81-94.

山田肖子，松田徳子，2007. アフリカにおける職業・産業人材育成(TVET)—
　　変化する支援環境と人材需要への対応—[R]. 東京: 国際協力総合研修所.

山田浩之，2001. 訳者あとがき[M]//アイヴァー・グッドソン. 教師のライフ
　　ヒストリー—「実践」から「生活」の研究へ—. 東京: 晃洋書房: 191-201.

横関祐見子，1999. サハラ以南アフリカ地域の教育と教育セクタープログラ
　　ム[J]. 国際教育協力論集，2(1): 101-111.

横関祐見子，2003. アフリカ地域における教育協力の動き[M]//澤村信英. ア
　　フリカの開発と教育—人間の安全保障をめざす国際教育協力—. 東京: 明
　　石書店: 39-57.

渡辺利夫，草野厚，1991. 日本のODAをどうするか[M]. 東京: NHK出版.

英文文献

ABAGI O, 1997. Public and private investment in primary education in Kenya: an agenda for action[M]. Nairobi: Institute of Policy Analysis and Research.

ABAGI O, ODIPO G, 1997. Efficiency of primary education in Kenya: situational analysis and implications for educational reform [M]. Nairobi: Institute of Policy Analysis and Research.

ABAGI O, OWINO W, SIFUNA D N, et al, 2000. Implementing the report of the commission of inquiry into the education system of Kenya: realities, challenges and prospects[M]. Nairobi: Institute of Policy Analysis and Research.

ACKERS J, MIGOLI J, NZOMO J, 2001. Identifying and addressing the causes of declining participation rates in Kenyan primary schools [J]. International journal of educational development, 21(4): 361-374.

ALBERTS W, 1998. Assessment of the polytechnic education in Ghana [R]. Accra: the Ghana Skills Development Workshop.

AMUTABI M N, 2003. Political interference in the running of education in post independence Kenya: a critical retrospection[J]. International journal of educational, 23(2): 127-144.

BENNEH M, 2001. Education in Ghana and the role of international cooperation in the field of education[M]//広島大学教育開発国際協力研究センター. 21世紀のODA: 物づくりから人づくりを目指して—国際教育協力の新たな展開—. 広島: 広島大学教育開発国際協力研究センター: 32-41.

BROCK-UTNE B, 2000. Whose education for all: the recolonization of the African mind[M]. New York: Falmer Press.

BROWN M B, 1997. Africa's choices: after thirty years of the World Bank [M]. Boulder: Westview Press.

CARLSSON J, SOMOLEKAE G, WALLE N, 1997. Foreign aid in Africa: learning from country experiences[M]. Uppsala: Nordiska Afrikainstitutet.

CASSEN R, 1986. Does aid work?: report to an intergovernmental task force[M]. Oxford: Oxford University Press.

Central Bureau of Statistics, 1993. Economic survey 1993[M]. Nairobi: Government

Printer.

Central Bureau of Statistics, 1997. Economic survey 1997[M]. Nairobi: Government Printer.

Central Bureau of Statistics, 2001. Economic survey 2001[M]. Nairobi: Government Printer.

Central Bureau of Statistics, 2002. Economic survey 2002[M]. Nairobi: Government Printer.

Central Bureau of Statistics, 2003. Economic survey 2003[M]. Nairobi: Government Printer.

Central Bureau of Statistics, 2005. Economic survey 2005[M]. Nairobi: Government Printer.

Central Bureau of Statistics, 2006. Economic survey 2006[M]. Nairobi: Government Printer.

Central Bureau of Statistics with Ministry of Health, National Council for Population and Development, 2004. 2003 Demographic and health survey[EB/OL]. (2007-08-30)[2018-08-01]. http://www.measuredhs.com/aboutsurveys/dhs/start.cfm.

CHAPMAN D, BARCIKOWSKI E, SOWAH M, et al, 2002. Do communities know best? Testing a premise of educational decentralization: community members' perceptions of their local schools in Ghana[J]. International journal of educational development, 22(2): 181-189.

CHEGE F N, SIFUNA D N, 2006. Girls' and women's education in Kenya: gender perspectives and trends[M]. Nairobi: UNESCO.

CHIMOMBO J, 2004. Financing free primary education: tracing the self-help concept in Malawi[R]. Hiroshima: the 59th CICE Seminar.

City Council of Nairobi, 2005. K.C.P.E. 2004 Analysis and order of merit[R]. Nairobi: Education Department.

COBBE J, 1991. The political economy of education reform in Ghana[M]// ROTHCHILD D. Ghana: the political economy of recovery. London: Lynne Rienner: 101-115.

DAC, 1996. Shaping the 21st century: the contributions of development co-operation[M]. Paris: Development Assistance Committee of OECD.

DAC, 2007. Development cooperation report 2006[R/OL].(2007-06-18)[2018-

08-01].Pairs: OECD/Development Assistance Committee. http://caliban.sourceoecd. org/pdf/doc06/statann.pdf.

DFID, 2000. Strategies for the international development targets: education for all – the challenge of universal primary education[M]. London: Department for International Develop-ment.

DORE R P, 1976. The diploma disease: education, qualification and development [M]. London: Allen & Unwin.

DUKE B, 1986. The Japanese school: lessons for industrial America[M]. New York: Praeger Publishers.

ECONOMIST, 1995. Japan's nice new nationalism[J]. The Economist (14): 11.

ELLERMAN D, 2002. Autonomy-respecting assistance: towards new strategies for development assistance[R]. Edinburgh: Annual International Conference, Centre of African Studies.

ELLERMAN D, 2005. Helping people help themselves: from the World Bank to an alternative philosophy of development assistance [M]. Ann Arbor: The University of Michigan Press.

Express Communications Ltd, 2003. Kenya education directory 2003 edition [M]. Nairobi: Express Communications Ltd.

Express Communications Ltd, 2005a. Kenya careers information guide 2005—2006 premiere edition[M]. Nairobi: Express Communications Ltd.

Express Communications Ltd, 2005b. Kenya education directory 2005 edition [M]. Nairobi: Express Communications Ltd.

FOSTER P J, 1965. The vocational school fallacy in development planning [M]//ANDERSON C A, BOWMAN M J. Education and economic development. Chicago: Aldine Publishing: 142-166.

GRACE M, CHIMOMBO J, BANDA T, et al, 2001. The quality of primary education in Malawi[M]. Paris: UNESCO/IIEP.

HOLLAND K, 1996. The Maasai on the horns of a dilemma: development and education[M]. Nairobi: Gideon S. Were Press.

International Consultative Forum on Education for All, 2000. Status and trends 2000: assessing learning achievement[M]. Paris: UNESCO.

Joint Review Mission, 2006. Ethiopia education sector development programme II

(2002/03—2004/05): final report[R]. Addis Ababa: Joint Review Mission.

JONES S P, 1997. Sector investment programs in Africa: issues and experience [J]. Technical paper (374):9.

KAZAMIRA E, ROSE P, 2003. Can free primary education meet the needs of the poor?[J]. International journal of educational development, 23(5): 501–516.

KELLY M J, 1991. Education in a declining economy: the case of Zambia 1975—1985[M]. Washington, D.C.: The World Bank.

KELLY M J, 1998. Primary education in a heavily indebted poor country: the case of Zambia in the 1990s[R]. New York: Oxfam and UNICEF.

KELLY M J, 1999. The origins and development of education in Zambia: from precolonial times to 1996[M]. Lusaka: Image Publishers Limited.

Kenya National Bureau of Statistic, 2007. Economic survey 2007[M]. Nairobi: Government Printer.

Kenya National Examination Council, 2001. The year 2000 K.C.P.E. Examination Report[R]. Nairobi: KNEC.

Kenya National Examination Council, 2003. The year 2002 K.C.P.E. Examination Report[R]. Nairobi: KNEC.

Kenya National Examination Council, 2005. The year 2004 K.C.P.E. Examination Report[R]. Nairobi: KNEC.

Kenya National Examination Council, 2006. The year 2005 K.C.P.E. Examination Report[R]. Nairobi: KNEC.

KENYATTA J, 1938. Facing mount Kenya: the traditional life of the Gikuyu [M]. London: Heynemann.

KING K, 1972. Development and education in the Narok district of Kenya[J]. African affairs, 71(285): 389–407.

KING K, 1999a. Introduction: new challenges to international development co-operation in education [M]//KING K, BUCHERT L. Changing international aid to education: global patterns and national contexts. Paris: UNESCO/NORRAG.

KING K, 1999b. Swapping partners: the new politics of partnership and sector wide approaches[J]. Norrag news (25): 1–76.

KING K, 2002. Banking on knowledge: the new knowledge projects of the World Bank[J]. Compare, 32(3): 311-326.

KING K, MCGRATH S, 2002. Globalisation, enterprise and knowledge: education, training and development in Africa[M]. Oxford: Symposium Books.

KING K, MCGRATH S, 2004. Knowledge for development? Comparing British, Japanese, Swedish and World Bank aid[M]. London: Zed Books.

LANCASTER C, 1999. Aid to Africa: so much to do, so little done [M]. Chicago: University of Chicago Press.

LLOYD C B, MENSCH B S, CLARK W H, 2000. The effects of primary school quality on school dropout among Kenyan girls and boys[J]. Comparative education review, 44(2): 113-147.

LOCKHEED M E, VERSPOOR A M, 1991. Improving primary education in developing countries[M]. New York: Oxford University Press.

MAKAU B M, KARIUKI M W, OBONDOH A, SYONG'OH G A, 2000. Harnessing policy and planning for attainment of education for all in Kenya [R]. Nairobi: ActionAid.

Malawi Ministry of Education, 1998. Education basic statistics 1997[R]. Lilongwe: Malawi Ministry of Education.

MIDDLETON J, ZIDERMAN A, ADAMS A V, 1993. Skills for productivity: vocational education and training in developing countries [M]. New York: Oxford University Press.

MILNER G, CHIMOMBO J, BANDA T, et al, 2001. The quality of education: some policy suggestions based on a survey of schools, Malawi[R]. Paris: UNESCO/IIEP.

MINGAT A, TAN J, 1988. Analytical tools for sector work in education[M]. Baltimore: Johns Hopkins University Press.

Ministry of Education, 1996. Educating our future: national policy on education [M]. Lusaka: Zambia Educational Publishing House.

Ministry of Education, 1998. Basic education sub-sector investment programme (BESSIP): joint appraisal report (final draft)[R]. Lusaka: Government Printer.

Ministry of Education, 1999. Basic education sub-sector investment programme (BESSIP): annual work plan, January to December 2000 [R]. Lusaka:

Government Printer.

Ministry of Education, 1999a. Education sector strategic plan 2000—2002[R]. Accra: Ministry of Education.

Ministry of Education, 1999b. Comprehensive framework: education [R]. Accra: the 10th Consultative Group Meeting.

Ministry of Education, 2002a. Education sector development program II: program action plan[R]. Addis Ababa: Ministry of Education.

Ministry of Education, 2002b. Education statistics annual abstract 2001—2002 [R]. Addis Ababa: Ministry of Education.

Ministry of Education, 2002c. Guideline for educational management, community participation and educational finance (original in Amharic)[R]. Addis Ababa: Ministry of Education.

Ministry of Education, 2005a. Education statistics annual abstract 2004—2005 [R]. Addis Ababa: Ministry of Education.

Ministry of Education, 2005b. Education sector development program III (ESDP-III) 2005/06—2010/11[R]. Addis Ababa: Ministry of Education.

Ministry of Education, 2006. Education statistical booklet 1999—2004 [R]. Nairobi: MoEST.

Ministry of Education, Science and Technology, 1999a. National primary education baseline report: the state of primary education in Kenya [R]. Nairobi: MoEST.

Ministry of Education, Science and Technology, 1999b. EFA 2000 assessment of progress[R]. Nairobi: MoEST.

Ministry of Education, Science and Technology, 2000. Schedule of donor funded programmes/projects[R]. Nairobi: MoEST.

Ministry of Education, Science and Technology, 2001. Education sector issues, challenges, policies and strategies: a working document for the national forum on education[M]. Nairobi: MoEST.

Ministry of Education, Science and Technology, 2002. Primary education syllabus volume one[R]. Nairobi: Kenya Institute of Education.

Ministry of Education, Science and Technology, 2003. Report of the sector review and development direction[R]. Nairobi: MoEST.

Ministry of Education, Science and Technology, 2005a. Education sector report 2005[R]. Nairobi: Ministry of Education.

Ministry of Education, Science and Technology, 2005b. Kenya education sector support programme 2005—2010: delivering quality equitable education and training to all Kenyans[R]. Nairobi: MoEST.

Ministry of Education, Science and Technology, 2005c. Sessional paper no.1 of 2005 on a policy framework for education, training and research: meeting the challenges of education, training and research in kenya in the 21st century[R]. Nairobi: Government Printer.

Ministry of Education, Science and Technology, UNESCO, 2004. Challenges of implementing free primary education in Kenya: assessment report [R]. Nairobi: UNESCO.

MUNTHALI J, 2000. EFA in a new regime—Malawi[J]. Norrag news (26): 34-36.

MWANGI J W, 1999. The ordeal of a standard eight pupil in Kenya[M]// GALE T S. African children speak. Kenya: Camerapix Publishers International.

National Council for Tertiary Education, 1999. NCTE handbook [R]. Accra: National Council for Tertiary Education.

NJUGUNA B M, SUGIYAMA T, 2003. Targeting teachers, system-wide approaches, ownership and financial sustainability in securing quality in Kenyan secondary education[R]. Oxford: the Oxford International Conference on Education and Development.

NKAMBA M, KANYIKA J, 1998a. The quality of education: some policy suggestions based on a survey of schools[R]. Paris: UNESCO.

NKAMBA M, KANYIKA J, 1998b. The quality of education: Zambia [R]. Paris: UNESCO/IIEP.

NUSCHELER F, 1992. Strong in money, weak in implementation: Japan's development policy[J]. Development and cooperation(4): 28-29.

OBWOCHA H O, 2007. Economic survey 2007 launch, 28 May[EB/OL]. (2007-08-30)[2018-08-01]. http://www.cbs.go.ke/.

ONSOMU E, NZOMO J, OBIERO C, 2005. The SACMEQ II project in Kenya: a study of the conditions of schooling and the quality of education

[R]. Harare: SACMEQ.

ORR R M, 1990. The emergence of Japan's foreign aid power [M]. New York: Colombia University Press.

OTIENDE J E, WAMAHIU S P, KARUGU A M, 1992. Education and development in Kenya: a historical perspective[M]. Nairobi: Oxford University Press.

PSACHAROPOULOS G, WOODHALL M, 1985. Education for development: an analysis of investment choices[M]. New York: Oxford University Press.

Republic of Ghana, 1991. White paper on the reforms to the tertiary education system: government proposals for the restructuring and reorganization of tertiary education and tertiary institutions[R]. Accra: Government Printer.

Republic of Ghana, 2006. The council for technical and vocational education and training act (act 718)[R]. Accra: Government Printer, Assembly Press.

Republic of Kenya, 1964. Kenya education commission report (part I) [R]. Nairobi: Government Printer.

Republic of Kenya, 1998. Master plan on education and training 1997—2010 [R]. Nairobi: Government Printer.

Republic of Kenya, 1999. Totally integrated quality education and training[R]. Nairobi: Government Printer.

Republic of Kenya, 2000. Totally integrated quality education and training[R]. Nairobi: Government Printer.

Republic of Kenya, 2002. National development plan 2002—2008[R]. Nairobi: Government Printer.

Republic of Kenya Zambia, 1996. Investing in our future: integrated education sector investment programme policy framework [R]. Lusaka: Government Printer.

RIX A, 1993. Japan's foreign aid challenge: policy reform and aid leadership [M]. London: Routledge.

ROSE P, 2003. Community participation in school policy and practice in Malawi: balancing local knowledge, national policies and international agency priorities[J]. Compare, 33(1): 47-64.

SAITOTI G, 2003. Lecture delivered at the workshop to review progress on implementation of free primary education[R]. Nairobi: [s.n.].

SAITOTI G, 2007. Release of the October/ November 2006 KCSE, business and technical examinations results by minister for education on 28th February [EB/OL]. (2007-07-23) [2018-08-01]. http://www. education. go. ke/Speeches/MN_KCSE2006Release_28February2007.html.

SAWAMURA N, 2002. Local spirit, global knowledge: a Japanese approach to knowledge development in international cooperation[J]. Compare, 32(3): 339-348.

SIFUNA D N, 1980. Short essays on education in Kenya[M]. Nairobi: Kenya Literature Bureau.

SINGLETON J, 1995. Gambaru: a japanese cultural theory of learning[M]// SHIELDS J J. Japanese schooling: patterns of socialization, equality, and political control. Pennsylvania: Pennsylvania State University Press.

Teacher Service Commission, 2007. TSC circular No. 7/2007 (implementation of the renegotiated teachers salary award)[R]. Nairobi: TSC.

Uganda Bureau of Statistics, 2000. Statistical Abstract 2000 [R]. Kampala: Uganda Bureau of Statistics.

UNDP, 2001. Kenya: human development report[R]. Nairobi: UNDP.

UNESCO, 2000a. The Dakar framework for action[R]. Paris: UNESCO.

UNESCO, 2000b. World education report[R]. Paris: UNESCO.

UNESCO, 2002a. EFA global monitoring report 2002: is the world on track? [R] Paris: UNESCO.

UNESCO, 2002b. EFA monitoring report 2002[R]. Paris: UNESCO.

UNESCO, 2004. EFA global monitoring report 2005: the quality imperative [R]. Paris: UNESCO.

UNESCO, 2005. EFA global monitoring report 2006: literacy for life [R]. Paris: UNESCO.

UNESCO, 2006. EFA global monitoring report 2007: strong foundations – early childhood care and education[R]. Paris: UNESCO.

VAN DE WALLE N, JOHNSTON T A, 1996. improving aid to Africa[M]. Washington, D.C.: Overseas Development Council.

WATKINS K, 2000. The Oxfam education report [M]. Oxford: Oxfam Publication.

WATSON L, 1994. Polytechnical education [M]//International encyclopedia of education. 2nd Ed. Oxford: Pergamon: 4604-4608.

WHITE M, 1987. The Japanese educational challenge: a commitment to children[M]. New York: The Free Press.

World Bank, 1988. Education in Sub-Saharan Africa: policies for adjustment, revitalization, and expansion[M]. Washington, D.C.: The World Bank.

World Bank, 1991. Vocational and technical education and training [M]. Washington, D.C.: The World Bank.

World Bank, 1992. The East Asian miracle: economic growth and public policy[M]. Oxford: Oxford University Press.

World Bank, 1993. The East Asian miracle: economic growth and public policy[M]. Oxford: Oxford University Press.

World Bank, 1999. Education sector strategy [M]. Washington, D.C.: The World Bank.

World Bank, 2000. Can Africa claim the 21st century? [M] Washington, D. C.: The World Bank.

World Bank, 2001a. A chance to learn: knowledge and finance for education in Sub-Saharan Africa[M]. Washington, D.C.: The World Bank.

World Bank, 2001b. African development indicators 2001[M]. Washington, D.C.: The World Bank.

World Bank, 2002. Constructing knowledge societies: new challenges for tertiary education[M]. Washington, D.C.: The World Bank.

World Bank, 2003a. African development indicators 2003[M]. Washington, D.C.: The World Bank.

World Bank, 2003b. Project appraisal document for the free primary education support project[M]. Washington, D.C.: The World Bank.

World Bank, 2004a. Education for all - fast track initiative: framework [R]. Washington, D.C.: The World Bank.

World Bank, 2004b. Kenya strengthening the foundation of education and training in Kenya: opportunities and challenges in primary and general secondary education[R]. Washington, D.C.: The World Bank.

World Bank, 2005a. World development indicators 2005 [M]. Washington, D.

C.: The World Bank.

World Bank, 2005b. Millennium development goals, eradicate extreme poverty and hunger[EB/OL].(2005-02-14)[2018-08-01]. http://www.developmentgoals.org/Poverty.htm.

World Bank, 2006a. African development indicators 2006[M]. Washington, D.C.: The World Bank.

World Bank, 2006b. Kenya: education sector support program[EB/OL].(2007-08-30)[2018-08-01]. http://web.worldbank.org/external/projects/.

术语表

中文名称	外文名称
ア行	
说明责任	アカウンタビリティー(説明責任)
亚洲	アジア
亚非首脑会议	―・アフリカ首脑会議
亚洲经济危机	―経済危機
亚的斯亚贝巴计划	アジスアベバ・プラン
非洲发展国际会议(TICAD)	アフリカ開発会議(TICAD)
非洲开发银行	アフリカ開発銀行
非洲发展新伙伴计划(NEPAD)	アフリカ開発のための新パートナーシップ(NEPAD)
非洲行动计划	アフリカ行動計画
伊斯兰教	イスラム教
印度	インド
印度尼西亚	インドネシア
非正规部门	インフォーマル・セクター
乌干达	ウガンダ
失去的10年	失われた10年
英国	英国
英国国际开发署(DFID)	―国際開発省(DFID)
埃塞俄比亚	エチオピア
非政府组织(NGO)	NGO
厄立特里亚	エリトリア

续　表

中文名称	外文名称
日元贷款(有偿资金合作)	円借款(有償資金協力)
援助依赖性	援助依存
援助协调	援助協調
援助疲劳	援助疲れ
援助哲学	援助哲学
石油危机	オイルショック
澳大利亚	オーストラリア
主体性	オーナーシップ
贪污	汚職
乐施会(Oxfam)	オックスファム(Oxfam)
カ行	
加纳	ガーナ
发展援助委员会(DAC)	開発援助委員会(DAC)
联合国筹资发展问题国际会议(蒙特雷会议)	開発資金国際会議(モンテレイ会議)
发展与教育各领域援助研究会	開発と教育 分野別援助研究会
外务省	外務省
看得见的援助	顔の見える援助
学习欲望	学習意欲
学习环境	学習環境
学习程度	学習到達度
学习能力	学力
学历社会	学歴社会
学历病	学歴病
学历偏重	学歴偏重

续　表

中文名称	外文名称
价值观	価値観
学区制度	学区制度
学校运营	学校運営
割礼	割礼
加拿大	カナダ
喀麦隆	カメルーン
课程	カリキュラム
川口顺子	川口順子
技术教育	技術教育
技术合作	技術協力
基础教育	基礎教育
基本学习需求	基礎的学習ニーズ
能力发展	キャパシティ・ディベロプメント（能力開発）
能力构建	キャパシティ・ビルディング（能力構築）
旧殖民地	旧植民地
旧殖民国	旧宗主国
教育援助讨论会	教育援助検討会
教育改革	教育改革
教育实践	教育実践
教育质量	教育の質
南非教育质量监测联盟（SACMEQ）	—調査のための南部アフリカ諸国連合（SACMEQ）
教育费用	教育費用
教育预算	教育予算

续　表

中文名称	外文名称
教师工资	教員給与
教师工会	教員組合
教师研修	教員研修
教师培养	教員養成
师范学校	一校
教科书	教科書
教材	教材
教师能力	教師の力量
教学语言	教授言語
据点系统	拠点システム
基督教	キリスト教
良好统治	グッド・ガバナンス（良い統治）
班级规模	クラスサイズ
格伦伊格尔斯峰会	グレンイーグルズ・サミット
经济改革	経済改革
计量分析	計量分析
肯尼亚	ケニア
肯尼亚初等教育毕业考试（KCPE）	一初等教育毕业試験（KCPE）
小泉纯一郎	小泉純一郎
高学历失业	高学歴失業
结构调整	構造調整
高等教育	高等教育
高等教育世界会议	一世界会議
最不发达国家	後発開発途上国

续　表

中文名称	外文名称
国家利益	国益
国际协力银行(JBIC)	国際協力銀行(JBIC)
国际教育协力恳谈会	国際教育協力懇談会
国际协力机构/国际协力事业团(JICA)	国際協力機構/国際協力事業団(JICA)
国际货币基金(IMF)	国際通貨基金(IMF)
国民性	国民性
全民教育	国民皆学
联合国非洲经济委员会	国連アフリカ経済委員会
联合国开发计划署(UNDP)	国連開発計画(UNDP)
联合国千年首脑会议	国連ミレニアム・サミット
联合国千年宣言	国連ミレニアム宣言
米百俵精神	米百俵の精神
统一货币篮	コモン・バスケット
雇佣机会	雇用機会
科伦坡计划	コロンボ・プラン
刚果民主共和国	コンゴ民主共和国
贷款条件	コンディショナリティ
サ行	
财政支援	財政支援
最贫困国家	最貧国
债务问题	債務問題
参加型发展	参加型開発
赞比亚	ザンビア
性差	ジェンダー

续　表

中文名称	外文名称
识字	識字
考试制度	試験制度
自主性	自主性
自助努力	自助努力
可持续发展世界首脑会议（WSSD）	持続可能な開発に関する世界首脳会議（WSSD）
可持续发展教育十年	持続可能な開発のための教育の十年
可持续发展性	持続発展性
质量改善	質的改善
质量调查	質的調査
自动升级	自動進級
学前教育	就学前教育
重债穷国（HIPCs）	重債務貧困国（HIPCs）
毕业率	修了率
学费	授業料
残疾儿童	障害児
小学建设	小学校建設
职业教育	職業訓練
女子教育	女子教育
女性割礼（FGM）	女子性器切除（FGM）
初等教育	初等教育
全面普及初等教育（UPE）	一完全普及（UPE）
免费初等教育	一無償化
私立学校	私立校
独立发展（性）	自立的（な）発展（性）

续　表

中文名称	外文名称
新发展战略	新開発戦略
升学率	進学率
升级结构	進級構造
升级率	進級率
人口增加	人口増加
人口保健调查	人口保健調査
人力资本论	人的資本論
人道主义关怀	人道的配慮
人类学	人類学
瑞典	スウェーデン
生活实态	生活実態
生活世界	生活世界
政策(分析、研究、论)	政策(研究、分析、論)
为了成长的基础教育倡议(BEGIN)	成長のための基礎教育イニシアティブ(BEGIN)
学生流程图	生徒フロー・ダイアグラム
青年海外协力队	青年海外協力隊
政府开发援助(ODA)	政府開発援助(ODA)
世界教育论坛	世界教育フォーラム
世界银行	世界銀行
领域计划	セクター・プログラム
全领域方式	セクターワイド・アプローチ
战后赔偿	戦後賠償
相互依存	相互依存
索马里	ソマリア

续　表

中文名称	外文名称
タ行	
大规模班级	大規模クラス
达喀尔行动纲领	ダカール行動の枠組み
坦桑尼亚	タンザニア
男女间差距	男女間格差
地区间差距	地域間格差
知识的再殖民化	知的再植民地化
地方分权化	地方分権化
中国	中国
中非合作论坛(北京峰会)	一・アフリカ協力フォーラム(北京サミット)
中等教育	中等教育
辍学	中途退学
协同工作(茨瓦纳语,Tirisano)	ティリサノ(Tirisano)
考试能力	テスト学力
传统生活	伝統的生活
德国	ドイツ
东京行动计划	東京行動計画
东京宣言	東京宣言
东西冷战	東西冷戦
多哥	トーゴ
ナ行	
内战	内戦
民族主义	ナショナリズム
纳米比亚	ナミビア

续　表

中文名称	外文名称
难民	難民
尼日尔	ニジェール
日本文化	日本文化
以人为中心的社会发展	人間中心の社会開発
人类的安全保障	人間の安全保障
非正规教育	ノンフォーマル教育
非项目无偿援助	ノンプロジェクト無償
ハ行	
伙伴关系	パートナーシップ
海利根达姆峰会	ハイリゲンダム・サミット
自助、协同工作（斯瓦希里语，harambee）	ハランベー（harambee）
全民教育（EFA）	万人のための教育（EFA）
世界全民教育大会（宗滴恩会议）	一世界会議（ジョムティエン会議）
相对优势（性）	比較優位（性）
东亚	東アジア
东亚奇迹	一の奇跡
未入学儿童	非就学児童
评价指标	評価指標
减少贫困	貧困削減
消除贫困	貧困撲滅
快车道计划（FTI）	ファスト・トラック・イニシアティブ（FTI）
实地调查	フィールドワーク
菲律宾	フィリピン
法国	フランス

续　表

中文名称	外文名称
项目周期	プロジェクト・サイクル
文化关怀	文化配慮
背景下	文脈性
美国	米国
美国国际开发署(USAID)	一国際開発庁(USAID)
美国"9·11"恐怖袭击事件	一同時多発テロ事件
北京峰会	北京サミット
保健	保健
北海道洞爷湖峰会	北海道洞爺湖サミット
マ行	
负增长	マイナス成長
宏观经济	マクロ経済
马萨伊	マサイ
马拉维	マラウイ
南非	南アフリカ
联合国千年发展目标	ミレニアム開発目標
民主化进程迟缓	民主化の遅れ
无教师资格的教师	無資格教員
无偿资金合作	無償資金協力
毛里求斯	モーリシャス
森喜朗	森喜朗
文部科学省	文部科学省
ヤ行	
联合国儿童基金会	ユニセフ

续　表

中文名称	外文名称
联合国教科文组织	ユネスコ
请求主义	要請主義
ラ行	
个人生活史调查法	ライフヒストリー法
数理科教育	理数科教育
留学生	留学生
留级	留年
量的扩大	量的拡大

作者简介

泽村信英（SAWAMURA NOBUHIDE）

　　大阪大学大学院人类科学研究科博士，广岛大学教育开发国际协力研究中心、大学院国际协力研究科副教授。主要研究方向为非洲教育开发论。

　　1960年生于神户市。1978年滋贺县立膳所高中毕业，1982年爱媛大学理学部地球科学科毕业，1986年爱媛大学大学院理学研究科硕士课程毕业，1998年爱丁堡大学研究生院非洲研究中心硕士课程毕业。1982年任青年海外协力队队员，赴马拉维担任数理科教师，1986年任日本国际协力事业团（现日本国际协力机构）职员，1997年任广岛大学教育开发国际协力研究中心副教授，2004年起任现职。

　　主要著作

　　1.『社会開発論—南北共生のパラダイム—』（佐藤诚编，合著），有信堂，2001年。

　　2.『アフリカの開発と教育—人間の安全保障をめざす国際教育協力—』（编著），明石书店，2003年。

　　3.『国際協力論を学ぶ人のために』（内海成治编，合著），世界思想社，2005年。

　　4.『国際教育開発論—理論と実践—』（黑田一雄、横关祐见子编，合著），有斐阁，2005年。

　　5.『世界の学校—教育制度から日常の学校風景まで—』（二宫皓编，合著），学事出版，2006年。